Lienhard Valentin

Mit Kindern neue Wege gehen

Lienhard Valentin

Mit Kindern neue Wege gehen

Arbor Verlag
Freiamt im Schwarzwald

Titelfoto © Richard Hamilton Smith/Corbis, 2005
Fotos und Illustrationen im Innenteil: © der Zeichnungen beim Arbor Verlag, 2005, außer S. 31 von Gerhard Mester © Kamphausen Verlag, 2005; sämtliche Fotos © Pikler-Gesellschaft, Budapest, 2005

3. Auflage 2014

Lektorat: Eva Bachmann
Druck und Bindung: Westermann, Zwickau
Dieses Buch wurde auf 100 % Altpapier gedruckt und ist alterungsbeständig.
Weitere Informationen über unser Umweltengagement finden Sie unter www.arbor-verlag.de/umwelt.

www.arbor-verlag.de

ISBN 978-3-936855-23-4

Inhalt

Teil 1
Mit Kindern neue Wege gehen

Teil 2
Lernen für die Welt von morgen

Teil 3
Achtsamkeit als Weg

Anhang

Zum Geleit

Mit jedem Kind wird die Möglichkeit einer neuen Welt geboren. Wenn wir aufhören könnten, es in die uns vertrauten Formen hineinzudrängen, die uns selbst aufgenötigt wurden oder die wir aus Hilflosigkeit und Unwissenheit gebildet haben – wenn wir aufhören könnten, Kinder zu „erziehen", könnte diese jeweils neue Welt erstehen. Gefangen in unserer gewordenen Struktur verschütten wir jedoch immer wieder selbst die Quelle, die Leben bringt.

Wenn wir dem innewohnenden grundsätzlich Guten Raum geben würden, könnte es sich in jedem Menschen manifestieren – unsere Persönlichkeit könnte sich um diesen Kern herum angliedern und wäre getragen von der Kraft aus dem inneren Selbst.

Das Rettende, das zur Wendung des Schicksals unseres Planeten dringend gebraucht wird, wäre dann da.

Das Erscheinen des vorliegenden Buches ist als Unterstützung für suchende Eltern und Erzieher und als Orientierungshilfe für wirklich neue und fruchtbare Wege mit Kindern sehr zu begrüßen.

Katharina Martin

Vorwort

Dieses Buch weist uns einen wirkungsvollen, überzeugenden und im wahrsten Sinne des Wortes praktischen Weg, den wir als Eltern beschreiten können, um Kinder auf achtsame Weise ins Leben zu begleiten. So ermöglichen wir ihnen, die innere Kraft zu finden, in einer Welt zu bestehen, die sich grundsätzlich von der unseren unterscheiden und sie mit ungeahnten Herausforderungen konfrontieren wird.

Lienhard Valentin verbindet sein eigenes tiefes Verständnis und seine Erfahrung als Vater mit einigen der besten und richtungweisenden Ansätze zum Leben mit Kindern, zu neuen Wegen in Kindergarten und Schule und zur Entwicklung von emotionaler Intelligenz. Mit Hilfe von Geschichten, Reflexionen und Übungen ermutigt er uns, unser Gewahrsein zu verfeinern und unsere Augen des Herzens zu öffnen, so daß wir die einzigartigen Seelenbedürfnisse eines jeden unserer Kinder wahrnehmen können, während sie sich von Tag zu Tag, von Moment zu Moment nach ihrem eigenen inneren Gesetz entfalten. Er eröffnet uns vielfältige, auf der Praxis der Achtsamkeit beruhende Möglichkeiten, Körper, Geist, Herz und das spirituelle Leben unserer Kinder auf eine Weise zu nähren, die nicht nur ihnen, sondern auch uns selbst und unserer eigenen inneren Entwicklung zugute kommt.

Möge dieses Buch von allen Eltern, denen an einem achtsamen Umgang mit ihren Kindern gelegen ist, geschätzt und zu ihrem eigenen und zum Wohle ihrer Kinder genutzt werden.

Myla Kabat-Zinn und Jon Kabat-Zinn

Einführung

Kinder auf eine angemessene Weise ins Leben zu begleiten ist sicherlich eine der größten Herausforderungen unserer Zeit – und gleichzeitig eine der wichtigsten Aufgaben, denn die Qualität, in der wir Kindern heute begegnen, wirkt sich entscheidend darauf aus, wie sie der Welt von morgen gewachsen sein werden – und wie diese Welt aussehen wird.

Vielleicht stellen auch Sie sich manchmal die Frage, wie es möglich ist, Kinder auf eine Zukunft vorzubereiten, die heute in keiner Weise vorhersehbar ist und die von ihnen ein enormes Maß an Flexibilität, Kreativität, innerer Kraft und emotionaler Stabilität erfordern wird? Wie können Kinder lernen, sich in einer sich ständig und immer schneller wandelnden Welt zurechtzufinden, ohne den Kontakt zu ihrem eigenen inneren Leben zu verlieren? Wie können sie über intellektuelle Fähigkeiten hinaus das entwickeln, was heute „Emotionale Intelligenz" genannt wird – also die Fähigkeit zu harmonischen sozialen Kontakten und echten zwischenmenschlichen Beziehungen?

Schon lange und aus verschiedensten Blickwinkeln haben sich Menschen mit der Frage beschäftigt, wie Kinder zu möglichst sozialen, gebildeten und kompetenten Wesen – zu wirklichen Menschen – erzogen werden können. Waren die Methoden dabei früher autoritär, so sollen sie heute demokratischer, „gehirngerechter" oder in anderer Hinsicht erfolgversprechender sein.

Wie Michael Mendizza und Joseph Chilton Pearce in ihrem Buch *Neue Kinder – Neue Eltern* anschaulich verdeutlichen, ist laut den neuesten Forschungen das allermeiste dessen, was wir traditionell unter Erziehung verstehen, nicht nur überflüssig, sondern direkt schädlich für die harmonische Entfaltung von Kindern. Und noch mehr als das: Darüber hinaus blokkieren viele sogenannte erzieherische Maßnahmen das innere Wachstum der Erwachsenen und beeinflussen die Interaktion zwischen Kindern und Erwachsenen auf äußerst destruktive Weise.

Der Grund für diese pädagogische Sackgasse, in die wir geraten sind, ist die tiefsitzende Annahme, daß Kinder einer systematischen Erziehung unterzogen werden müßten, um richtige Menschen zu werden. Darüber hinaus müßten sie ein gewisses Alter erreichen, um als solche auch gesellschaftlich anerkannt zu sein. Alle diese „Pädagogischen Ansätze" oder „Erziehungsstile" gehen direkt oder indirekt davon aus, daß Neugeborene eben noch keine richtigen Menschen sind; vielmehr sei es unsere Aufgabe und Verantwortung, sie zu solchen zu formen – eben: sie zu erziehen. Diese Grundannahme wurde mal wissenschaftlich, mal religiös, mal volkstümlich formuliert – aber ernsthaft und grundsätzlich hinterfragt wurde sie selten.

Ich denke, daß eine grundsätzliche Neubesinnung überfällig ist. Es reicht nicht aus, unsere falschen Ansichten und Gewohnheiten zu modernisieren. Wir können nicht einfach eine Methode durch eine andere ersetzen, ohne unsere Vorstellungen von Erziehung grundsätzlich in Frage zu stellen.

„Mit Kindern neue Wege gehen" heißt in diesem Zusammenhang, zu einer völlig neuen Sichtweise zu finden – einer Sichtweise, die anerkennt, daß Kinder von Anfang an gleich würdig, kompetent, sozial und somit auch vollwertige, einzigartige und in sich vollkommene Menschen sind. Ein einjähriges Kind ist kein unvollkommener Dreijähriger und eine Fünfjährige ist keine unvollkommene Siebenjährige. Jede Entwicklungsphase ist in sich vollkommen, und wird sie nicht respektiert und gewürdigt, so wirkt sich das negativ auf die Entwicklung eines Kindes aus.

Gleichzeitig geht es im Leben mit Kindern um eine Beziehungsqualität, die dieser gleichen Würde Ausdruck verleiht. „Kinder sind anders" nannte schon Maria Montessori eines ihrer Bücher, und sie betonte mehrfach, daß nur, wenn wir diese Andersartigkeit annehmen und lernen, Kinder „mit den Augen der Liebe zu sehen", wir zu ihnen eine echte menschliche Beziehung aufbauen und sie angemessen ins Leben begleiten können.

Dabei begeben wir uns alle im wahrsten Sinne des Wortes auf Neuland. Es gibt keine ausgetretenen Pfade, denen wir folgen könnten, kein anderes Erziehungssystem, keine „Bedienungsanleitung“, die bei konsequenter Anwendung helfen könnte, Kinder optimal auf die Welt von morgen vorzubereiten. So kann dieses Buch auch kein Ratgeber sein, der aufzeigt, wie man „richtig“ mit Kindern umgeht. Vielmehr bietet es einige grundsätzliche Überlegungen und Anregungen zum Leben mit Kindern, die es Ihnen ermöglichen können, mit ihnen in eine echte Beziehung zu treten und so Ihre eigenen Erfahrungen zu machen und Ihren eigenen Weg zu finden. Ein solcher Weg ist nicht leicht, denn wir sind auf diese Art des Umgangs mit Kindern nicht vorbereitet, aber er ist nicht nur für die Zukunft unserer Kinder von größter Bedeutung, sondern ermöglicht es auch uns selbst, zu einem erfüllteren Leben zu finden – mit unseren Kindern zu wachsen.

Mein Weg

Valentinstag 1987. Ich sitze im Flugzeug nach Ecuador, um mir den „Pesta“, ein Kindergarten- und Schulprojekt, anzusehen, das plötzlich und völlig unerwartet in meinem Leben aufgetaucht ist. Möglichkeiten und Wege für die Entfaltung des menschlichen Potentials hatten zwar schon lange eine zentrale Bedeutung in meinem Leben eingenommen, aber bisher standen dabei eher mein eigener Prozeß und die Arbeit mit Erwachsenen im Vordergrund. Als Lehrer der Alexander-Technik lag mein Schwerpunkt darin, wieder mehr mit mir, meinem Körper und meinen inneren Quellen in Kontakt zu kommen, um so zu einem bewußteren und erfüllteren Leben zu finden. Gleichzeitig begann ich buddhistische Achtsamkeits-Meditation zu praktizieren, machte eine Gestalt-Ausbildung und hatte angefangen, meine Erfahrungen an andere weiterzugeben und andere Menschen in ihrem eigenen Prozeß zu begleiten.

In dieser Zeit begann ich mich dann auch zunehmend für die Frage zu interessieren, wie es kommt, daß im Laufe des

Heranwachsens so viel von unserem Potential verlorengeht oder verschüttet wird und wie ein Umgang mit Kindern aussehen könnte, der ihre Entfaltung unterstützt und angemessen begleitet.

Eines Tages besuchte ich einen befreundeten Psychotherapeuten, mit dem ich schon oft über diese Fragen diskutiert hatte. Kaum hatten wir uns zu einem Tee hingesetzt, erzählte er mir von dem Manuskript eines Buches mit dem Titel *Erziehung zum Sein*, das ich unbedingt lesen müsse. Als ich nach einem langen Abend voll anregender Gespräche endlich im Bett lag, wollte ich doch zumindest noch einen Blick in das Manuskript werfen, das meinen Freund so begeistert hatte. Ich begann zu lesen – und konnte nicht mehr aufhören. Ich war fasziniert und tief berührt – meine Gefühle beim Lesen waren vielleicht nur vergleichbar mit dem Sturm der ersten großen Liebe.

Es ging um den „Pesta", ein Kindergarten- und Schulprojekt in Ecuador, das das Ehepaar Rebeca und Mauricio Wild gegründet hatte, um ihrem zweiten Sohn eine andere Erfahrung als in den staatlichen Schulen zu ermöglichen. Ich selbst hatte unter der Schule immer gelitten und den größten Teil des uns auferlegten Programms als wenig sinnvoll empfunden. Aber was ich von diesem Projekt gehört und gelesen hatte, schien mir fast ein Märchen zu sein. Es war, als würde ich in meinen unguten Gefühlen als Schüler endlich bestätigt werden: Wir waren also doch nicht einfach faul oder unmotiviert, wenn wir keine Lust hatten, auf Anordnung von irgendwelchen Lehrern etwas zu lernen, was uns überhaupt nicht interessierte.

In diesem Schulprojekt schien wirklich alles anders zu sein – kein Zwang, keine Noten, keine Klassenarbeiten, keine Hausaufgaben, die Kinder können dem nachgehen, was ihren wirklichen Interessen entspricht. Das klang wirklich paradiesisch für einen geplagten Exschüler wie mich.

So saß ich also im Flugzeug, um den „Pesta" persönlich kennenzulernen und mit eigenen Augen zu sehen, wie ein solches Schulprojekt funktionierte. Schon bei der ersten Begegnung mit den Wilds stellte sich eine für mich ungewöhnliche Vertrautheit ein. Die Kommunikation war glücklicherweise kein Problem, da Rebeca in Deutschland aufgewachsen war und auch Mauricio, als Sohn Schweizer Eltern, die nach Ecuador ausgewandert waren, fließend Deutsch sprach. Nachdem sich ihre Überraschung gelegt hatte, daß der Herausgeber ihres Buches nicht der von ihnen erwartete ältere Herr war, sondern ein gerade einmal dreißigjähriger junger Mann, entwickelte sich schnell eine entspannte und von anregenden Gesprächen geprägte Atmosphäre.

Meine Gefühle, als ich am nächsten Tag das erste Mal dem Treiben im Pesta beiwohnte, lassen sich nur schwer beschreiben. Das Buch hatte natürlich einige Erwartungen geweckt, aber die Wirklichkeit wurde diesen Erwartungen durchaus gerecht. Ich saß inmitten der Kinder, die mich gar nicht beachteten, weil sie viel zu sehr mit ihren eigenen Aktivitäten beschäftigt waren. Schmerzlich tauchte meine eigene Schulzeit noch mal vor meinen Augen auf, mit all dem Druck, den Ängsten und dem dumpfen Gefühl, im „falschen Film zu sein", wie wir es damals nannten. Gleichzeitig durchströmte mich ein unbeschreibliches Glücksgefühl, das mich erleichterte und von einer Last befreite, die ich seit meiner Schulzeit mit mir herumschleppte: Es ging also doch anders!

Diese Erfahrung hatte weitreichende Folgen für mich und mein weiteres Leben, auch wenn ich das damals kaum ahnen konnte. Zurück aus Ecuador, brannte ich förmlich darauf, mich dafür einzusetzen, daß auch andere Menschen diese Idee, diese Praxis und dieses Projekt kennenlernen können. Ich begann, den Pesta bei verschiedenen Anlässen mit Hilfe von Dias vorzustellen, und aufgrund des wachsenden Interesses an der Arbeit der Wilds gründete ich gemeinsam mit einigen anderen 1989 den Verein *Mit Kindern wachsen.* Wie die Wahl dieses Vereinsnamens deutlich macht, ging es uns dabei von Anfang an nicht um die Verbreitung einer neuen Methode, sondern um eine andere innere Einstellung – um Wege, Kinder in einer Art und Weise ins Leben zu begleiten, die diese als gleichwürdig respektiert und einen Prozeß ermöglicht, in dessen Verlauf auch wir Erwachsenen innerlich wachsen können.

1989 war aber auch noch in anderer Hinsicht ein ganz besonderes Jahr. Wie es der Zufall so wollte, war es wiederum Valentinstag, als Mauricio Wild uns in Deutschland besuchte. Wir nutzen die Gelegenheit, um einen kleinen Vortrag mit ihm zu organisieren, und schließlich boten wir ihm an, ihn und Rebeca für den Sommer zu einigen Seminaren und Vorträgen für interessierte Eltern, Erzieherinnen und Lehrer einzuladen. Dies war der Beginn ihrer ausgedehnten Reisen durch Europa, die wir von nun an für nahezu zehn Jahre regelmäßig organisierten und begleiteten. Aber damit noch nicht genug: Im selben Jahr lernten wir auch noch einen anderen Ansatz kennen, der uns und unsere Arbeit letztendlich sogar noch tiefgehender beeinflußt hat. Der Pesta ist ja ein Kindergarten- und Schulprojekt, und sosehr mich das Leben und Lernen dort auch inspiriert hatten, blieb die Frage offen, wie ein gleichwürdiger, liebe- und respektvoller Umgang mit Säuglingen und Kleinkindern aussehen könnte. Was die Geburt anbelangt, hatte durch die Arbeit von Leboyer, Odent und vielen engagierten Hebammen ja bereits ein Umdenken angefangen – aber wie könnte es dann weitergehen?

Diese Frage führte mich schließlich in einen Vortrag von Dr. Judith Falk, der damaligen Direktorin des Lóczy, einem Säuglingsheim in Ungarn, das von der Kinderärztin Dr. Emmi Pikler gegründet wurde. Der Vortrag beeindruckte mich sehr, vor allem der Umstand, daß die auf den Dias gezeigten Kinder, obwohl sie in einem Heim aufwuchsen, einen außergewöhnlich lebendigen und aufgeweckten Eindruck machten. Da ich mehr über die Arbeit in diesem Säuglingsheim wissen wollte, meldete ich mich bei einem Seminar mit der Kinderpsychologin und Tochter von Emmi Pikler, Anna Tardos, an. Hier lösten sich auch meine letzten Vorbehalte endgültig auf. Die Achtsamkeit und der Respekt den Kindern gegenüber, der aus ihren Worten sprach, berührten mich tief. So meldeten wir uns zu einer längeren Fortbildung mit ihr an und wenig später entschieden sich meine Frau und ich, gemeinsam mit Anna Tardos ein Buch über die Beziehungsqualität im Lóczy zu veröffentlichen. Vier Jahre dauerte die Arbeit an dem Buch, und was wir während dieser Zeit bei verschiedenen

Aufenthalten vor Ort erlebten, hatte eine tiefgreifende Wirkung auf uns. Die Kinder, die in dieses Heim kommen, haben, so jung sie sind, bereits ein dramatisches Schicksal hinter sich. Teilweise sind sie alkohol- oder drogenabhängig, die meisten haben kaum das halbe normale Geburtsgewicht, und manche werden einfach irgendwo gefunden, wo sie ihre Mutter nach der Geburt liegengelassen hat. Mitzuerleben, wie diese Kinder nun spielten, lachten, weinten, aktiv die Welt erforschten, mit offenen Händen und völlig entspannt ihren Mittagsschlaf hielten – und das in einem Säuglingsheim –, war zutiefst berührend.

So ist es vielleicht auch nicht so erstaunlich, daß diese Kinder als Jugendliche und Erwachsene nicht die Auffälligkeiten zeigen, die sonst bei in Heimen aufgewachsenen Kindern als unvermeidlich gelten. Trotzdem sei das Lóczy kein Paradies, wie Anna Tardos uns versicherte. Das Schicksal dieser Kinder sei trotz allem sehr schwer, auch wenn das gesamte Personal alles täte, sie möglichst optimal ins Leben zu begleiten.

Natürlich lassen sich die Erfahrungen in einem Säuglingsheim nicht ohne weiteres auf das Familienleben übertragen, aber die Arbeit von Emmi Pikler begann in der Familie, und viele Aspekte dieses Ansatzes können auch für Eltern sehr wertvoll sein. Anna Tardos wurde als Tochter von Emmi Pikler in dieser Art des Umgangs mit Kindern groß. Sie ist Kinderpsychologin, hat selber drei Kinder und verbrachte ihr ganzes Berufsleben im Lóczy. Dies ist auch der Grund, warum sie Eltern diese Arbeit auf besonders einfühlsame und undogmatische Weise näherbringen kann. Wir sind immer wieder von Neuem erstaunt über die Tiefe und Menschlichkeit ihrer Sicht und ihres Umgangs mit Eltern, und so wird auch in dieses Buch einiges einfließen, was ich aus dem Kontakt mit Anna Tardos gelernt habe.

Einige Jahre später wurde unser Sohn geboren, und damit begann nun eine völlig neue Zeit des Lernens. Ich hatte das Gefühl, besser als wir könne man eigentlich kaum auf das Elternsein vorbereitet sein. Natürlich erwartete ich nicht, daß alles leicht und ohne Schwierigkeiten ablaufen würde – aber daß unser Sohn immer wieder eine solche Herausforderung sein könnte, damit hatten wir dann doch nicht gerechnet. Schon bevor ich selbst Vater wurde, hatte ich werdende Eltern in Vorträgen oder Seminaren manchmal gewarnt, daß kleine Kinder nicht wissen, welche Erwartungen und Vorstellungen über sie und ihre Entwicklung wir mitbringen und sich so vielleicht ganz anders verhalten, als wir uns das nach der Lektüre eines Buches oder dem Besuch eines Seminars erwarten würden. Kinder sind einfach, wie sie sind, und es ist ihnen vollkommen egal, welche Konzepte wir in diese Beziehung mitbringen. Sie fordern uns und unsere Präsenz voll und ganz – und diese Erfahrung blieb auch uns nicht erspart.

Schon bald mußten wir feststellen, daß es alles andere als leicht war, das zu leben, was wir aus tiefster Überzeugung als richtig und wichtig ansahen. Wir mußten einsehen, daß auch wir manchmal einfach nicht mehr wollten und uns alles zuviel war, daß wir uns ohnmächtig, unsicher oder genervt fühlten. Vor kurzem fragte mich mal eine Bekannte, was sich meiner Meinung nach in meiner Arbeit mit Eltern vor allem geändert habe, seit ich selbst Vater sei. Nach kurzem Überlegen sagte ich: „Mein Mitgefühl für Eltern." Vorher sah ich die ganze Thematik vor allem aus der Sicht des Kindes, und die Schwierigkeiten der Eltern erschienen mir im Vergleich dazu oft einfach als Bequemlichkeit oder Nachlässigkeit.

Was mir in dieser Phase besonders half, war die Praxis der Achtsamkeit und die Essentielle Gestalt-Arbeit bei Katharina Martin, für deren Geduld, Mitgefühl und liebevolle Begleitung ich sehr dankbar bin. Vor allem hier konnte ich die Persönlichkeitsanteile von mir unter die Lupe nehmen, die tatsächlich nicht die geringste Lust hatten, zurückzustecken und die Bedürfnisse unseres Sohnes an erste Stelle zu setzen. Durch diese innere Arbeit war es möglich, daß meine „Augen des Herzens" sich immer wieder öffneten, daß ich Wege fand, mir die innere Nahrung zu verschaffen, die notwendig ist, um einen solchen Weg mit Kindern zu gehen, und Werkzeuge an die Hand bekam, die mir immer wieder helfen, unseren Sohn und seine Bedürfnisse wirklich zu sehen.

Der perfekte Vater bin ich deshalb nicht geworden. Auch ich verliere manchmal die Geduld, strahle nicht ständig Liebe und Verständnis aus und weiß nicht immer, wo es langgeht. Auch ich habe Schwächen und Fehler, bin manchmal genervt oder ungerecht. Es gab Zeiten, in denen wir dachten, wir müßten den Verein eigentlich umbennen in „Mit Kindern wachsen oder untergehen“ und mir ist endgültig klargeworden: Egal, wie gut vorbereitet wir sind – Kinder werden uns immer wieder an unsere eigenen Grenzen bringen!

Wir sind stark geprägt von unserer eigenen Erziehung und Kindheit, und vor allem unter Streß tendieren diese alten Muster dazu, unseren inneren Zustand und unser Handeln zu bestimmen. So kommt es, daß wir manchmal Dinge sagen oder tun, von denen wir uns vorgenommen hatten, sie mit unseren eigenen Kindern sicher niemals zu machen. Und gerade hier können die Praxis der Achtsamkeit und die Essentielle Gestalt-Arbeit, wie sie von Katharina Martin entwickelt wurde, eine unschätzbare Hilfe sein, diese alten Muster zu überwinden, alte Verletzungen zu heilen und so nicht nur eine wirklich menschliche Beziehung zu unseren Kindern zu entwickeln, sondern auch selbst wieder ganz zu werden und zu einem erfüllten Leben zu finden.

Für mich persönlich bedeutete dies, daß mein Interesse für neue Wege im Leben mit Kindern und für Wege der Entfaltung von uns Erwachsenen in einen neuen Gesamtzusammenhang zusammenflossen. Das Erscheinen des Buches *Mit Kindern wachsen* von Myla und Jon Kabat-Zinn und ihr Besuch in Deutschland 1998 waren ein weiterer wesentlicher Schritt in diesem Prozeß. Ihr Beitrag zu einem achtsamen und liebevollen Umgang mit Kindern ist von großem Wert, und auch die Begegnung mit diesen beiden Menschen war für uns, unser Leben und unsere Arbeit von weitreichender Bedeutung.

Das vorliegende Buch ist das Ergebnis meiner eigenen Reise bis zu diesem Punkt. Es stellt vieles in Frage, was üblicherweise über Erziehung gedacht und geschrieben wird und weist mit Sicherheit keinen bequemen Weg. Es kann und will niemandem sagen, wie er oder sie mit Kindern umgehen sollte – aber es möchte Fragen aufwerfen und zum Nachdenken anregen. Meine größte Hoffnung ist, daß es einen Beitrag dazu leisten kann, Kindern auf wahrhaft menschliche Weise zu begegnen und mit ihnen gemeinsam zu wachsen.

Einige Worte zu den *Reflexionen*, *inneren Übungen* und *Geschichten*

In dieses Buch habe ich auch einige *Reflexionen* beziehungsweise *innere Übungen* aus der Gestalt-Arbeit aufgenommen. Sie stehen – wie die *Geschichten* – jeweils am Ende eines Kapitels. Sie dienen dazu, das jeweils Gelesene zu vertiefen und Ihren Blick auf Ihre eigene Erfahrung zu lenken. Dabei gibt es kein vorherbestimmtes Ziel. Es gibt nichts Bestimmtes zu erreichen, es werden keine Noten verteilt, und es geht auch nicht darum, etwas richtig zu machen. Die Übungen können ein äußerst hilfreicher Wegbegleiter sein, wenn Sie sich ihnen einfach mit Interesse und offenen Sinnen zuwenden und sich in keiner Weise unter Leistungsdruck setzen oder sich bewerten. Fühlen Sie sich aber bitte nicht verpflichtet, alle Übungen zu machen. Wählen Sie aus, was Sie anspricht, und lassen Sie weg, was Ihnen nicht zusagt. Wenn Sie unsicher werden, erinnern Sie sich daran, daß es in diesen Übungen nichts zu leisten oder zu erreichen gibt, sondern nur etwas zu entdecken.

Am meisten werden Sie von diesen Reflexionen und Übungen profitieren, wenn Sie sich immer mal wieder ein wenig Zeit nehmen, sich auf Ihre eigene Erfahrung oder auf Ihre Kinder zu besinnen. Mit der Zeit können sie so ein wertvolles Werkzeug werden, Ihren eigenen Weg im Leben mit Ihren Kindern zu finden.

Die *Reflexionen* dienen dem Zweck, einige spezielle Themen näher zu beleuchten. Sie sind für das Verständnis des Buches nicht unbedingt erforderlich und können so auch ausgelassen werden. Da diese Themen aber trotz ihrer Komplexität auch faszinierende Erkenntnisse ermöglichen können, sind sie für diejenigen Leserinnen oder Leser aufgenommen worden, die sich von dem jeweiligen Thema besonders angesprochen fühlen.

Mit den *Geschichten* wiederum möchte ich auf Aspekte des Lebens mit Kindern aufmerksam machen, die in dieser Form besonders anschaulich dargestellt werden können. Geschichten waren schon immer ein beliebter Weg, bestimmte Botschaften zu vermitteln. Sie sprechen auch unsere Gefühle an und können uns so ermutigen und inspirieren, Kinder und ihre Welt auf eine neue Weise wahrzunehmen.

Teil 1

Mit Kindern neue Wege gehen

Der Mythos der „richtigen“ Erziehungsmethode

> *Ich weiß nicht und kann nicht wissen, wie mir unbekannte Eltern unter unbekannten Bedingungen ein mir unbekanntes Kind erziehen können …*
> *Dieses „Ich-weiß-nicht“ ist in der Wissenschaft der Ur-Nebel, aus dem neue Gedanken auftauchen. Für einen Verstand, der nicht an wissenschaftliches Denken gewöhnt ist, bedeutet ein „Ich-weiß-nicht“ eine quälende Leere.*
> *Ich will lehren, das wunderbare, von Leben und faszinierenden Überraschungen erfüllte schöpferische „Ich-weiß-nicht“ der modernen Wissenschaft im Verhältnis zum Kinde zu verstehen und zu lieben.*
> *Es geht mir darum, daß man begreift: Kein Buch und kein Arzt können das eigene wache Denken, die eigene sorgfältige Betrachtung ersetzen.*
>
> Janusz Korczak

Was das Leben mit Kindern anbelangt, so ist unsere heutige Zeit vor allem geprägt von Unsicherheit. Früher war alles einfacher. Kinder hatten sich anzupassen, zu gehorchen, zu funktionieren. Das Familienleben beruhte auf einer unumstößlichen Machtstruktur, an deren Spitze der Vater stand. Seine Autorität war unantastbar und wurde notfalls mit Gewalt durchgesetzt, ohne daß dies durch irgendwelche Gefühle von Reue oder Unangemessenheit in Frage gestellt worden wäre. „Wer sein Kind liebt, der schlägt es“, „Was Klein-Hänschen nicht lernt, lernt Hans nimmermehr“ und ähnliche Sprüche waren Ausdruck dieser patriarchalischen Struktur, unter der nicht nur die Kinder, sondern auch die Frauen zu leiden hatten. Man könnte sagen, daß das Kind früher als die Schöpfung des Vaters angesehen wurde, und als Schöpfer konnte er über seine Schöpfung bestimmen. Er besaß das Recht, aus dem Kind zu machen, was er wollte, und ihm kam gar nicht in den Sinn, es als das zu respektieren, was es in seinem inneren Wesen wirklich war. Er gab die Richtung für sein Leben vor und konnte es entsprechend seinen Vorstellungen ausbilden und formen.

Erst gegen Ende des 19. Jahrhunderts begannen wir uns für die echten Enwicklungsbedürfnisse von Kindern zu interessieren. In den zwanziger Jahren bis zum Zweiten Weltkrieg entstanden verschiedene hoffnungsvolle Ansätze, die dann allerdings, mit Beginn des Krieges, zum größten Teil im Keim erstickt wurden. Die 68er Jahre waren geprägt von einer starken Auflehnung gegen diese festgefügten Machtstrukturen. In der Folge kam es zu mehr Gleichberechtigung für die Frauen, und auch in bezug auf Kinder und ihre Bedürfnisse hat sich in dieser Hinsicht einiges geändert. Die Antiautoritäre Erziehung oder auch die Antipädagogik waren eine Art Gegenbewegung zu dieser alten Machtstruktur, aber in der Praxis konnten sich diese Bewegungen nicht recht behaupten.

Wenn wir heute in eine Buchhandlung gehen, so finden wir eine ungeheure Fülle von Büchern und Elternratgebern, die die unterschiedlichsten Methoden, Rezepte oder Ratschläge anbieten, wie wir Kinder erziehen sollten. Die Anzahl der feilgebotenen Ansätze ist fast schon so groß wie auf dem Gebiet der Ernähungslehren. Diese Vielfalt ist zweifellos die Folge unserer Unsicherheit – unserer Angst, den Zustand des „Ich-weiß-Nicht“, wie Janusz Korczak es nannte, auszuhalten und uns Kindern wirklich zuzuwenden. Darüber, wie die Aufgabe des Elternseins sinnvoll bewältigt werden kann, gehen die Meinungen weit auseinander, und das verstärkt noch die tiefe Unsicherheit vieler Eltern, wie sie mit der Situation umgehen sollen, in die sie mehr oder weniger freiwillig geraten sind. Diese Unsicherheit wird bei vielen noch weiter verstärkt von dem Bild der glückstrahlenden und kompetenten Eltern, wie sie uns die Werbung oder manche Erziehungsratgeber vorgaukeln. Tatsächlich ist die Geburt eines Kindes ein radikaler Einschnitt im Leben der Eltern – meistens vor allem in dem der Mütter. Gleichzeitig werden die Ängste und Schwierigkeiten mit dieser neuen Situation sehr häufig nicht geäußert. Alle scheinen es ja leicht zu schaffen, alle scheinen glücklich zu sein. Wer möchte schon zugeben, daß er oder sie der einzige Versager zu sein scheint.

Wenn wir uns dann, aus unserer Unsicherheit heraus, nach der einen oder anderen Methode richten, machen wir die Kinder jedoch zwangsläufig zu Objekten der Erziehung, statt mit ihnen in eine wahrhaft menschliche Beziehung einzutreten. Ich glaube, für uns Erwachsene ist die Vorstellung, unser Lebenspartner würde sich uns nach einer bestimmten Methode zuwenden, auch nicht gerade beglückend. Jegliche Methode stellt sich zwangsläufig zwischen uns und andere Menschen und verhindert so einen wirklich menschlichen Kontakt. Letztlich ist ein solches Vorgehen immer eine Form der Manipulation und mit einer gleichwürdigen, auf Liebe und Respekt basierenden Beziehung nicht vereinbar.

Die Basis für eine neue, richtungweisende Perspektive im Umgang mit Kindern liegt also vor allem in einer grundsätzlich neuen Sichtweise der Beziehungen zwischen Erwachsenen und Kindern. Es ist in den letzten Jahren stärker ins Bewußtsein der Öffentlichkeit gerückt, was vielen Müttern intuitiv schon immer klar war: Ein Kind ist ein fühlendes Wesen und vollwertiger Mensch; kein unbeschriebenes Blatt, das von uns erst entsprechend beschrieben werden muß, damit es zu einem richtigen Menschen wird. Wenn wir möchten, daß sich dieses einzigartige werdende Leben möglichst optimal entfaltet, müssen wir ihm mit Liebe und Achtsamkeit begegnen. Unsere Beziehung darf nicht durch unsere Macht und den Wunsch bestimmt sein, ein Kind nach unseren Vorstellungen formen zu wollen, sondern durch wirklichen Respekt und den Wunsch, die Entfaltung des Kindes zu unterstützen und ihr so wenig wie möglich im Wege zu stehen.

- Rebeca und Mauricio Wild nannten ihren Ansatz „Nichtdirektive Erziehung“. Das heißt, daß Erwachsene das Kind nicht von außen bestimmen, lenken oder motivieren, sondern versuchen, den inneren Zustand und die Interessen jedes einzelnen Kindes zu erspüren und ihm die Möglichkeit zu schaffen, sich seinen echten Entwicklungsbedürfnissen gemäß zu entfalten.

- Emmi Pikler betont die Kompetenz eines jeden Kindes – seine Fähigkeit, den für seine Entwicklung besten Weg selbst zu finden, wenn man ihm seine Zeit läßt und es entsprechend begleitet.
- Myla und Jon Kabat-Zinn nennen Werte wie Souveränität, das heißt Eigenständigkeit oder das Recht eines jeden Menschen, sich nach seinem eigenen inneren Gesetz zu entfalten und selbst über sein Leben zu bestimmen; oder Empathie, das meint die Fähigkeit, sich in Kinder einzufühlen, die Welt auch aus ihren Augen zu sehen.
- In der Gestalt-Arbeit spricht man von den Selbstregulierungskräften, die in jedem lebenden Organismus wohnen und die es zu respektieren und zu unterstützen gilt. Auch hier wird betont, daß sich jede lebendige Ganzheit nach ihrem eigenen inneren Gesetz und in ihrer eigenen Zeit entfaltet. Aus einem Weizenkorn wird kein Gänseblümchen und aus einem Schimpansen kein Mensch, egal wie lange wir versuchen würden, ihn zu unterrichten. Auch können Wachstumsprozesse nicht beschleunigt werden, ohne daß dies negative Folgen nach sich zieht, wie die Geschichte am Ende dieses Kapitels deutlich macht.

All diese Werte sind aber nicht einfach Bestandteile einer neuen Theorie, sondern wurden vielfach in der Praxis bestätigt – in Familien, in Säuglingsheimen und Kinderkrippen, in Kindergärten und Schulprojekten.

Immer mehr Menschen fühlen sich von dieser neuen Sichtweise angesprochen, aber ihre Verwirklichung im täglichen Leben ist alles andere als leicht. Schließlich ist eine solche Art von Beziehung für uns alle Neuland, und die Folgen unserer eigenen Erziehung hindern uns oft daran, etwas zu leben, was wir eigentlich als wertvoll und wichtig ansehen. Hinzu kommt der Streß, den die Organisation eines Haushalts und das Leben mit Kindern zuweilen mit sich bringen sowie eine gesellschaftliche Situation, die Qualitäten wie Achtsamkeit, Mitgefühl und Einfühlsamkeit nicht gerade unterstützt.

Ein Bild, das die Herausforderungen des Elternseins treffend widerspiegelt, ist das Surfenlernen. Es ist oft anstrengend, wir verlieren immer wieder das Gleichgewicht und schlucken dann unter Umständen eine Menge Wasser. Manchmal ist die See rauh, und wir können uns kaum auf dem Brett halten – zu anderen Zeiten läuft alles wunderbar, wir gleiten sicher auf den Wellen dahin und genießen den inneren Reichtum, den ein erfülltes Leben uns schenken kann. Die See verändert sich ständig, wir wissen nie, was die nächste Welle von uns verlangt, und wenn unsere Wachheit und Präsenz nachlassen, finden wir uns schnell im Wasser wieder. Aber wenn wir uns der Herausforderung stellen, können wir lernen zu surfen. Wir können ein inneres Gleichgewicht finden, das uns in ruhigen und stürmischen Zeiten hilft, den Boden nicht unter den Füßen zu verlieren und die bestmögliche Lösung für unsere jeweilige Situation zu finden.

Das Bild des Surfens macht auch deutlich, daß es keinerlei Rezepte oder Gebrauchsanleitungen gibt, mit denen wir zum Erfolg kommen. Kinder können nicht auf gutes Funktionieren programmiert werden – höchstens mit psychischer oder physischer Gewaltanwendung. Sie sind keine Maschinen, sondern lebendige Wesen mit ganz konkreten Bedürfnissen. Wie alle lebendigen Organismen tragen sie ihr ganzes Potential in sich – sie sind in sich vollkommen –, und die Frage ist, wie dieses Potential zur Entfaltung kommen kann. Jedes Kind, jeder Mensch ist einzigartig und mit ganz spezifischen Eigenschaften und Talenten ausgestattet. Dieser ganz individuelle, wesensmäßige innere Reichtum möchte sich erfüllen, drängt dazu, sich in der Welt zu verwirklichen. In der Humanistischen Psychologie spricht man in diesem Zusammenhang von der „Selbstaktualisierungstendenz“. Und je mehr es einem Menschen möglich ist, seiner inneren Natur gemäß zu leben, desto erfüllter, zufriedener und auch kreativer und leistungsfähiger wird er sein.

Menschen wie Maria Montessori, Janusz Korczak oder Emmi Pikler haben dies gesehen und sich Kindern jeweils mit wirklichem Interesse zugewandt – und von ihnen gelernt. Sie sind nicht nach einem Rezept oder nach einer Methode vorgegangen, sondern haben ihr Herz für jedes einzelne Kind mit der Frage geöffnet, wie seine konkrete Lebenssituation aussieht und was seiner Entfaltung dienen könnte. Das heißt, sie haben versucht, mit Kindern in eine echte Beziehung zu treten. Kinder sind für sie nicht Objekte von Erziehungsmethoden, sondern vollwertige Menschen, die sie verstehen und die sie auf ihrem Weg ins Leben so gut wie möglich unterstützen und begleiten wollen. Wie bereits erwähnt, hat Maria Montessori betont, daß wir Kinder nur verstehen und angemessen begleiten können, wenn wir lernen, „mit den Augen der Liebe“ zu sehen. Sie hat häufig davor gewarnt, ihre Arbeit auf das von ihr entwickelte pädagogische Material zu reduzieren und immer wieder betont, daß die innere Arbeit der Erwachsenen an sich selbst eine unerläßliche Voraussetzung dafür ist, den Kindern auf angemessene Weise zu begegnen.

Alle Erziehungskonzepte sind im besten Fall Landkarten, die uns helfen können, uns immer wieder neu zu orientieren. So gut eine Landkarte auch sein mag – sie nützt uns nichts, wenn wir uns nicht auf den Weg machen und das Terrain selbst erkunden.

Nun ist es leider so, daß die Nachfolger solch großer Pädagogen häufig nicht selbst gelernt haben, wirklich zu sehen, sondern von der Strahlkraft der Landkarte ihrer Vorbilder geblendet wurden. So entstanden dann Erziehungsmethoden und Konzepte, die sich zwangsläufig zwischen uns und die Kinder schieben und verhindern, daß wir diese wirklich sehen und ihre Signale wahrnehmen und verstehen können. Wir sehen sie dann nicht mehr als Subjekt, zu dem wir in Beziehung treten, sondern als Objekt. Wie Janusz Korczak im eingangs dieses Kapitels abgedruckten Zitat betont, ist jedes Kind und jede Situation, in der wir uns befinden, anders, und keine Landkarte kann dieser sich ständig verändernden Wirklichkeit letztendlich gerecht werden – auch wenn sie uns unbestritten einen hilfreichen Orientierungsrahmen bieten kann.

Sehr treffend wird der Konflikt zwischen der Wirklichkeit und unseren Konzepten von einem schwedischen General zur Zeit des Dreißigjährigen Krieges dargestellt. Es wird berichtet,

daß er vor einem Feldzug in Feindesland, für das es nur sehr ungenaue Landkarten gab, eine Ansprache an seine Offiziere hielt. Seine Worte lauteten sinngemäß etwa folgendermaßen: „Meine Herren! Wenn Sie – mit Gottes Hilfe – in feindliches Gebiet vorgedrungen sind und feststellen, daß das Land, das Sie vorfinden, nicht mit Ihren Karten übereinstimmt, können Sie davon ausgehen, daß die Karte falsch ist und nicht das Land!"

Dieses Buch soll dazu ermutigen, die Landkarten auch wieder beiseite zu legen und sich auf den Weg in die Wirklichkeit des Landes selbst zu begeben – auch wenn wir uns dabei zunächst unsicher oder sogar unfähig fühlen. Aber nur wenn wir uns Kindern ohne vorgefertigte Konzepte darüber, wie sie sein „sollten", zuwenden, wenn wir nicht versuchen, sie unseren Landkarten anzupassen, können wir sie so wahrnehmen, wie sie sind, und sie entsprechend begleiten.

In einem Gespräch mit Anna Tardos, Judith Falk und Maria Vincze über ihre Arbeit im Lóczy bezeichneten sie dies als ihre wichtigste Aufgabe: jeden Tag von neuem anzufangen. Sich immer neu Fragen zu stellen, bei jedem Kind, in jeder Situation. Sich immer neu einzufühlen und zu versuchen, jedes Kind und jede Situation so wahrzunehmen, wie sie gerade sind. Ihre Landkarte entstand aus direkter Erfahrung. Und was mich sehr beeindruckt ist: Sie lassen nicht zu, daß sich diese wirklich phantastisch ausgereifte und präzise Landkarte zwischen sie und die Kinder stellt. Wenn sie sich in das Land selbst begeben und mit den Kindern in direkte Beziehung treten, legen sie die Landkarte beiseite und vermeiden so, mit der Karte vor Augen ständig ins Stolpern zu geraten oder gar in gefährliche Löcher zu fallen.

Allzuoft sind wir – wie der Vater auf der Karikatur – selbst unsicher und voller Angst, ins Offene und Unbekannte zu gehen, die Leere des „Ich-weiß-Nicht“ zu ertragen, bis sich ein Weg im Nebel des Nichtwissens abzeichnet. So halten wir uns an den Schwimmreifen von Systemen, Methoden, festen Vorstellungen und fremden Autoritäten über Wasser. Der Wunsch nach einer Methode, die uns die Sicherheit gibt, daß Kinder sich wunderbar entwickeln werden, wenn wir nur das Richtige tun, ist eine verständliche Folge unserer Unsicherheit. Es wäre doch zu schön, wenn es ein Geheimrezept gäbe, das unsere Schwierigkeiten im Leben mit Kindern in Wohlgefallen auflösen könnte – oder einen Ratgeber, der uns immer sagt, was zu tun ist, wenn wir in Schwierigkeiten geraten.

Aber kann es solche Geheimrezepte überhaupt geben? Wir leben in einer Gesellschaft, die den Bezug zu natürlichen Wachstums- und Reifeprozessen weitgehend verloren hat. Wir sind noch stark beeinflußt vom mechanistischen Denken, und so sind wir ständig auf der Suche nach dem, was wir „machen“ können, um unsere Schwierigkeiten zu lösen. Der heutige Mensch ist in seiner Ungeduld ständig versucht, Wachstums- und Reifeprozesse zu beschleunigen und sie möglichst kontrollieren zu wollen, und so liegt es nur nahe, Konzepte und Methoden zu entwickeln, die Eltern dabei helfen sollen, besonders intelligente, fähige oder sogar spirituelle Kinder heranzuziehen. Doch dieses „Machen“, diese Form des Aktivismus, kommt nicht aus einer wirklichen Einsicht, sondern mehr oder weniger vorschnell und pauschal, um eine Schwierigkeit oder eine beunruhigende Situation zu lösen. Aber wie heißt es so schön – unsere genialen Lösungen von heute sind allzu häufig unsere Probleme von morgen. Denn wenn wir in diese Art des Umgangs mit Kindern verfallen, sind wir nicht wirklich mit ihnen in Kontakt. Wir sehen weder sie noch die Situation – wir wenden uns vielmehr ab und suchen woanders nach der Lösung.

Die vermeintliche Sicherheit, die wir uns erhoffen, wenn wir uns nach bestimmten Methoden oder Grundprinzipien im Umgang mit Kindern richten, ist trügerisch. Wir mögen vielleicht oberflächlich das Gefühl haben, sicheren Boden unter den Füßen zu haben und zu wissen, wo es langgeht, aber in Wahrheit werden wir taub und blind für das, was das Kind uns zeigt – für seine innere Wirklichkeit.

Aus dieser Perspektive wird deutlich, daß wir uns auf das Elternsein nicht wirklich vorbereiten können. Wir können einfach nie wissen, was uns erwartet und welche Schritte sich auf unserem Weg ergeben. Immer wieder geht es darum, innezuhalten, uns wirklich zuzuwenden, versuchen wahrzunehmen, was sich in einer Situation zeigt, statt das Leben des Kindes nach unseren Vorstellungen zu bestimmen.

Wenn sich aus einem Ansatz starre Prinzipien ergeben, so kann dies leicht zu unmenschlichem bis hin zu mehr oder weniger subtil gewalttätigem Verhalten führen. Ich möchte für dieses Phänomen ein paar Beispiele nennen, die verdeutlichen sollen, was hier gemeint ist:

Sowohl im Ansatz von Emmi Pikler als auch in der Arbeit von Rebeca und Mauricio Wild geht es darum, die Autonomie des Kindes zu respektieren. Das heißt, daß wir es nicht überbehüten, daß wir ihm erlauben, seinen Weg selbst zu finden und uns nicht ständig mit unserem Wissen einmischen und zeigen, wie etwas „richtig gemacht“ wird. Wenn ein Kind zum Beispiel ein Spielzeug erkundet, das es noch nicht kennt, und wir sehen, daß es das Spielzeug nicht gleich auf die Art und Weise verwendet, wie es gedacht ist, mischen wir uns nicht ein, sondern halten uns zurück und lassen dem Kind die Möglichkeit, das Problem selbst zu lösen, statt mit unserem besseren Wissen einzugreifen und zu sagen: „Schau mal, so macht man das!"

Auf diese Weise kann das Kind die Erfahrung machen, daß es seine selbstgestellten Aufgaben und Probleme auch selbst lösen kann. Im anderen Fall hätte es gelernt, daß es sich am besten an einen Erwachsenen wendet, der sowieso immer alles besser weiß. Insofern ist es sehr sinnvoll, daß wir unseren Impuls zu helfen hinterfragen – daß wir innehalten und erst einmal abwarten, was das Kind von sich aus tut. Wir begleiten es, mischen uns aber nur ein, wenn es überfordert ist oder sich selbst oder andere ernsthaft gefährdet.

Diese innere Haltung zeugt von großem Respekt für die Autonomie des Kindes. Manchmal ergibt sich daraus aber auch ein Prinzip, eine neue Art von „Gebot" für Eltern, das da heißt: „Du sollst nicht helfen." Auch dies kann dann fatale Auswirkungen haben.

Ein etwa fünfzehnmonatiges Kind wurde von seinem Kindermädchen abgeholt, und es hatte sich schon sehr auf diesen Ausflug gefreut. Zutraulich streckte es den Arm aus und wollte an der Hand genommen werden. Das Kindermädchen folgte lächelnd dieser Aufforderung und wollte gerade aufbrechen, als die Mutter ihr sagte: „Bitte gib ihr nicht die Hand, ich möchte nicht, daß du ihr beim Laufen hilfst." Verunsichert ließ sie die Hand los, das Kind weinte und wurde dann auf folgende Weise in seinem Schmerz begleitet: „Ja, ich sehe, du möchtest an der Hand gehen, aber das lasse ich dich nicht!"

Schließlich beruhigte sich das Kind und machte sich neben dem Kindermädchen „selbständig" auf den Weg. Die gemeinsame Freude war verschwunden, aber das Prinzip blieb gewahrt. Die Mutter hatte das Gefühl, konsequent nach dem „Ansatz von Rebeca und Mauricio Wild" gehandelt zu haben. Und eine Bekannte, die die Arbeit der Wilds ebenfalls kennt, war tief beeindruckt von der Konsequenz der Mutter.

Ein anderes Beispiel: Ein Junge, der noch neu in einem alternativen Kindergarten war, neigte dazu, die Erwachsenen ständig für seine Zwecke einzuspannen, und schien sich sichtlich unsicher in der neuen Situation zu fühlen. Eines Morgens mußte er auf die Toilette und bat um Begleitung. Eine Praktikantin ging dann gemeinsam mit ihm auf die Toilette. Als er sein Geschäft schließlich erledigt hatte, bat er die Praktikantin: „Machst du mir die Hose und den Gürtel zu?" Diese wollte gerade auf die Bitte eingehen, als eine Erzieherin hinter ihr rief: „Wir helfen hier nicht!", und selbst den Platz der Praktikantin einnahm. Das Kind weinte, war wütend, aber die Erzieherin blieb einfach ruhig dabei, bis der Junge es schließlich doch noch schaffte, seine Hose selbst zuzumachen. Auch hier war die Praktikantin beeindruckt von der Konsequenz der Erzieherin und wußte zu berichten, daß der Junge ab diesem Zeitpunkt sehr verändert war, nicht mehr manipulierte und sich in die Struktur des Kindergartens einfügte.

Was hat sich in diesen beiden Fällen nun wirklich abgespielt? Handelt es sich tatsächlich um eine angemessene, konsequente Begleitung, die die Autonomie des Kindes respektiert? Ich glaube das ganz und gar nicht!

- Beginnen wir mit dem ersten Beispiel: Ging es hier um die autonome Bewegungsentwicklung? Das Kind konnte bereits frei gehen! Das Kindermädchen wollte das Kind also keineswegs aufstellen und ihm das Gehen beibringen oder ihm beim Gehenlernen helfen. Daß es an die Hand genommen werden wollte, war ein Ausdruck der Freude, sich nun gemeinsam auf den Weg machen zu können. Wenn ich mir diese Situation aus Sicht des Kindes ansehe, werde ich sehr traurig und resigniert: Meine Mutter läßt es nicht zu, daß mich das von mir so geliebte Kindermädchen an die Hand nimmt. Sie schimpft nicht, sie ist nicht böse mit mir, aber sie läßt die Freude in mir nicht leben. Ich fühle mich nicht autonom und selbständig, sondern verlassen, hilflos und ohnmächtig.
- Im zweiten Beispiel ist die Antwort schon schwieriger, denn offensichtlich hat die Maßnahme ja funktioniert. Der Junge

verhält sich nicht mehr so fordernd und fügt sich in den Ablauf des Kindergartens ein. Aber ich habe meine Zweifel, daß es sich hier um ein Beispiel erfolgreicher Konsequenz handelt. Daß etwas funktioniert, heißt noch lange nicht, daß es angemessen ist. Für mich ist es sehr viel wahrscheinlicher, daß auch dieser Junge innerlich resigniert hat, daß er aufgehört hat, um das zu kämpfen, was er eigentlich gebraucht hätte – was immer das gewesen sein mag. Ich habe nicht gesehen, wie der innere Zustand des Jungen nach diesem Vorfall wirklich aussah – ob er wirklich an innerer Sicherheit gewonnen hat.

Anna Tardos sagte einmal: „Es ist grundsätzlich wichtig zu verstehen, daß wir Selbständigkeit vom Kind nicht erwarten oder gar fordern dürfen, sondern daß wir ihm die Möglichkeit geben, so selbständig zu sein, wie es das von sich aus möchte. Sie ist also ein Angebot und keine Forderung, es *muß* nicht selbständig sein, denn wir können darauf vertrauen, daß es selbständig werden wird, sich von uns lösen wird, seinen Weg gehen wird, wenn es dafür bereit ist – wenn die Zeit reif ist."

Bei anderer Gelegenheit erläuterte Anna Tardos in einem Elternseminar: „Wir sind sehr überzeugt von dem, was wir tun und wie wir es tun. Ich bitte Sie trotzdem, nicht einfach alles zu übernehmen, nur weil ich es gesagt habe und es vielleicht überzeugend klingt. Es ist immer besser für ein Kind, wenn seine Eltern etwas mit einem guten inneren Gefühl ‚falsch' machen, als sich einer Methode, einem Prinzip unterzuordnen und gegen das eigene Gefühl zu handeln."

Kurz gesagt bedeutet dies, das Kinder nicht unter unseren Prinzipien leiden sollten. Für Prinzipien wurden Kriege geführt und Menschen getötet. Wenn wir Kindern auf wahrhaft menschliche Weise begegnen wollen, ist es unerläßlich, daß wir die vermeintliche Sicherheit, die uns solche Prinzipien geben, hinter uns lassen und uns den Kindern immer wieder von Neuem wirklich zuwenden.

Wenn wir uns auf Prinzipien berufen und uns vorrangig an solchen orientieren, werden wir herzlos, so einleuchtend und richtig uns diese Prinzipien auch erscheinen mögen. Dies ist auch der Grund, warum es so wichtig ist, mit jedem Kind und jeder Situation wirklich in Kontakt zu treten, uns einzufühlen und zu lernen, mit den Augen des Herzens zu sehen und so gemeinsam mit unseren Kindern zu wachsen.

Doch wie ist das möglich? Wir können nicht warten, bis wir uns vervollkommnet haben, um dann gute Eltern oder Pädagogen zu sein. Unsere Kinder und ihre Bedürfnisse sind eine konkrete Wirklichkeit und Verantwortung, der wir uns heute stellen müssen.

Statt in unserer Ratlosigkeit möglichst schnell nach einem Rezept Ausschau zu halten, könnten wir vielleicht zunächst einmal innehalten und versuchen, unsere Situation genauer zu betrachten. Wenn wir Kinder als eigenständige Menschen sehen und mit ihnen in eine wahrhaft menschliche Beziehung treten möchten, und wenn wir erkennen, daß eine wirkliche Entfaltung des menschlichen Potentials die Frucht eines Reifeprozesses ist, versteht es sich von selbst, daß wir dies nicht durch die Anwendung irgendwelcher Erziehungsmethoden von außen bewerkstelligen können. Stattdessen können wir nach den Bedingungen fragen, die eine harmonische Entfaltung der Kinder ermöglichen, und welche Verhaltensmuster und Sichtweisen dazu führen, daß wir Kinder eher als Objekte behandeln und so den Kontakt zu ihnen verlieren.

Ein typischer Zeitpunkt, wenn Eltern anfangen, nach wirkungsvollen Lösungen zu suchen, ist, wenn Kinder anfangen, ein eigenes Ich, einen eigenen Willen zu entwickeln. Dies geschieht gewöhnlich um das zweite Lebensjahr herum – manchmal früher, manchmal später. In der Literatur wird diese Zeit die „Trotzphase“ genannt, und Kinder, die sich in dieser Phase befinden, werden gern als kleine Tyrannen bezeichnet, die dann durch die verschiedensten Methoden gezähmt werden sollen. Tatsächlich werden diese Kinder einfach selbständig, und wer trotzig wird, sind eher die Erwachsenen. Oft beginnen sich Kinder einfach nur gegen bestimmte Verhaltensweisen oder Umstände aufzulehnen, die ihren Bedürfnissen nicht entsprechen. So läßt sich ein Kleinkind vielleicht plötzlich nicht mehr ohne weiteres wickeln, was durchaus seinen Grund haben mag, wenn wir uns einmal genauer ansehen, in welcher Atmosphäre dieses stattfindet und wie einfühlsam und respektvoll unsere Hände dabei gewöhnlich sind. Oder es möchte seine Umgebung möglichst gründlich erforschen und wehrt sich dagegen, wenn es ständig davon abgehalten wird.

Wir können davon ausgehen, daß zweijährige Kinder in den seltensten Fällen einen Machtkampf vom Zaum brechen oder uns tyrannisieren wollen. Sie sind einfach, was sie sind. Und wenn wir ihnen den Raum und die Möglichkeiten zur Verfügung stellen, die sie brauchen, und uns ihnen einfühlsam zuwenden, verwandeln sich die sogenannten kleinen Tyrannen in aufgeweckte und sehr selbständige Forscher, an denen wir nur unsere Freude haben können.

Natürlich gibt es auch Kinder, die besondere Schwierigkeiten damit haben, daß die Welt und andere Menschen nicht nach ihrem eigenen Willen funktionieren. Ihre Wutanfälle treten nicht nur dann auf, wenn sie von uns nicht bekommen, was sie wollen, sondern auch, wenn die Wand einfach nicht weichen will, gegen die sie mit ihrer Schubkarre stoßen. Aber auch solchen Kindern ist nicht geholfen, wenn wir ihnen mit dem neuesten Ratgeber zum Grenzensetzen oder Festhalten zu Leibe rücken, sondern auch sie brauchen eine verständnisvolle, mitfühlende Begleitung, die ihnen hilft, anzunehmen, daß die Welt nicht immer so sein kann, wie sie es gern hätten. Manchmal ist ihnen mehr geholfen, wenn wir ihren Anfällen keine besondere Beachtung schenken und einfach die Situation beschreiben: „Die Wand will einfach nicht weggehen, nicht wahr?“ Welches Verhalten in einer solchen Situation jeweils angemessen ist, läßt sich natürlich nicht pauschal sagen, aber wenn wir nicht nur darauf aus sind, daß ein Kind unseren Erwartungen gemäß funktioniert und uns wirklich in die Situation einfühlen, finden wir meistens auch eine Lösung.

Wenn Kinder früher so funktionierten, wie es die Erwachsenen erwarteten, war das ein Erziehungserfolg, und die Eltern durften sich auf die Schultern klopfen. Lief es nicht wie gewünscht, so waren die Kinder schwierig und die Eltern wurden bemitleidet, wie schwer sie es mit diesem Kind hatten. Heute wissen wir, daß dies eine sehr einseitige Sicht war, und es geht darum, Wege zu finden, eine Beziehung zu unseren Kindern aufzubauen, die von gleicher Würde und gegenseitigem Respekt geprägt ist.

Wie aber könnte eine neue Beziehungsqualität aussehen? Welche Voraussetzungen liegen ihr zugrunde und wie könnten wir sie in unserem täglichen Leben verwirklichen? Wie können wir lernen, uns unseren Kindern immer wieder voll und ganz zuzuwenden – ihnen mit Achtsamkeit, Mitgefühl, Liebe und Respekt zu begegnen? Was brauchen wir selbst, um einen solchen Weg gehen zu können, und wie können wir die Folgen unserer eigenen Erziehung hinter uns lassen?

Diesen Fragen möchte ich auf den folgenden Seiten nachgehen und Möglichkeiten aufzeigen, die einen solchen Prozeß unterstützen können. Es geht um eine neue Sichtweise, die Wege aufzeigt, wie Kinder ihrer inneren Natur gemäß aufwachsen können. Dabei möchte ich nochmals betonen, daß alles, was ich in diesem Buch schreibe, als Anregung oder Ermutigung zu verstehen ist. Ich bin kein Experte, der weiß, wie man „richtig" mit Kindern umgeht. Vielmehr bin ich zu der Überzeugung gekommen, daß es darum geht, in unserer eigenen Situation die bestmögliche Lösung für den nächsten Schritt zu finden. Wir müssen nicht anders oder besser werden, als wir sind, so seltsam das klingen mag. Wenn wir von da ausgehen, wo wir gerade stehen, wie unzureichend uns das auch erscheinen mag, und uns einfach immer wieder erinnern, etwas mehr Achtsamkeit, Einfühlsamkeit und Geduld aufzubringen, wird sich unser Leben und die Beziehung zu unseren Kindern entscheidend verändern.

Grundsätzlich gilt auch für mich die Aussage von Anna Tardos, daß es immer sinnvoller ist, dem eigenen inneren Gefühl, der eigenen Überzeugung zu folgen, als etwas zu tun, nur weil es jemand gesagt hat, den wir für einen Experten halten, und so gegen unsere Intuition zu handeln. *Mit Kindern neue Wege gehen* bedeutet vielmehr das „Ich-weiß-Nicht" schätzen zu lernen und so die eigene Intuition zu entwickeln und ihr mehr und mehr zu vertrauen und zu folgen. Im Zen wird diese innere Haltung der „Anfänger-Geist" beziehungsweise der „Don't know mind" genannt und kennzeichnet die Fähigkeit, alles, was wir schon zu wissen glauben, beiseite zu lassen, die innere Leere des „Ich-weiß-Nicht" zuzulassen und uns immer wieder völlig neu und ohne vorgefertigte Meinungen auf eine Situation oder einen Menschen einzulassen. Der Geist des Experten kennt wenige Möglichkeiten, der Geist des Anfängers viele!

Das heißt natürlich nicht, daß wir einfach nur „aus dem hohlen Bauch" handeln sollten, ohne uns über die Folgen unseres Tuns Gedanken zu machen. Alles, was wir tun oder nicht tun, hat Folgen, und nur wenn wir versuchen, uns dieser Folgen gewahr zu werden, nur wenn wir uns unseren Kindern und unserer Situation wirklich zuwenden und bewußt unsere eigenen Entscheidungen treffen, können wir einen Weg finden, der wirklich unser eigener ist. Und nur ein solcher, eigener Weg führt dazu, daß unsere Kinder sich von uns angenommen und geliebt und auf ihrem Weg ins Leben begleitet fühlen können. Jon Kabat-Zinn sagte am Ende eines Interviews: „Das größte Geschenk, das wir Kindern machen können, sind wir selbst." Kinder möchten mit uns eine echte Beziehung eingehen, sie haben kein Interesse an „perfekten" Eltern, die immer alles richtig machen wollen. Es ist unausweichlich, daß wir Fehler machen und daß unsere Kinder unter diesen Fehlern zu leiden haben, aber wenn wir die innere Bereitschaft haben, aus diesen Fehlern zu lernen, ist das alles, was nötig ist.

Vielleicht zweifeln auch Sie hin und wieder daran, daß Sie der Aufgabe gerecht werden und Ihre Kinder auf angemessene Weise ins Leben begleiten können. Elternsein ist sicherlich eine der anstrengendsten und streßreichsten Aufgaben, die es auf dieser Erde gibt, und da es eine solch gewaltige Herausforderung ist, sehnen wir uns oft einfach danach, einen Weg zu finden, alle Schwierigkeiten, Zweifel und Ängste, die mit dieser Aufgabe verbunden sind, möglichst auf einen Schlag loszuwerden. Das letzte, was wir uns wünschen, sind noch mehr Aufgaben, noch mehr, was wir machen sollen, um „gute Eltern" zu sein.

In diesem Buch geht es nicht darum, was Sie noch alles tun sollten, sondern vielmehr darum, erst einmal innezuhalten, einen Schritt zurückzutreten und Ihre Situation mit neuen Augen zu sehen. Vielleicht sehen Sie dann deutlicher, was *Sie* wirklich wollen, welche Werte *Sie* in Ihrem Familienleben pflegen und verwirklichen wollen und wie *Sie* einen Weg finden können, der es Ihren Kindern und Ihnen selbst ermöglicht, ein erfülltes Leben zu führen.

Geschichte

Der ehrgeizige junge Bauer

Im alten China gab es einen jungen, ehrgeizigen Bauern, der ein großes Feld erworben hatte und nun darauf brannte, seine erste Ernte einzufahren. Er kaufte besonders ertragreiches Saatgut, und so konnte er mit der Arbeit beginnen. Nachdem er den Boden bearbeitet, das Saatgut ausgebracht und alles weitere für ein gutes Wachstum der Pflanzen getan hatte, legte er sich zufrieden zur Ruhe.

Jeden Morgen schaute der junge Bauer auf seinem Feld nach, ob seine Saat schon aufgegangen war. Groß war seine Freude, als die ersten Halme aus der Erde kamen. Schon bald war das ganze Feld übersät von jungen Trieben. Immer noch ging er jeden Morgen auf sein Feld, um das weitere Wachstum seiner Pflanzen zu verfolgen. Aber es dauerte ihm alles viel zu lange. Er wollte doch so gerne die Früchte seiner Arbeit in Händen halten – und das natürlich so schnell wie möglich.

Eines Abends nun hatte er eine Idee: Wie wäre es, wenn er an allen Halmen ein wenig ziehen würde, um sie so zu schnellerem Wachstum anzuregen? Er war so begeistert von dieser Idee, daß er sofort aufstand, auf sein Feld ging und bis tief in die Nacht hinein an jedem einzelnen Hälmchen zog und zupfte. Nach getaner Arbeit legte er sich schließlich zufrieden in sein Bett.

Am nächsten Morgen ging er voller Erwartung auf sein Feld. Aber was mußte er sehen: Alle jungen Triebe lagen verwelkt auf dem Boden, seine ganze Arbeit war umsonst gewesen. Diese Lektion sollte er sein ganzes Leben lang nicht vergessen. Er hatte gelernt, geduldig zu warten und der Kraft der Pflanzen zu vertrauen, statt seiner Ungeduld zu erliegen und in den natürlichen Lauf der Dinge einzugreifen. Wachstum und Entwicklung brauchen ihre Zeit, und ich erreiche nichts Gutes, wenn ich versuche, diese Zeit zu verkürzen.

Geschichte

Die Lehre des Engels

Es war einmal ein Engel, der wußte, wie gerne die Menschen feste Überzeugungen hegen und sich mit anderen Menschen, die der gleichen Meinung sind, zu Gruppen, Glaubensrichtungen oder politischen Parteien zusammenschließen. Dieser Engel wollte den Menschen nun zeigen, wie verrückt, absurd und schädlich dieses Verhalten ist und ihnen helfen, vielleicht sogar über sich selbst lachen zu können. Er ließ sich einen großen Hut anfertigen, der genau in der Mitte geteilt war. Auf der einen Seite war er von leuchtendem Blau, auf der anderen Seite von flammendem Rot. Dann begab sich der Engel in einen Ort, wo auf beiden Seiten der Dorfstraße viele Menschen auf dem Acker arbeiteten. Dort zeigte er sich dann in all seiner Herrlichkeit und ging gemessenen Schrittes die Straße entlang. Alle Menschen auf der rechten Seite, ebenso wie alle Menschen auf der linken Seite der Straße hielten von Staunen und Ehrfurcht ergriffen in ihrer Arbeit inne und schauten zu dem Engel auf, der mit seinem Licht die ganze Gegend erhellte. Dann verschwand er plötzlich. Zunächst war es still, doch dann riefen alle: „Wir haben einen Engel gesehen! Wir haben einen Engel gesehen!" Alle waren voller Freude und überglücklich, bis einer der Menschen von der linken Seite der Dorfstraße sagte: „War er nicht wunderbar, in all seiner Herrlichkeit und mit seinem roten Hut?" Die anderen Bewohner der linken Seite stimmten ihm zu, aber von der rechten Seite kam Widerspruch: „Was redet ihr da? Er hatte einen blauen Hut auf!", und die anderen Bewohner der rechten Seite stimmten ihm zu.

Die Meinungsverschiedenheit spitzte sich mehr und mehr zu, bis die Menschen auf beiden Seiten der Dorfstraße Barrikaden errichteten und begannen, sich gegenseitig mit Steinen zu bewerfen. Da erschien der Engel von neuem. Dieses Mal ging er in die andere Richtung – um dann wieder plötzlich zu verschwinden. Die Menschen von den beiden Straßenseiten schauten sich an, und die auf der linken Seite sagten: „Es tut uns leid, wir haben uns geirrt, er hatte tatsächlich einen blauen Hut auf. Bitte vergebt uns, wir haben uns getäuscht." Die Menschen von der rechten Seite erwiderten: „Aber nicht doch – wir haben uns getäuscht!" Nun machte sich Unsicherheit breit. Sollten sie weiter gegeneinander kämpfen oder sollten sie Freundschaft schließen? Die meisten waren vollkommen ratlos und verwirrt angesichts der neuen Situation. Da erschien der Engel ein weiteres Mal. Strahlend und gemessenen Schrittes ging er bis zur Mitte der Straße. Dort blieb er kurz stehen, drehte sich langsam nach links und dann wieder nach rechts – und verschwand. Nach einer kurzen Pause der Verblüffung fingen alle herzlich an zu lachen, und fortan waren sie vorsichtiger, wenn sie in sich die Tendenz spürten, an ihren Vorstellungen und Überzeugungen um alles in der Welt festhalten zu wollen.

Reflexion *Innehalten*

Unser Leben ist häufig geprägt von ständiger Geschäftigkeit. Immer gibt es etwas zu tun oder zu organisieren. Vor allem wenn wir Kinder haben, scheint einfach nie Raum für Nicht-Tun dazusein. Entstehen einmal Lücken in unserem Alltag, so vertreiben wir uns mit Fernsehen, Zeitunglesen oder mit anderen Aktivitäten die Zeit. Momente der Stille, der Leere machen uns eher unruhig, und so lenken wir uns schnell wieder ab. Innere Unruhe und Streß sind die unvermeidliche Folge. Unsere Kultur kennt keine Wertschätzung für das Nicht-Tun – im Gegenteil, sie bietet eine Fülle von Ablenkungen, um der inneren Leere zu entfliehen. Diese Geschäftigkeit kann die innere Leere jedoch nie wirklich ausfüllen, und so laufen wir immer schneller. Dazu gibt es eine Zen-Geschichte von einem Mann und einem Pferd. Der Mann sitzt auf seinem galoppierenden Pferd. Er hat es offensichtlich sehr eilig. Vom Wegrand sieht ihn ein Freund, der ihm zuruft: „Wohin so eilig?" Worauf der Reiter gerade noch zurückrufen kann: „Keine Ahnung! Frag das Pferd!"

Dieser Zustand kommt mir recht bekannt vor, wenn ich mich vom alltäglichen Streß mitreißen lasse. Ich vergesse dann, wohin ich eigentlich möchte, und meine Gewohnheiten treiben mich so sehr zur Eile, daß ich nur schwer anhalten kann. In diesem Zustand ist es unmöglich, zu meinem Sohn in einen wirklichen Kontakt zu treten. Achtsamkeit ist das Heilmittel, einen Weg zu finden, nicht gleich auf unser Pferd zu springen, wenn es losgaloppieren will.

Es gibt eine andere alte Weisheitsgeschichte, in der ein verzweifelter Suchender zu einem Meister kommt und diesem schildert, was er alles getan hat, um zu innerem Frieden und Glück zu finden. Der Meister lacht und sagt dem Suchenden: „Auf deiner Suche nach Glück eilst du so schnell durch dein Leben und bist ständig so beschäftigt, daß es dich nie einholen kann. Du mußt nämlich wissen – dein Glück läuft immer hinter dir her, aber es erwischt dich einfach nicht, wenn du ständig in Bewegung bist. Halte inne, und es wird dich erreichen."

Auch im Leben mit Kindern ist es sehr hilfreich, immer wieder innezuhalten und die Leere des „Ich-weiß-Nicht" ertragen und im Laufe der Zeit vielleicht sogar schätzen zu lernen. Besonders hilfreich ist es, wenn wir es uns zur Gewohnheit machen, in derartigen Situationen zunächst einmal uns selbst Einfühlung zu geben. Wenn wir unsere Aufmerksamkeit, ohne zu beurteilen oder etwas Bestimmtes zu erwarten, auf unseren eigenen inneren Zustand lenken, bekommen wir mit der Zeit ein besseres Gefühl für uns selbst. Da alles, was wir tun, durch unseren emotionalen Zustand gefärbt wird, ist es außerordentlich hilfreich, wenn wir uns bewusst sind, was sich gerade in uns abspielt. Nur so können wir, statt automatisch zu reagieren, eine Antwort finden, die der Situation, dem Kind und uns selbst angemessen ist. Denn nur in diesem leeren Raum können wir mit unserer Intuition in Verbindung kommen, die Signale, die Kinder uns geben, verstehen und auf einer tieferen Ebene mit ihnen in Kontakt treten. Wenn wir im Leben mit Kindern, oder auch in anderen Situationen, nicht weiterwissen, suchen wir die Lösung normalerweise außen. „Was soll ich tun, wenn mein Kind ..." ist eine verständliche und weitverbreitete Frage, und es gibt ja auch genügend Fachleute, die schnell mit Ratschlägen bei der Hand sind. Wenn all diese wohlgemeinten Ratschläge im Umgang mit Kindern wirklich etwas nützen würden, wären wir schon lange perfekte Eltern, und Schwierigkeiten im Leben mit Kindern wären die Ausnahme. Tatsächlich ist in jeder Frage im Leben mit Kindern auch die Antwort enthalten. Sie ist vielleicht nicht unbedingt leicht zu entdecken, aber wenn wir lernen, das Nichtwissen zu ertragen, offen zu bleiben und uns auf unsere Kinder einzulassen, wird sie sich nach und nach zeigen.

Übung *Innehalten*

Eine sehr wirkungsvolle Möglichkeit, unseren inneren Raum zu erweitern, ist die Praxis der Achtsamkeit. Gleichzeitig ist sie ein wertvolles Werkzeug zur Streßbewältigung und zur Regeneration. Eltern haben manchmal Schwierigkeiten, ein wenig Zeit für diese „innere Arbeit" zu finden. Aber es ist unmöglich, unseren Kindern zu geben, was sie brauchen, wenn wir uns selbst dabei außer acht lassen. Dann hilft es uns, einen Weg zu finden, auf dem auch wir die innere Nahrung bekommen, die wir brauchen. Da ich dieses Thema für besonders wichtig halte, habe ich ihm den dritten Teil dieses Buches gewidmet. Ich möchte Sie aber schon jetzt einladen, hin und wieder innezuhalten und die Aufmerksamkeit auf Ihre Reaktionen zu lenken, wenn Sie in eine Situation geraten, in der Sie mit einem Gefühl der Unsicherheit, der Ohnmacht oder auch der Leere, der Langeweile konfrontiert sind. Versuchen Sie einfach wahrzunehmen, wie Sie in Ihrem Alltag auf Situationen reagieren, die derartige Zustände hervorrufen. Es geht in dieser Art von Übung zunächst einmal nicht darum, etwas oder sich selbst zu verändern oder sich in irgendeiner Weise zu beurteilen. Sie müssen nichts anders, nichts richtig machen, sondern es geht darum, daß wir uns selbst und unsere Reaktionsweisen kennenlernen, daß wir ein echtes Interesse an uns selbst und unserer eigenen Art und Weise zu reagieren entwickeln. Wenn wir zu schnell reagieren, uns bewerten und verändern wollen, endet dies eher in Selbstmanipulation. Aber wenn wir beginnen, uns selbst besser wahrzunehmen, und wenn es uns mit der Zeit gelingt, unseren inneren Raum zu erweitern, können wir vielleicht hin und wieder aussteigen, wenn unsere alten gewohnheitsmäßigen Verhaltensmuster das Ruder übernehmen wollen.

Wenn Sie bei dieser Selbsterforschung entdecken, daß einige Ihrer Reaktionen im Leben mit Ihren Kindern wenig hilfreich oder sogar schädlich sind, können Sie irgendwann damit beginnen, zu experimentieren, ob es möglich ist, einen Moment innezuhalten. Sie können sich einfach innerlich „Stopp" sagen, zwei- oder dreimal langsam tief ein- und ausatmen und Ihre Aufmerksamkeit nach Innen, auf Ihren Zustand richten – ohne diesen zu beurteilen oder ändern zu wollen. Dann können Sie sich fragen, was eigentlich los ist. Besonders hilfreich ist es, wenn Sie herausfinden, welches Bedürfnis in Ihnen unbefriedigt ist. So entsteht mit der Zeit ein innerer Raum, in dem sich die Möglichkeit ergibt, daß Sie die Situation mit neuen Augen sehen und so auch zu einer anderen Art und Weise finden können, auf sie zu antworten.

In diesem Zusammenhang gibt es eine schöne Geschichte von einer Mutter, die durch den Kontakt zu dem bekannten buddhistischen Meister Thich Nhat Hanh zur Praxis der Achtsamkeit gefunden hat:

Wir alle wissen aus eigener Erfahrung, wie leicht wir in unserem Alltag von unseren Gewohnheiten mitgerissen werden und wie schnell wir den Kontakt zu uns und zu dem, was wir gerade tun, verlieren. Um sich immer wieder daran zu erinnern, in den gegenwärtigen Moment zurückzukehren, war diese Familie dem Rat von Thich Nhat Hanh gefolgt und hatte in ihrem Wohnzimmer eine Klangschale aufgestellt. Immer mal wieder, wenn jemand an dieser Schale vorbeikam, oder wenn jemand merkte, daß sich eine Atmosphäre von Hast und Streß aufbaute, konnte er die Schale anschlagen. Dies war dann das Signal für alle, innezuhalten, die Aufmerksamkeit nach innen auf den Atem zu richten, sich zuzulächeln und sich so einen Moment Raum zu geben, wieder bei sich anzukommen.

Wie die Mutter erzählte, hatte ihr dreijähriger Sohn den Wert dieser Praxis sehr schnell erkannt. Eines Tages, sie war gerade in Eile und wollte nur schnell noch die Betten machen, hörte die Mutter im Nebenzimmer ein lautes Scheppern und Klirren. Als sie schon deutlich angespannt in das Wohnzimmer kam, sah sie, daß ihr Sohn bei dem Versuch, eine Schale mit Keksen zu stibitzen, diese fallengelassen hatte, wodurch sie dann zu Bruch ging. Das war zuviel des Guten. Gerade kochten in ihr die Emotionen hoch, und sie war kurz davor, ihren Sohn nicht gerade sehr achtsam und respektvoll zurechtzuweisen, als dieser schnell zu der Klangschale eilte und diese anschlug. Es war also nun ihre Aufgabe, innezuhalten und sich nach innen zu wenden.

Der Zauber war unmittelbar gebrochen und ihre Wut verflogen. Natürlich wies sie ihren Sohn dann trotzdem noch zurecht, aber es geschah in einer vollkommen anderen Weise, getragen von einem inneren Lachen und ohne die Anwendung von Macht oder Gewalt.

Vor allem unter Streß verlieren wir leicht die Kontrolle über uns, und wir tun oder sagen Dinge, die wir später manchmal gar nicht mehr nachvollziehen können. Dies ist in gewisser Weise eine natürliche Reaktion, die in früheren Zeiten für unser Überleben unerläßlich war. Wenn wir in Gefahr gerieten, mußte unser Organismus möglichst schnell zu Angriff oder Flucht aktiviert werden. Dazu werden bei Gefahr besondere Streßhormone wie Adrenalin ausgeschüttet, die dafür sorgen, daß wir möglichst schnell und automatisch reagieren. Die Pupillen weiten sich, unser Blick verengt sich, unser Denken ist stark eingeschränkt, Puls sowie Atmung beschleunigen sich, und unser gesamter Körper wird so blitzartig in Kampf- beziehungsweise Fluchtbereitschaft gebracht.

Diese automatische Streßreaktion ist in unserer heutigen Zeit und vor allem im Leben mit Kindern natürlich wenig hilfreich. Aber sie ist es, die uns manchmal in einer Weise reagieren läßt, die uns vielleicht über uns selbst erschrecken läßt. Der erste Schritt, aus diesem Reaktionsmuster auszusteigen, besteht darin, daß wir erkennen, was sich gerade abspielt. Nur wenn uns mitten in einem solchen Anfall bewußt wird, daß wir beginnen auszurasten, können wir uns innerlich „Stopp!" sagen. Vielleicht merken wir dann, wie sich unsere Fäuste ballen, das Blut in den Kopf steigt und sich alles in uns darauf ausrichtet, das „Objekt" unseres Stresses anzugreifen.

In diesem Zustand sind wir nicht zu klarem Denken in der Lage, und so mag es sehr sinnvoll sein, vielleicht erst einmal ein paar tiefe Atemzüge zu nehmen, ein paar Schritte auf und ab zu gehen oder sogar den Raum zu verlassen, bis wir uns wieder so weit beruhigt haben, daß wir wieder „wir selbst" sind und die Situation auch wieder aus den Augen unseres Kindes sehen können.

Sollte uns doch der Geduldsfaden reißen, ist es sehr wichtig, uns hinterher zu entschuldigen und nach Möglichkeiten zu suchen, wie wir die Umgebung oder unseren Tagesablauf in einer Weise organisieren können, daß der Streß nicht dazu führt, daß wir unsere Kinder als Last oder gar als bedrohlich ansehen.

Myla und Jon Kabat-Zinn sprechen gern davon, daß es manchmal scheint, als wären wir, oder auch unsere Kinder, in einer Art Zauberbann gefangen. Wir können zu einer bösen Hexe oder einem bedrohlichen Riesen werden, wenn unsere Emotionen mit uns durchgehen. Der erste Schritt, uns aus einem solchen bösen Zauber zu befreien, besteht darin, erst einmal innezuhalten und nicht automatisch zu reagieren, wie es uns dieser Zustand eingibt. Das heißt nicht, daß wir unsere Gefühle unterdrücken sollen. Wir geben ihnen innerlich Raum, aber wir können lernen, uns nicht einfach mitreißen zu lassen. So wird es uns mit der Zeit möglich, eine geeignetere Antwort auf eine Situation zu finden.

Schön, daß es dich gibt

Von einem Stamm in Afrika wird die folgende Geschichte erzählt:

> *Wenn eine Frau den Wunsch in sich verspürte, einem Kind das Leben zu schenken, ging sie alleine in den Wald und wartete in der Stille lauschend auf das Lied des Kindes, das zu ihr kommen wollte.*
> *Wenn sie das Lied schließlich hören konnte, summte sie es viele Male vor sich hin und ging dann zu dem zukünftigen Vater, um es ihn zu lehren und es mit ihm gemeinsam zu singen.*
> *Während das Kind in Liebe gezeugt wurde, trugen die zukünftigen Eltern das Lied in ihrem Herzen, und später, während seiner Geburt, wurde es von allen gesungen, die dieser beiwohnten.*
> *Immer wenn es Kummer hatte oder ihm ein Leid widerfuhr, wurde sein Lied gesungen – und auch bei allen wichtigen Anlässen, auf seinem Weg durch die Welt.*
> *Das Lied begleitete ihn durch sein ganzes Leben. Und wenn ein Mensch schließlich im Sterben lag, wurde sein Lied wiederum gesungen, so daß es ihn auch auf seinem Weg aus der Welt begleitete.*

Diese Geschichte hörte ich von dem bekannten buddhistischen Meditationslehrer Jack Kornfield. Ich finde, daß sie von einem geradezu unglaublichen Einfühlungsvermögen zeugt. Auch wenn wir eine solche Tiefe wahrscheinlich kaum erreichen können, kann uns diese Geschichte doch inspirieren, uns auf unsere Kinder einzustimmen und uns immer wieder zu fragen, wer sie in ihrem innersten Wesen wirklich sind. Sie steht für eine innere Haltung der bedingungslosen Liebe, die ein Kind nicht deshalb schätzt, weil es unseren Erwartungen entspricht oder weil wir etwas von ihm zurückbekommen, sondern einfach nur, weil es da ist. Ich bin überzeugt, daß die Erfahrung, bedingungslos geliebt zu sein, für alle Menschen ein grundlegendes Bedürfnis ist, das allerdings nur selten befriedigt wird. Bei vielen Menschen hat sich zum Beispiel das Gefühl festgesetzt, daß sie etwas Bestimmtes leisten oder darstellen müssen, um liebenswert zu sein. So entsteht ein ungeheurer Leistungsdruck, dessen Auswirkungen nicht nur unser Leben als Eltern, sondern alle Bereiche unseres Daseins stark beeinflussen. Gleichzeitig besteht das Gefühl, diesen Erwartungen nie gerecht werden zu können, was den inneren Druck noch erhöht. Unsere eigenen Kindheitserfahrungen haben häufig dazu geführt, daß wir glauben, uns die Liebe unserer Mitmenschen verdienen zu müssen. Eine Prägung, die ungeheure Auswirkungen auf unser Innenleben hat.

Vielleicht stellen Sie sich selbst einmal die Frage: „Wie würde ich mich fühlen, wenn ich die absolute Gewißheit hätte, daß ich in meinem Wesen wahrgenommen und bedingungslos geliebt werde – so wie ich bin, ohne Wenn und Aber?"

Wird dieses Bedürfnis erfüllt, hat das Kind die innere Sicherheit, daß das Leben es trägt. Die Annahme und Liebe der Eltern ist somit die wichtigste Bedingung dafür, daß ein Kind sein inneres Potential entfalten kann. Denn die Erfüllung dieses Bedürfnisses ist nicht nur die Basis für unsere emotionale Ausgeglichenheit, sondern auch für die Entwicklung unserer Kreativität, Intelligenz und Fähigkeit, auf neue und unerwartete Situationen angemessen zu antworten. (Ich vermeide hier bewußt das Wort „reagieren", da es meist eher auf eine automatische, gewohnheitsmäßige Reaktion und nicht auf eine adäquate „Antwort" auf eine gegebene Situation hinweist.) Alle Untersuchungen aus der Entwicklungs- und Gehirnforschung haben ohne jeden Zweifel gezeigt, daß Lernen und echte Entwicklung vor allem in einem Zustand möglich sind, der von innerer Entspannung und Geborgenheit geprägt ist. Jede Art von Angst, innerer Anspannung oder Unsicherheit verhindert die Möglichkeit, der Welt mit offenen Sinnen zu begegnen und führt durch die Ausschüttung von Streßhormonen zu einer eingeschränkten Wahrnehmungs- und Lernfähigkeit. Von daher ist die innere Sicherheit, die aus dem Gefühl erwächst, daß wir ohne Bedingungen so angenommen und geliebt werden, wie wir sind, die wichtigste und unerläßliche Voraussetzung für die volle Entfaltung des Menschen.

Das heißt natürlich nicht, daß wir alles gutheißen müssen, was ein Kind tut, oder ständig mit einem lächelnden Gesicht herumlaufen sollten – vielmehr geht es darum, daß das Kind spürt, daß es eine Quelle der Freude für seine Eltern ist und keine Last.

Wenn sich in einer Familie oder bei einem Paar ein Kind anmeldet, ist diese Nachricht so gut wie immer von starken Gefühlen begleitet. Egal ob schon ein oder mehrere Kinder da sind oder ob es das erste ist – immer bedeutet es einen großen Einschnitt im Leben der werdenden Eltern. Neben den verschiedensten Hoffnungen, Ängsten und Zweifeln stellt sich häufig auch eine außergewöhnliche Freude, ja vielleicht sogar ein tiefes Glücksgefühl ein. Manche Psychologen sprechen dabei etwas abfällig von den „verliebten Müttern". Tatsächlich handelt es sich um eine spontane innere Öffnung und ein herzliches Willkommen, das es dem Kind erleichtert, in der neuen Situation wirklich anzukommen.

Nehmen die werdenden Väter am Prozeß der Schwangerschaft und der Geburt aktiv teil, bringt sie dies häufig mit Teilen von sich in Verbindung, von denen sie vorher vielleicht gar nicht geahnt hatten, daß sie in ihnen sind. Eine weiche Stelle in ihrem Inneren wird berührt, die eine tiefe Liebe, Feinfühligkeit und Fürsorge an den Tag bringt. Auch wenn diese plötzliche Sensibilität manchmal zu Unsicherheiten oder einer ungewohnten Schüchternheit führen kann, ist diese Zeit auch für viele Männer eine besondere Gelegenheit, mit tieferen Aspekten von sich selbst in Berührung zu kommen.

Schließlich ist das Kind da, und neben der Freude schleicht sich früher oder später auch die Frage in den Eltern ein, ob sie dieser Aufgabe wirklich gewachsen sind.

Alles mögliche muß geregelt und organisiert werden, und mit der Zeit kann es sein, daß wir den Kontakt zu unserer Freude und Liebe wieder verlieren. Streß, Müdigkeit, vielleicht sogar Depressionen können auftreten, und manchmal wird das Kind, das vorher Anlaß zu Freude und tiefem Glück war, langsam, aber sicher zu einer Last. Dies wiederum teilt sich den Kindern mit, auch wenn es nicht ausgesprochen wird, und beeinflußt in starkem Maße ihr Selbstwertgefühl.

Die innere Freude über das neue Leben ist eine Quelle, aus der Eltern immer wieder schöpfen können. Gleichzeitig ist das Leuchten in den Augen der Mutter eine wirkliche innere Nahrung für das Kind. Es spürt und sieht, daß es willkommen ist. Auch hier können Sie sich wieder fragen: Wie würde ich mich fühlen, wenn ich die innere Gewißheit hätte, daß ich willkommen bin – daß ich eine Quelle der Freude bin für meine Eltern?

Reflexionen oder Besinnungsübungen wie die am Ende dieses Kapitels können eine wertvolle Hilfe sein, uns daran zu erinnern, daß diese innere Freude nicht von der Macht des Alltags überdeckt wird. Und das ist fast unvermeidlich, wenn wir nicht aktiv daran arbeiten, sie lebendig zu erhalten und immer wieder zu nähren. Als Jugendlicher ist mir durch einige Begebenheiten aufgefallen, daß manche Eltern erst dann wieder mit ihrer Liebe zu ihren Kindern in Kontakt kommen, wenn diese in Lebensgefahr schweben. So geriet ein Mädchen, dessen Eltern immer sehr auf ihre sportlichen Leistungen bedacht waren, nach einer kleineren Sportverletzung in Lebensgefahr, weil die Narkoseärzte eine Unverträglichkeit nicht beachtet hatten. Plötzlich spürten sie wieder, wie wichtig ihnen das Kind war, um dessen Leben sie bangten. Vorher lief das Mädchen lange mehr oder weniger nebenher. Sie wurde nicht wirklich gesehen, ihren wahren Gefühlen wurde kaum Beachtung geschenkt. Man machte sich Sorgen um ihre Leistungen, ermahnte oder ermutigte sie und wendete sich ihr auch sonst vor allem in der Hinsicht zu, wie gut oder schlecht sie den Anforderungen der Schule oder den anderen Erwartungen der Eltern genügte.

Wir müssen nicht auf solche Extremsituationen warten, damit wir wieder mit unserer Liebe zu unseren Kindern in Kontakt kommen. Wir können uns erinnern und unsere Kinder spüren lassen, daß sie willkommen sind. Denn es reicht nicht aus, daß wir unsere Kinder lieben – sie müssen diese Liebe auch spüren! Ich bin mir sicher, daß die allermeisten Eltern ihre Kinder lieben – nur fällt es vielen schwer, diese Liebe zu leben und in ihrer Beziehung zu ihren Kindern zu verwirklichen.

Übung *Freude*

Geben Sie sich für Besinnungsübungen wie diese ein wenig Raum und sorgen Sie dafür, daß Sie möglichst ungestört sind. Lassen Sie sich zunächst einmal ein paar Minuten Zeit, um bei sich anzukommen. Wenn Sie sich noch mit Dingen aus Ihrem Alltag beschäftigen oder von ihnen bedrängt werden, stellen Sie diese wie in der Achtsamkeitsübung (siehe Seite 200) für eine Weile zurück.

Wenn Sie sich bereit fühlen zu beginnen, stellen Sie sich auf Ihr Kind oder eines Ihrer Kinder ein und versuchen Sie eine Situation vor Ihrem inneren Auge oder Ihrem inneren Gefühl auftauchen zu lassen, als Sie in Verbindung mit diesem Kind Freude erlebt haben. Erzwingen Sie nichts. Stellen Sie sich einfach darauf ein, daß Erinnerungen auftauchen können. Vielleicht hilft Ihnen das Bild einer Antenne, die empfangsbereit ist, aber nicht aktiv Ausschau hält. Wenn zunächst nichts auftaucht, ist das vollkommen in Ordnung. Machen Sie sich keinen Druck. Nehmen Sie einfach wahr, was von allein kommt, ohne es zu bewerten. Es kann eine Situation sein, wo Sie etwas gemeinsam mit dem Kind getan haben, was Ihnen beiden Freude bereitet hat – es kann aber auch eine Situation sein, in der Sie das Kind bei etwas beobachtet haben, was Sie gefreut hat.

Wenn ein solcher Moment auftaucht, lassen Sie sich Zeit, daß die Situation in Ihnen lebendig werden kann, geben Sie der Freude Raum und lassen sie sich in Ihrem ganzen Körper ausbreiten, ohne etwas zu forcieren.

Wenn Sie durch eine solche Besinnungsübung Zugang zu dieser Freude bekommen, nehmen Sie sich regelmäßig ein paar Minuten Zeit, in der Sie sonst nichts erledigen oder tun, und versuchen Sie sich an diese Freude zu erinnern. Wenn Ihr Kind noch klein ist und Sie vielleicht sogar noch stillen, nutzen Sie diese Zeit, um diese Freude in sich aufzuspüren, sie zuzulassen und ihr Raum zu geben.

Eine gute Gelegenheit, sich innerlich wieder mit einem Kind zu verbinden, ist, wenn es schläft. Es stellt nun keine Anforderungen mehr an uns, wir können unsere Anspannung loslassen und es einfach ansehen. Wenn wir in dieser Weise mit unserem schlafenden Kind Kontakt aufnehmen, fällt es uns vielleicht leichter, unsere Liebe zu erneuern und unsere innere Verbindung zu nähren.

Das Erleben von gemeinsamer Freude spielt auch in dem Ansatz von Emmi Pikler eine wesentliche Rolle. Beim Wickeln, Füttern, Baden – bei allem, was wir mit dem Kind tun, ist es möglich, Raum für gemeinsame Freude zu schaffen, was nicht nur für das Kind, sondern auch für uns ein ganz anderes Lebensgefühl mit sich bringt.

Auf dem Weg zu einer neuen Beziehungsqualität

Das erste Wirkende ist das Sein des Erziehers, das zweite, was er tut, und das dritte erst, was er redet.

Romano Guardini

Der Grad, in dem ich Beziehungen eingehen kann, die die Entfaltung anderer als eigenständige Menschen fördern, entspricht dem Maß der Entfaltung, die ich in mir selbst erreicht habe.

Carl Rogers

Kinder entwickeln sich nicht so sehr durch das, was man ihnen sagt oder zu erklären versucht, sondern durch ihre konkreten Erlebnisse in der Umgebung, in die sie geboren wurden. Wie ist die Atmosphäre, die sie atmen – die sie umgibt? Sind die Erwachsenen vor allem geprägt von Unruhe, Ungeduld und Unachtsamkeit, oder strahlen sie überwiegend Ruhe, Mitgefühl und Einfühlsamkeit aus? Ist die Umgebung eher unberechenbar, und wird das Kind wie ein Objekt behandelt, als ob es nicht empfinden könnte, was mit ihm geschieht? Oder fühlt es sich willkommen geheißen und respektiert? Fühlt es sich angenommen und geliebt, ohne etwas dafür tun oder leisten zu müssen – nur weil es da ist? Ist es eine Freude für die Eltern und keine Last? Und vor allem: Sind seine Eltern wirklich für es da? Sind sie wirklich anwesend für ihr Kind, und fühlt es sich von ihnen gesehen und verstanden?

Die Art und Weise, wie wir *sind* – unsere eigene innere Wirklichkeit –, bildet den Nährboden, auf dem das Kind mehr oder weniger gut wachsen kann. Diese Tatsache kann gar nicht genug betont werden, denn nicht nur sind wir und unser Verhalten ein Modell für das spätere Leben des Kindes – unser innerer Zustand von Moment zu Moment und die Art und Weise, wie wir mit unserem Kind in Kontakt treten, ist auch von wesentlicher Bedeutung für seine harmonische Entfaltung – denn wir Erwachsenen sind der prägende und bedeutungsvollste Einfluß in der Umgebung des Kindes. Die Qualität unserer Beziehung und die Art und Weise, wie wir unsere Kinder sehen, ist der wesentlichste Faktor für ihre Entwicklung. Dies ist auch der Grund, warum die Entwicklung von Achtsamkeit und Gewahrsein so wertvoll und hilfreich ist. Denn wenn wir unsere Kinder wirklich so wahrnehmen möchten, wie sie sind, und nicht automatisch, gewohnheitsmäßig und unbewußt auf sie reagieren und so den Kontakt zu ihnen und ihrer inneren Wirklichkeit verlieren wollen, ist es unerläßlich, unsere Aufmerksamkeit auch nach innen, auf uns selbst und unsere eigene innere Wirklichkeit zu richten.

So ist es zum Beispiel außerordentlich hilfreich, wenn wir uns bewußt machen, wie unsere Einstellung einem Kind gegenüber aussieht. Bei einer Forschung mit Lehrern wurden diese jeweils auf eine neue Schulklasse vorbereitet, in der sie unterrichten sollten. In diesem Zusammenhang beschrieb man ihnen auch die einzelnen Schüler – welche intelligent, welche schwach waren und so weiter. Was die Sache nun interessant macht, ist, daß diese Stärken und Schwächen dabei vollkommen willkürlich zugeteilt wurden. Anderen Lehrern derselben Klasse wurden ganz andere Schüler als schwach oder begabt geschildert. Das Ergebnis dieser Untersuchung war selbst für die Forscher in seiner Eindeutigkeit verblüffend. Dieselben Schüler brachten bei verschiedenen Lehrern vollkommen unterschiedliche Leistungen: Bei den Lehrern, denen sie als begabt geschildert wurden, entwickelten sie sich gut, dort, wo sie als schwache oder schwierige Schüler beschrieben wurden, entwickelten sie sich langsam oder wurden sogar tatsächlich schwierig.

Dieses Forschungsergebnis machte deutlich, wie stark die Entwicklung der Schüler von dem Bild abhängt, das die Lehrer von ihnen haben. Um wieviel wichtiger für das Selbstbild und das Selbstwertgefühl eines Kindes ist die Art und Weise, wie es von seinen Eltern gesehen wird! Wir werden später noch ausführlicher auf dieses Thema zu sprechen kommen – aber so viel sei an dieser Stelle schon gesagt: Unser innerer Zustand und die Art und Weise, wie wir Kindern begegnen, prägt sie in einem Maße, wie wir es uns kaum vorstellen können.

Es geht nicht darum, daß wir alles richtig machen müßten oder keine Fehler machen dürften. Vielmehr können wir daran arbeiten, eine innere Haltung zu entwickeln, die von Liebe, Achtsamkeit und Respekt geprägt ist. Wenn wir versuchen, in jedem Kind das Gute zu sehen, herauszufinden, wer das Kind wirklich in seinem Wesen ist, so geben wir diesem inneren Wesen die Nahrung, die es braucht, um sich zu entfalten. Wenn wir sie jedoch als schwierig, minderbemittelt, inkompetent oder in einer anderen Weise als minderwertig ansehen, so werden sie in ihrem Selbstwertgefühl stark beeinträchtigt und ihr eigentliches Potential, wenn überhaupt, nur sehr viel schwerer entfalten können.

Das heißt wiederum nicht, daß wir wegschauen, wenn Kinder etwas tun, was nicht angemessen ist. Wie wir noch sehen werden, ist es manchmal durchaus nötig, klare Grenzen zu setzen – aber auch dann nicht als Selbstverteidigung, mit einer inneren Haltung der Ablehnung und Bewertung, sondern mitfühlend und doch fest.

Aber Kinder werden nicht nur durch die Art und Weise geprägt, wie wir sie sehen. Eine ebenso große Rolle spielt es, wie wir selbst unser alltägliches Leben leben und wie wir mit anderen Menschen und Dingen umgehen. In allem, was wir tun, fühlen und denken, sind wir für unsere Kinder ein Modell – ob wir dies wollen oder nicht. Wir können dies in unserem täglichen Umgang mit Kindern unschwer erkennen. Sobald wir in Streß geraten oder uns ohnmächtig fühlen, neigen wir dazu, in Verhaltensmuster zu verfallen, die wir nicht frei gewählt haben. Manchen Eltern erscheint es dann, als würde ihre Mutter oder ihr Vater plötzlich durch sie sprechen oder handeln. Die Art und Weise, wie wir erzogen wurden, hat uns tief geprägt, und vor allem in schwierigen Momenten greifen wir, ohne uns dessen bewußt zu sein, auf solche alten Prägungen zurück. Genauso unbewußt übernehmen wir alle möglichen Ansichten über das Leben und die Welt, die unser Verhalten als Erwachsene in hohem Maße beeinflussen. Nur wenn wir uns dieser Prägungen bewußt werden, können wir sie auflösen und durch eigene Werte ersetzen.

In der Gestalt-Arbeit werden diese verinnerlichten Prägungen „Introjektionen“ genannt. Fritz Perls, einer der Begründer der Gestalt-Therapie, sprach davon, daß es darum ginge, sich dieser Introjektionen bewußt zu werden und sie dann, ähnlich wie Nahrung, richtig zu kauen. So können wir das assimilieren, was wir integrieren können, während wir uns von dem trennen, was wir nur geschluckt haben, aber nicht verdauen können oder wollen.

Es geht also um eine Form der Bewußtseinsarbeit, und es hilft natürlich überhaupt nichts, wenn wir uns den Anschein eines guten Modells geben und alle inneren und äußeren Konflikte zu verbergen versuchen. Unser innerer Zustand wirkt in jedem Fall, und so ist die innere Arbeit an sich selbst unerläßlich, wenn wir mit Kindern neue Wege gehen wollen. Voraussetzung für diese innere Arbeit ist, daß wir lernen, uns selbst so anzunehmen, wie wir sind – mit all unseren Fehlern und Schwächen. Ansonsten endet die innere Arbeit in einer Art Selbstmanipulation und Selbstkonditionierung. Auch die Arbeit an uns selbst muß von Liebe und Mitgefühl getragen sein, wenn sie zu einer wirklichen Veränderung führen soll – und auch das braucht seine Zeit. Echte Entfaltung ist ein langsamer, organischer Prozeß. Wir brauchen ebenso Zeit, bis der Same eines neuen Verständnisses im Leben mit Kindern auch in unserem Alltag zu wachsen und Früchte zu tragen beginnt. Ein befreundeter Meditationslehrer drückte es so aus: „Was wir für diese Arbeit brauchen, sind drei Dinge: Eine Tasse voll Wissen, ein Faß voll Liebe und einen Ozean voll Geduld.“

Übung *Das Bild, das wir uns von einem Kind machen*

Nehmen Sie sich wieder ein wenig Zeit und sorgen Sie dafür, daß Sie für eine Weile möglichst ungestört sind. Stellen Sie für die Zeit der Übung wieder alles beiseite, was Sie im Moment gerade beschäftigt, und lassen Sie sich ein paar Minuten Raum, um erst einmal bei sich anzukommen.

Wenn Sie bereit sind, stellen Sie sich auf Ihr Kind oder eines Ihrer Kinder ein. Schreiben sie alles auf, was Ihnen zu diesem Kind einfällt, ohne lange zu überlegen oder zu bewerten, einfach, was Ihnen kommt. Die Schwangerschaft, seine Geburt, das Leben mit ihm bis zu diesem Punkt.

Was haben Sie für ein Bild von dem Kind? Welche Eigenschaften mögen Sie, womit haben Sie Schwierigkeiten? Schreiben Sie einfach alles auf, auch wenn es Ihnen überflüssig vorkommt oder peinlich ist – Sie brauchen es ja niemandem zu zeigen.

Welche Erwartungen haben Sie an das Kind? Wo entspricht es vielleicht nicht Ihren Erwartungen? Schreiben Sie alle „Wenn-Nurs" in bezug auf dieses Kind auf, die Ihnen einfallen: „Wenn es nur ordentlicher wäre, dann wäre alles gut" – „Wenn es nur besser schlafen würde …" – „Wenn es nur mehr auf mich hören würde …"

Diese „Wenn-Nurs" können uns leicht in die Irre führen, wenn wir zulassen, daß sie unser Leben bestimmen. Es kann sehr hilfreich sein, sich ihrer bewußt zu werden, damit sie nicht unterschwellig unser Verhalten bestimmen. Glauben wir ihnen, nehmen wir uns, unsere Kinder und unser Leben nie so an, wie es ist – nichts wird uns genügen, und wir werden nicht wirklich mit uns und anderen in Kontakt kommen.

Wird Ihnen das Bild, das Sie sich von Ihrem Kind machen, deutlicher bewußt, versuchen Sie es ganz neu kennenzulernen: Was nehme ich jetzt, hier und heute von ihm wahr – nicht wie Sie denken, daß es sein sollte. Was mag mein Kind gern, was interessiert es, wo ist es besonders lebendig und mit Herz und

Seele dabei, was ißt es gern, was zieht es gern an, was gefällt ihm in der Welt, wo erlebt es Freude, wann ist es ausgeglichen? Welcher Ton paßt zu ihm, welche Melodie, welche Farbe, welche Blumen, welches Tier, welche Worte …?

Erzwingen Sie nichts – lassen Sie sich einfach Raum und warten Sie ab, ob Ihnen etwas einfällt. Versuchen Sie, Ihr Kind wie ein wohlgesinnter, liebevoller Außenstehender zu sehen, der sich für diesen Menschen interessiert. Versuchen Sie, ob Sie einige Punkte erkennen können, in denen sich das Bild, daß Sie von Ihrem Kind haben, von dem unterscheidet, was Sie so von ihm wahrnehmen.

Rose oder Dornengestrüpp

Erziehung streut keinen Samen in die Kinder hinein, sondern läßt den Samen aufgehen, der in ihnen liegt.

KHALIL GIBRAN

Unter allen Fährten in diesem Leben gibt es eine, die am meisten zählt: Es ist die Fährte, die zum wahren Menschsein führt. Gut, daß du dieser Fährte nun folgst.

DER INDIANER „STRAMPELNDER VOGEL“
ZU „DER MIT DEM WOLF TANZT“

Um die Bedeutung von echter Zuwendung, Liebe, Achtsamkeit und Respekt für die harmonische Entfaltung von Kindern zu verdeutlichen, kann es manchmal auch hilfreich sein, sich die Grundbedingungen für echte Entwicklungsprozesse vor Augen zu führen.

Für jegliches organische Leben gilt, daß es sich als Interaktion zwischen einem lebendigen Organismus und seiner Umgebung entwickelt. Jedes Lebewesen enthält in sich sein eigenes artspezifisches Entwicklungsprogramm, einschließlich der Möglichkeit zu neuartiger Interaktion mit seiner Umgebung. Dieses Potential ist beim Menschen unvergleichlich größer als bei jedem anderen Lebewesen.

Allerdings kann jeder Organismus und damit auch jeder Mensch sein Potential nur dann entfalten, wenn er eine seinen Entwicklungsbedürfnissen entsprechende Umgebung vorfindet. Für den Menschen bedeutet dies, daß sich auch Entscheidungsfähigkeit, Kreativität, Intelligenz sowie soziales und ethisches Verhalten ganz natürlich entwickeln, wenn die Umgebung dies ermöglicht, und so ist es auch die Aufgabe der Erwachsenen, Kindern in ihrer Entwicklungszeit immer wieder eine Umgebung zu schaffen, die es ihnen erlaubt, ihren echten Bedürfnissen gemäß zu leben.

Würde man zum Beispiel einen Rosenstock in die Wüste setzen, so könnte man kaum erwarten, daß dort Rosen zum Blühen kommen – selbst wenn diese Pflanze das Potential zu einem der schönsten Rosenstöcke auf dieser Erde hätte. Vielleicht würden nur kleine Gestrüppe überleben, und die Menschen in dieser Gegend, die noch nie eine Rose gesehen oder von ihr gehört haben, kämen womöglich zu der Auffassung, Rosen seien dornige und unnütze Gewächse.

Der innere Plan eines jeden Lebewesens ist an erster Stelle auf Überleben ausgerichtet, und jedes lebende Wesen wird sich der Umgebung so weit anpassen, daß es möglichst nicht zugrunde geht – sein volles Potential kann aber nur dann zur Entfaltung kommen, wenn die Umgebung das enthält, was es zu seiner Entwicklung benötigt.

Was für den Rosenstock gilt, gilt im weitesten Sinne auch für den Menschen – wenn die Situation hier auch wesentlich komplexer ist. Aber wenn wir auf die heutigen Probleme mit Kindern und Jugendlichen schauen, müssen wir dann nicht zu dem Schluß kommen, daß sie viel zu häufig in einer ähnlichen Situation heranwachsen mußten wie der Rosenstock in der Wüste? Immer mehr Kinder und Jugendliche leiden unter

Einsamkeit und emotionaler Verwahrlosung. Viele Kinder sehen ihre Eltern nur noch sehr selten, wachsen vor dem Fernseher als Babysitter auf und entbehren ein Mindestmaß an menschlicher Zuwendung. Ein sicher krasses Beispiel für eine mögliche Folge emotionaler Verwahrlosung sind die beiden jugendlichen Todesschützen von Littleton bei Denver, die im Jahr 1999 kaltblütig und nach langer Vorbereitung unter ihren Mitschülern ein blutiges Massaker anrichteten. Nach den zahlreichen Berichten und Analysen, die anschließend zu lesen waren, ergab sich folgendes Bild. Beide kamen aus sogenannten guten Verhältnissen. Die Eltern hatten sich aber kaum um sie gekümmert. Äußerlich war ihnen auf den ersten Blick nichts Besonderes anzumerken, hätte man aber etwas genauer hingesehen, so wäre vielleicht aufgefallen, daß sie unter einem extrem geringen Selbstwertgefühl litten. Gleichzeitig entwickelten sie einen abgrundtiefen Haß auf diejenigen Mitschüler, die dank ihrer sportlichen Leistungen hoch angesehen waren und all die Aufmerksamkeit zu bekommen schienen, die ihnen ihr ganzes Leben verwehrt wurde. Niemandem fiel auf, wie dieser Haß ständig wuchs, und niemand nahm die Drohungen ernst, die sie schon im Vorfeld äußerten. Niemand schenkte der Tatsache Beachtung, daß sie eine rechtsradikale Internetseite betrieben, sich stundenlang extrem gewalttätigen Computerspielen widmeten und Fans von Musikgruppen waren, die offen zur Gewalt gegen Ausländer und Farbige aufriefen. Ganz zu schweigen von dem Waffenarsenal, das sie sich ohne größere Schwierigkeiten aufbauen konnten.

Sicher führt das innere Vakuum, in dem viele Kinder heute aufwachsen, in der Regel nicht zu solchen Folgen. Aber die Probleme nehmen deutlich zu, und wir müssen uns fragen, ob sie nicht eine ganz natürliche Folge sind, wenn Kinder in einer unmenschlichen Umgebung heranwachsen müssen – einer Umgebung, die kaum oder gar nicht bereit ist, kindliche Entwicklungsbedürfnisse zu respektieren.

In seinem Buch *Der nächste Schritt der Menschheit* zeigt der amerikanische Pädagoge Joseph Chilton Pearce, wie viele der heute gängigen Praktiken im Umgang mit Kindern eine wirklich menschliche Beziehung zu ihren Eltern verhindern und so ungeahnt schädliche Folgen haben. Als Beispiel sei nur die grenzenlose Gewalt unter der schwarzen Bevölkerung in den Vereinigten Staaten genannt, die meistens auf die dort herrschende Armut zurückgeführt wird. Pearce zeigt auf, daß dies nicht die alleinige Ursache sein kann, da die Schwarzen früher noch viel ärmer waren, daß ihr menschlicher Zusammenhalt nach ihrer Befreiung aus dem Sklaventum aber geradezu beispielhaft war. Pearce führt die verheerende Entwicklung vielmehr auf einige moderne Errungenschaften zurück, in deren Genuß die schwarze Bevölkerung im Laufe der Zeit gekommen ist. Zunächst ist da die übliche Krankenhausgeburt zu nennen, die ein wirkliches Bonding* zwischen Mutter und Kind weitestgehend unmöglich macht. Hinzu kommt, daß Untersuchungen aufgezeigt haben, daß schwarze Neugeborene in den meisten Krankenhäusern besonders schlecht behandelt werden. Dann haben auch die schwarzen Mütter aufgehört, ihre Säuglinge zu stillen. Früher waren diese Frauen geradezu der Inbegriff der Mütterlichkeit und wurden oft als Ammen geschätzt, wenn weiße Mütter ihre Kinder nicht stillen konnten oder wollten.

* Bonding ist ein Begriff aus dem Amerikanischen, der sich nur schwer mit einem Wort übersetzen läßt. Er beschreibt die Verbundenheit zwischen Mutter und Kind, die entsteht, wenn die Geburt auf natürliche Weise ablaufen kann und sich dem Kind entsprechend zuwendet. Bonding bewirkt unter anderem, daß die Mutter ein intuitives Gefühl für das Kind bekommt – was es braucht, wie es ihm geht und so weiter. Wenn man einem Mutterschaf oder einem anderen Säugetier ein Baby nach seiner Geburt wegnimmt und erst einige Zeit später wieder zurückgibt, erkennt es dieses Neugeborene nicht als sein Kind und weist es ab. Für uns Menschen ist die Situation anders, auch wenn dieser natürliche Mechanismus nach wie vor wirksam ist. Da wir bewußt denken können, wissen wir auf einer intellektuellen Ebene, daß es sich um unser Kind handelt. Das instinktive Verständnis, das sich aus einem gelungenen Bonding ergibt, besteht dann allerdings trotzdem nicht.

Unter anderem dieser Verlust an Bindung führte dann zunehmend zur weiteren Zersplitterung der schwarzen Bevölkerung, was dann den inneren Zusammenhalt weiter auseinanderbrechen ließ.

Als weiteren Faktor, der eine harmonische Entfaltung von Kindern beeinträchtigt, nennt Pearce das frühzeitige Abgeben von immer mehr Säuglingen an Kinderkrippen, deren Personal meist nicht in der Lage ist, eine wirklich menschliche Beziehung zu den Säuglingen herzustellen. Es ist zwar inzwischen nachgewiesen, daß es nicht unbedingt die Mutter selbst sein muß, die einem Kind die notwendige emotionale Sicherheit gibt, aber daß eine stabile Beziehung zu einer einfühlsamen und dem Kind zugewendeten Person für seine emotionale Entwicklung unverzichtbar ist. Vor allem die langjährige Erfahrung im Lóczy, dem von Emmi Pikler gegründeten Säuglingsheim, macht deutlich, daß es auch in einer Institution möglich ist, emotional gesunde Kinder heranwachsen zu lassen. Gleichzeitig zeigt dieses Beispiel aber auch, welch hohe Ansprüche dies an eine solche Institution stellt.

Schließlich nennt Pearce noch die Auswirkungen des Fernsehens auf die Gehirnentwicklung von kleinen Kindern und das vorzeitige Fordern von abstraktem Denken, wie es in den heutigen Schulen und manchmal sogar schon in Kindergärten üblich ist, als besonders schädliche Einflüsse für die Verwirklichung des inneren Bauplans.

Aber er bleibt nicht dabei stehen, aufzuzeigen, wie destruktiv sich die heute gängige Erziehungspraxis auf die Entwicklung von Kindern auswirkt. Gleichzeitig macht er deutlich, welch unglaubliches Potential jeder Mensch mitbringt, das nur darauf wartet, sich entfalten zu können. Dabei bedient er sich vor allem neurologischer und neurobiologischer Forschungsergebnisse.

Wenn wir uns mit der aktuellen Gehirnforschung auseinandersetzen, erfahren wir, daß einige Wissenschaftler davon ausgehen, daß der sogenannte Durchschnittsmensch nur etwa fünf Prozent seines Gehirns entwickelt hat – sogenannte Genies bis zu zehn Prozent. Solche Prozentangaben sind sicherlich gewagt, und so ist diese These heiß umstritten, aber die Erfahrung mit der Essentiellen Gestalt-Arbeit, der Achtsamkeitspraxis und anderen Wegen der inneren Entfaltung zeigt eindeutig, daß ein Großteil unseres Potentials verschüttet wurde und nicht entwickelt ist, ob sich dies nun im Gehirn nachweisen läßt oder nicht.

Vielleicht können uns solche Überlegungen dabei helfen, mehr Bescheidenheit zu entwickeln, wenn wir glauben, wir wüßten, was für Kinder gut ist, denn letztlich können wir ja keine Ahnung haben, welches Potential in jedem Kind schlummert.

Der Neurologe und Psychiater Prof. Gerald Hüther verdeutlichte auf einer pädagogischen Tagung die Folgen, wenn wir Kinder durch die Brille unserer pädagogischen Konzepte sehen. Wie er am Schluss seines Vortrages verdeutlichte, würde an dem Punkt, an dem man glaubt, nun zu wissen, wie man mit Kindern umgehen muss, die Degeneration des Gehirns beginnen. Statt offen für Signale und die ständige Veränderung eines Kindes zu sein, haben wir uns dem automatischen Piloten überlassen.

Darüber hinaus gilt, daß wenn wir glauben, wir wüßten, wie man Kinder erzieht, wir sie nicht mehr wirklich sehen können. Unsere Vorstellungen verhindern, daß wir sie so wahrnehmen, wie sie sind. Auf diese Weise sind wir nicht mehr mit ihnen in Kontakt, sondern behandeln sie automatisch als Objekte.

So gesehen kann das Leben mit Kindern weitreichende und tiefgehende Auswirkungen auf unser eigenes Leben haben. Es kann ein Weg zum wahren Menschsein sein, denn es gibt uns eine Chance, eigene destruktive Verhaltensmuster und Konditionierungen zu erkennen und neue Wege zu finden, statt unsere Prägungen einfach unbewußt wieder an unsere Kinder weiterzugeben, was zwangsläufig geschieht, wenn wir uns dieser Herausforderung nicht bewußt stellen. Auf einer Postkarte steht der sinnreiche Spruch: „Erziehung ist die organisierte Verteidigung der Erwachsenen gegen die Jugend." Der Psychologe Charles Tart drückt dasselbe in anderen Worten aus: Als normale Erwachsene leben wir in einer Art alltäglicher Trance. Kinder wollen uns aber als wirkliches Gegenüber, als wirkliche Menschen. So fordern sie uns ständig heraus, aus unserer Trance zu erwachen und uns ihnen wirklich zuzuwenden. Meist wollen wir nicht geweckt werden. Es ist lästig, unbequem und reißt womöglich alte Wunden auf, die wir mit uns herumtragen und an die wir unter keinen Umständen rühren wollen. Das führt dazu, daß Kinder meist dann als wohlerzogen gelten, wenn sie sich möglichst schnell anpassen und ebenfalls in unsere Trance versinken. Kinder halten uns immer wieder den Spiegel vor und bringen uns unweigerlich mit unseren unerledigten Geschäften in Kontakt. Ihre Augen sind noch nicht schlafverhangen, und es liegt an uns, ob wir die Gelegenheit nutzen, selbst wacher zu werden, oder ob wir den bequemen Weg gehen wollen und lieber weiterschlafen.

Als Eltern geben wir normalerweise das weiter, was wir selbst erfahren haben. Wir handeln gewohnheitsmäßig so, wie wir von unseren eigenen Eltern und den kulturellen Werten, denen wir ausgesetzt waren, geprägt wurden. Unsere Art, Kinder aufzuziehen, wird so lange durch den „automatischen Piloten“ unserer Gewohnheitsmuster bestimmt, bis wir ganz bewußt einen neuen Weg einzuschlagen versuchen. Diesen Prozeß zu unterstützen und zu begleiten ist ein wesentliches Ziel der Essentiellen Gestalt-Arbeit und der Achtsamkeitspraxis, wie sie im dritten Teil dieses Buches beschrieben werden. Indem wir lernen, uns selbst und unsere Kinder wirklich zu sehen, schaffen wir einen Raum, in dem wir gemeinsam innerlich wachsen können. Ein Hauptaspekt auf diesem Weg ist, immer wieder zu erkennen, wie wir uns dabei selbst im Wege stehen – das heißt, wie die von uns entwickelte Persönlichkeit unsere Essenz und die unserer Kinder am Leben hindert – und dann Schritt für Schritt mehr Raum für inneres Wachstum zu schaffen.

Reflexion *Entfaltung und Konditionierung – Persönlichkeit und Essenz*

In seinem Buch „Hellwach und bewußt leben" beschreibt der Psychologe Charles Tart das Entstehen der – wie er es nennt – alltäglichen Trance. Jeder Mensch kommt mit einer ganz individuellen inneren Natur zur Welt – seinem ureigensten Wesen –, dem, was wir wirklich sind, unserer Essenz. Wir alle wurden als einzigartige Verbindung von physischen, biologischen, geistigen, emotionalen und spirituellen Eigenschaften und Potentialen geboren. Die meisten dieser Eigenschaften sind bei der Geburt nur als Anlage vorhanden und werden sich nie manifestieren, es sei denn, unsere Umwelt oder (später im Leben) wir selbst schaffen die dafür nötigen Voraussetzungen.

Wie wir wissen, gestalten Eltern und Kultur die Entwicklung eines Kindes praktisch von seiner Geburt an. Bestimmte Anteile der Essenz werden unterstützt, andere vernachlässigt und wieder andere verleugnet und bestraft.

Dieser Enkulturationsprozeß ist außerordentlich mächtig – vor allem deshalb, weil das physische und emotionale Wohl des Kindes auf dem Spiel stehen und weil jedes Kind einen angeborenen sozialen Instinkt hat, den Wunsch nach Zugehörigkeit – den Wunsch angenommen und geliebt zu sein.

Das Liebesbedürfnis des Menschen ist sehr stark ausgeprägt, was ihn auch so anfällig für Konditionierung macht. Charles Tart vergleicht die übliche Erziehung mit einem Hypnosesetting, das dazu dient, die Kinder möglichst rasch in die „alltägliche Trance" zu versetzen, in die auch wir versunken sind. Nach Tart lebt der durchschnittliche Normalbürger nur etwa zwei bis fünf Prozent seiner Essenz. Der Rest, also unsere sogenannte Persönlichkeit, sind Konditionierungen und Anpassungen an widrige Umstände – mit anderen Worten, die Folge unserer Erziehung.

Konditionierung nennen wir hier die bewußten oder unbewußten Einflüsse von außen, die ein Kind zwingen, seine wahre Natur zu verleugnen, um nicht die Liebe und Zuwendung seiner Umgebung zu verlieren. Also Erwartungen, Forderungen, Mißachtung, Lob und Tadel – letztlich jegliche Art von Erziehung, die ein Kind nach bestimmten Vorstellungen prägen möchte – jegliche Art von Direktivität. Auch wenn sich ein gewisses Maß an Konditionierung nicht vermeiden läßt, stellt sich die Frage, wie es möglich ist, Kinder so aufwachsen zu lassen, daß sie ihre wahre Natur nicht verleugnen müssen und mehr mit sich und ihrem Inneren in Kontakt bleiben können. Es stellt sich also die Frage, welche Bedingungen erfüllt sein müssen, daß sich Kinder aus sich heraus entfalten können, daß Kreativität, Entscheidungsfähigkeit, Selbständigkeit sowie soziale und emotionale Intelligenz zur Blüte kommen können.

Wie bereits gesagt, ist die wichtigste Voraussetzung für eine wirkliche Entfaltung des vollen menschlichen Potentials, daß sich Kinder bedingungslos geliebt fühlen – das heißt, daß Liebe frei gegeben wird und nicht an Bedingungen geknüpft ist, daß die Kinder nichts tun, darstellen oder leisten müssen, um Liebe oder Aufmerksamkeit zu bekommen.

Damit sich ein Kind geliebt fühlt, muß es sich auch in seinem Wesen gesehen fühlen. Alle Liebesbekundungen und alle Zuwendung können nicht wirklich ankommen, wenn sich das Kind nicht gesehen fühlt. Ich kann mich noch gut erinnern, daß ich als Kind abends oft im Bett lag und mich einsam und verlassen fühlte. Ich war mir sicher, daß ich ein Findelkind sein mußte, denn es lag jenseits meiner Vorstellungskraft, daß meine leiblichen Eltern mich so wenig verstanden, so wenig sahen. Natürlich haben mich meine Eltern geliebt und alles getan, was in ihrer Macht stand, um mir eine gute Zukunft zu sichern. Aber mein Grundgefühl war eher das eines Geheimagenten im Feindesland, der seine wahre Identität verbergen mußte – sich in gewisser Weise unsichtbar machen mußte.

An dieser Stelle kommt wieder die Bedeutung der Achtsamkeit ins Spiel: Nur wenn wir wirklich anwesend sind für unsere Kinder, wenn wir uns ihnen voll zuwenden und sie mit den Augen des Herzens sehen, können sie unsere Liebe auch spüren. Ihre Essenz kann sich nur dann entfalten, wenn sie gesehen wird. Wenn wir selbst den größten Teil des Tages in geschäftiger Trance durchs Leben eilen, können wir nicht wirklich sehen. Wir laufen auf Automatik und sind nicht ganz da, wie man so schön sagt. Und was Kinder mehr als alles andere brauchen, um sich wirklich entfalten zu können, ist unsere Gegenwärtigkeit, unsere liebevolle Präsenz. Diese fordern sie auch immer wieder von uns ein.

Kinder können sehr unbequem sein, wenn sie uns aus unserer alltäglichen Trance wecken wollen. Jesper Juul weist darauf hin, daß dieses für uns vielleicht störende Verhalten von Kindern Ausdruck ihrer Kooperationsbereitschaft ist. Sie machen auf sich und ihre Bedürfnisse aufmerksam, sie teilen uns durch ihr Verhalten mit, ob es ihnen gut geht oder ob etwas nicht stimmt. Die Frage ist nur, ob wir die Signale auch hören und angemessen auf sie eingehen oder ob wir die Kinder einfach als „schwierig" etikettieren, womit das Problem dann nicht mehr bei uns liegt.

Wenn wir uns dieser Herausforderung stellen, kommt dies nicht nur den Kindern zugute. Indem wir uns ihnen und ihren wirklichen Bedürfnissen öffnen, ergibt sich auch für uns eine unschätzbare Chance, aus unserem Schlaf zu erwachen und damit unserer eigenen Essenz näherzukommen.

Die Anpassung an eine Umgebung, die uns nicht wirklich sieht, ist auch immer mit einem großen inneren Schmerz verbunden. Einem Schmerz, der sich aber nie richtig festmachen läßt, da wir nicht genau wissen, was uns fehlt. Immer wenn wir einen Aspekt unseres essentiellen Selbst verleugnen müssen, wird Energie von der Essenz abgezogen und stattdessen der Entwicklung der sogenannten Persönlichkeit zugeführt. Die Persönlichkeit ist also tatsächlich wie im ursprünglichen griechischen Sinne eine Maske (persona = Maske), die im Laufe der Zeit immer komplexere Züge annimmt. Diese Maske halten wir dann für uns selbst und verteidigen sie gegen alles, was sie in Frage stellt – auch gegen Kinder, die unsere wirkliche Präsenz einfordern.

Charles Tart beschreibt die Folgen der Unterdrückung bzw. Verleugnung unserer Essenz folgerndermaßen:

> „Dieses Leugnen kann unser Leben zerstören, denn die Essenz ist der lebenswichtige Teil von uns, der wahrhaft lebendige Funke. Er ist das Licht, das ein-

> mal in ‚Wiese, Strom und Hain, der Erde, jeder Alltagssicht' zu finden war. Da die Persönlichkeit schließlich fast die gesamte Lebensenergie verbraucht, vergeht das Licht, und das Leben wird zu einem mechanischen, automatisierten System von Gewohnheiten, das uns leblos im Strom der übrigen leblosen, automatisierten Opfer weiterspült, was unsere Depression und Leere noch weiter verstärkt. Der spirituelle Lehrer G.I. Gurdjieff drückte das ziemlich hart aus, als er sagte, daß viele Menschen, die man auf der Straße sieht, in Wahrheit innerlich so gut wie tot sind. Bei ihnen wurde der Essenz so viel Energie entzogen und die Persönlichkeit so mechanisiert und automatisiert, daß nicht mehr viel echte Hoffnung auf Veränderung besteht."

Da der Verlust beziehungsweise die Unterdrückung unserer Essenz, wie gesagt, mit großem inneren Schmerz verbunden ist, gibt es in uns auch einen Widerstand gegen das Aufwachen aus unserer Trance. Wenn wir uns Kindern in all ihrer Lebendigkeit und ungezügelten Lebenskraft zuwenden, werden wir zwangsläufig mit unseren eigenen inneren Schmerzen und Blockaden konfrontiert, und dagegen wehrt sich oft alles in uns. Unser psychisches Abwehrsystem hält gewissermaßen an der entstandenen Maske fest, um den Schmerz, der aus dem Verlust des Kontaktes mit unserer Essenz herrührt, vermeiden zu können. Indem wir dies wahrnehmen und annehmen können, mit all den negativen Gefühlen, die vielleicht damit verbunden sind, können wir mit unseren Kindern wachsen. Indem wir einen Raum schaffen, in dem sie sich ihrem Wesen gemäß entfalten können und in dem wir uns ihnen voll zuwenden, können sich auch die Teile unseres essentiellen Selbst zeigen, die wir in unserer Kindheit verleugnen mußten. So ist das Leben mit Kindern eine der größten Gelegenheiten, die das Leben uns bietet, die Folgen unserer eigenen Erziehung abzutragen und aus der alltäglichen Trance zu erwachen.

Mulla Nasrudin und der Adler im Taubenschlag

Es gibt eine alte Sufigeschichte, die die Unterdrückung der wahren Natur des Menschen durch die übliche Erziehung beschreibt:

Mulla Nasrudin, ein heiliger Narr, der Weisheit durch seine offensichtlichen Dummheiten vermittelt, war schon älter, und seine Augen waren nicht mehr die besten. Seine ganze Freude waren seine Tauben, deren Pflege er sich täglich ausführlich und liebevoll widmete. Eines Tages nun geschah es, daß ein Adlerjunges in den Taubenschlag geriet. Als Mulla Nasrudin sich wie gewohnt dem Taubenschlag näherte, konnte er seinen kurzsichtigen Augen kaum glauben, in welchem Zustand eines seiner geliebten Kinder war. „Wie siehst du denn aus!" rief er, völlig aus der Fassung. „Du bist ja völlig heruntergekommen! Es wird Zeit, daß du mal wieder eine anständige Pflege erhältst." So nahm er die vermeintliche Taube, schnitt ihr Schnabel und Krallen zurecht und erzog sie trotz ihrer zugegebenermaßen etwas wilden Natur zu einer anständigen Taube. Diese fügte sich schließlich ein in das Leben ihrer Mittauben, nur manchmal, wenn sie am Himmel einen Adler kreisen sah, erfüllte sie eine tiefe Sehnsucht, die sie sich nicht erklären konnte.

Das dreiteilige Gehirn

Die drei Gefüge in unserem Schädel stellen die größten Neuralsysteme dar, die in der Geschichte der Evolution jemals entwickelt wurden und in denen wir alle unsere Errungenschaften erben, die uns vorausgingen und zu uns führten, plus, möchte ich anfügen, einen Quantensprung an Zusatzpotential, das wir noch nicht entwickelt haben.

JOSEPH CHILTON PEARCE

Rebeca und Mauricio Wild interessierten sich im Zusammenhang mit ihrer Arbeit im Pesta auch für Forschungen, die aufzeigen, wie Lernen rein biologisch und neurologisch geschieht und welche Prozesse sich bei der Entwicklung von Menschen im Gehirn abspielen. Dabei stießen sie auch auf die Bücher von Arthur Koestler, die für die Wilds eine echte Herausforderung darstellten. Arthur Koestler war ein bekannter sozialistischer Journalist, dessen Bücher in der ganzen Welt verbreitet waren. Im Laufe der Zeit, schockiert durch die Erfahrungen mit dem real existierenden Sozialismus in der Sowjetunion, brach er mit dem Kommunismus und verschwand für einige Jahre von der öffentlichen Bildfläche. Stattdessen ging er noch einmal zur Universität und studierte Psychologie und Biologie. Die Frage, die ihn aus seinem Leben heraus zutiefst beschäftigte und zu diesem Schritt bewegte, war: „Wie kommt es, daß Menschen trotz oder sogar im Namen höchster Ideale solch grausame Dinge tun können? Gibt es eine biologische Grundlage für dieses Phänomen, das ja nicht nur im Sozialismus zu beobachten war, sondern unter anderem auch in der Kirchengeschichte?"

Bei seinen Forschungen kam er zu erstaunlichen Ergebnissen, die er in seinem Buch *Der Mensch – Irrläufer der Evolution* veröffentlichte. Wesentlich für seine neuen Thesen waren die Forschungen des Neurologen Paul MacLean, der die dreiteilige Strukturierung unseres Gehirns und deren Bedeutung als erster

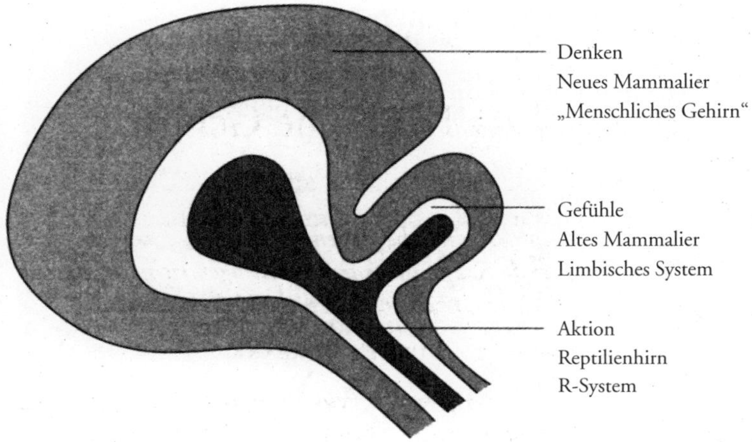

Wissenschaftler beschrieb. Er nannte diese drei Strukturen, in der Reihenfolge ihres evolutionären Erscheinens und ihrer Anordnung in unserem Kopf, das Retikulär-System, das Limbische System und den Neocortex. Vereinfachend sprach er auch vom Reptilienhirn, vom Säugetiergehirn und vom höheren Säugetierhirn, dem Großhirn, das es uns Menschen möglich macht, zu denken und einen freien Willen zu entwickeln.

Bevor ich auf die Funktion dieser Gehirnstrukturen näher eingehe, möchte ich noch einmal kurz auf Arthur Koestler zurückkommen. Er entdeckte, daß das destruktive Verhalten des Menschen auf eine mangelnde Integration dieser drei Gehirnstrukturen zurückgeführt werden kann. Man könnte sagen, daß der Mensch in uns die schönsten Ideale haben kann, das Reptil oder das Raubtier in uns verfolgen aber ganz andere Ziele und verhindern so, daß die hohen menschlichen Ideale verwirklicht werden; sie führen stattdessen zu grausamem und unmenschlichem Verhalten – sogar im Dienste dieser Ideale. Seine Schlußfolgerung lautete kurz und bündig: Der Mensch ist ein Irrläufer der Evolution. Die drei Gehirnstrukturen wären in seiner Evolution zu schnell übereinandergestülpt worden, würden so nicht integriert arbeiten, und von daher wäre es unvermeidbar, daß seine ganze Intelligenz immer wieder von den niederen Trieben beherrscht würde. Dies wiederum würde zwangsläufig zum Aussterben durch Selbstzerstörung, wenn nicht sogar zur gleichzeitigen Zerstörung des ganzen Planeten führen.

Die Schlußfolgerung Koestlers war für die Wilds natürlich niederschmetternd, ließ sie sich doch so gar nicht mit ihrem Menschenbild und ihren Erfahrungen im Pesta vereinbaren. Gleichzeitig lasen sich Koestlers Argumente aber einleuchtend und überzeugend, und so ließ sie dieses Thema nicht los. Bald stießen sie auf andere Forschungen, die ebenfalls von einer dreiteiligen Gehirnstruktur ausgingen und sich mit destruktivem, beziehungsweise anderweitig gestörtem Verhalten des Menschen befaßten. Auch hier kam man zu dem Ergebnis, daß dieses Fehlverhalten aus der mangelnden Integration der drei Gehirnstrukturen herrührt. Als Ursache für diese mangelnde Integration machen diese Untersuchungen allerdings etwas ganz anderes aus: Sie sei keine evolutionäre Fehlentwicklung, sondern die Folge von ungeeigneten Erfahrungen in der Entwicklungszeit, die nicht verarbeitet werden konnten und so zu Blockierungen in der Zusammenarbeit der verschiedenen Strukturen führten.

Wie man sich leicht vorstellen kann, lösten diese Überlegungen bei den Wilds große Erleichterung und Begeisterung aus. Denn sie machten nicht nur deutlich, wie wichtig die Art und Weise, wie Kinder aufwachsen, für eine harmonische Integration ihrer Gehirnstrukturen ist, sondern zeigten zudem, daß sich bei entsprechenden Bedingungen bestehende Blockierungen auch wieder auflösen können. So half ihnen die Beschäftigung mit der Gehirnforschung, ein tieferes Verständnis für menschliche Entwicklungs- und therapeutische beziehungsweise Heilprozesse zu gewinnen. Vieles, was sie intuitiv entdeckt hatten, konnten sie nun in einem anderen Kontext bestätigt finden. Gleichzeitig lieferten ihnen die neugewonnenen Erkenntnisse auch Anhaltspunkte, ihre Arbeit weiterzuentwickeln.

Die Funktionsweise unserer dreiteiligen Gehirnstruktur wirft tatsächlich ein aufschlußreiches Licht auf verschiedene Aspekte der möglichen Entfaltung unseres menschlichen Potentials. In dem Exkurs am Ende dieses Kapitels (siehe Seite 78) versuche ich, die Funktionen der einzelnen Strukturen und ihre Zusammenarbeit zu beschreiben. Jetzt möchte ich darauf eingehen, welche Konsequenzen sich aus dem Aufbau unseres Gehirns für die Entwicklung von Kindern ergeben.

Schon Maria Montessori sprach vom inneren Bauplan des Kindes, der sich erfüllen möchte. Diese Sichtweise wird durch die neurologische und neurobiologische Forschung mehr als bestätigt, und gleichzeitig liefert sie uns Erklärungen für die Folgen, wenn wir die inneren Gesetzmäßigkeiten für eine harmonische Entfaltung des Menschen nicht beachten.

Wenden wir uns zum Beispiel dem Lernen beziehungsweise der Entwicklung von Kreativität zu. Wie kommt es, daß wir anscheinend nur etwa fünf Prozent unseres Großhirns entwickelt haben, und wie kann uns die Gehirnforschung helfen, daran etwas zu ändern? Erstaunlich finde ich, daß diese Prozentzahl weitgehend mit der Vermutung von Charles Tart übereinstimmt, nur ein Bruchteil unserer Essenz habe die übliche Erziehung überlebt. Im Kapitel „Emotionale Intelligenz“ werde ich versuchen, diesen Zusammenhang noch weiter zu beleuchten. Ein Großteil dieses Verlustes an Genialität und damit Kreativität geht sicherlich auf das Konto der üblichen Schulbildung, die hauptsächlich auf Wissensvermittlung beruht. Wie Joseph Chilton Pearce anhand verschiedener neurobiologischer und entwicklungspsychologischer Studien aufgezeigt hat, kann eine solche Form der Wissensvermittlung nicht zu wirklichem Verständnis führen. Vielmehr führt sie zu einer Konditionierung, zu einem Sammelsurium von unverdauter Information. Diese Art des Wissens wird im Gehirn als Faktum gespeichert: „So ist das!“, und der Abruf dieser Art von Konditionierungen wird überwiegend von den alten Gehirnstrukturen übernommen (vgl. Pearce, 1994) – das heißt, er vollzieht sich automatisch und damit unbewußt. Dies geht so lange gut, wie sich die äußere Wirklichkeit nicht verändert. Ein amüsantes Beispiel für die Folgen einer solchen Art des Wissens erzählte mir ein Freund, der bei einer Bekannten zum Abendessen eingeladen war. Während sie in der Küche das Essen zubereitete, lehnte er in der Tür und unterhielt sich mit ihr. Mit Erstaunen sah er, daß seine Bekannte, bevor sie das Schnitzel in die Pfanne legte, an beiden Enden ein großes Stück abschnitt und die Teile einzeln in die Pfanne legte. Auf seine Frage, warum sie dies tue, antwortete sie: „Das macht man so, das habe ich von meiner Mutter gelernt." Nun war er noch verblüffter. Er hatte von diesem Usus noch nie gehört. Die Sache ließ ihn nicht los, und so bat er seine Bekannte, den Grund für diese Vorgehensweise zurückzuverfolgen. Sie fragte ihre Mutter, die sie wiederum an ihre Großmutter verwies. Diese gab dann folgende Geschichte zum besten: „Weißt du, wir waren damals arme Leute und hatten nur sehr selten Fleisch. Ich hatte auch nur eine kleine Pfanne, in die ein großes Schnitzel einfach nicht hineinpaßte, und so mußte ich die Enden abschneiden und dann extra braten."

Diese Geschichte macht auf unterhaltsame Weise den Unterschied zwischen Wissen und Verständnis deutlich. Ein angelerntes Wissen sitzt wie ein festes Backförmchen in unserem Gehirn und wird unbewußt und automatisch auf die Realität angewendet. Solange die Realität in diese Förmchen paßt, ist alles in Ordnung. Verändert sich jedoch die Wirklichkeit, nützt uns dieses Förmchen zum Verständnis und der Bewältigung der Realität nicht mehr. Wird es trotzdem auf die veränderte Situation angewandt, wird es entweder skurril, wie im obigen Fall, oder auch gefährlich, wenn wir zum Beispiel sehen, wie dieses Wissen ohne wirkliches Verständnis auf die Gestaltung unseres Lebens auf diesem Planeten eingesetzt wird.

Wirkliches Verständnis und damit die Fähigkeit, Situationen in ihrer Gesamtheit wahrzunehmen und so zu einer angemessenen Lösung zu kommen, kann sich nur entfalten, wenn Kinder die Möglichkeit haben, aus ihren eigenen Erfahrungen zu lernen. Nur wenn ihnen die Möglichkeit gegeben wird, ohne Druck oder Führung von außen in einer ihren jeweiligen Bedürfnissen entsprechenden, vorbereiteten Umgebung ihre eigenen Erfahrungen zu machen, lernen sie die Welt nicht „auswendig", sondern „inwendig" kennen – das heißt, sie sind in wirklichem Kontakt mit der Welt gegenwärtig und lernen aus ihren Erfahrungen.

Wirkliche Kreativität kann sich nur entwickeln, wenn wir mit einer Situation voll in Kontakt sind – wenn wir alle Aspekte in Betracht ziehen und den inneren Raum haben, für eine neue Lösung offen zu sein. Wer vollgestopft ist mit vorgekautem Wissen und Konditionierungen, kann diese Art der Kreativität kaum noch aufbringen. Die Folge der üblichen Schulbildung ist zuviel Wissen mit zuwenig Verständnis. Der einseitig geschulte Intellekt hat den Bezug zur Wirklichkeit verloren, und wenn diese nicht mehr in die kleinen Backförmchen paßt, erkennen wir einfach nicht mehr die ganze Situation und können so auch die Folgen unseres Tuns nicht mehr abschätzen. Dies führt dann dazu, daß hochintelligente Menschen mit ihren Erfindungen die Erde zunehmend unbewohnbar machen – aber ist das wirklich intelligent? Albert Einstein sagte, es grenze für ihn an ein Wunder, daß nach der üblichen Schullaufbahn überhaupt noch ein Hauch an Kreativität übrigbleibe.

Mit der Kreativität schwinden bei dieser Art des Lehrens von außen aber auch Lebensfreude, echtes Interesse und der Mut, sich auf offene Situationen einzulassen und aus ihnen zu lernen. Wie schnell werden aus lebendigen, aufgeschlossenen und interessierten Kindern gelangweilte Schulkinder, die schließlich „null Bock" haben oder sich anpassen und brav versuchen, die Erwartungen der Erwachsenen zu erfüllen.

Auf eine heute völlig unbekannte Zukunft können wir Kinder aber nicht dadurch am besten vorbereiten, daß wir ihnen eine möglichst umfassende Bildung ermöglichen, sondern indem wir all jene Kräfte in ihnen unterstützen, die sie von innen her zu kreativem und interessiertem Tun antreiben. Hier ist vor allem das freie Spiel zu nennen, aber auch viele andere Angebote in ihrer vorbereiteten Umgebung können ihre Neugier, ihren Forschergeist und ihre Phantasie ansprechen.

Auch Kreativität ist ein Aspekt, der eng mit der menschlichen Essenz verbunden ist, und wird sich ganz natürlich entfalten, wenn ihr der entsprechende Raum gegeben wird.

Mit Kindern neue Wege gehen heißt also, ihnen eine ihren Entwicklungsbedürfnissen entsprechende vorbereitete Umgebung zur Verfügung zu stellen und sich ihnen voll zuzuwenden, ihre Lebensfreude zu sehen und vielleicht zu teilen und sie mehr und mehr „mit den Augen des Liebe“ zu sehen, wie es Maria Montessori nannte. Vor allem kleine Kinder sind noch weitestgehend sie selbst – sie sind noch kaum konditioniert, noch nicht „kultiviert“. Indem wir uns diesem pulsierenden Leben zuwenden und ihm Raum geben, sich zu entfalten, können auch wir unserer ursprünglichen Lebensfreude, unserer Kreativität und unserer wahren Identität näherkommen. Es ist sicher kein leichter Weg, denn wir müssen bereit sein, uns verändern zu lassen und unsere inneren Grenzen zu erweitern – aber dieser Weg wird sowohl für die Kinder als auch für uns selbst von unbezahlbarem Wert sein.

Reflexion

Die Funktion unseres dreiteiligen Gehirns

Der Aufbau und die Funktion unseres Gehirns hatten mich schon während der Schulzeit fasziniert. Diese Faszination ist bis heute erhalten geblieben, und ich hoffe, daß dieser Exkurs etwas von der Tragweite der Forschungen auf diesem Gebiet deutlich werden läßt. Er basiert vor allem auf dem oben erwähnten Buch von Joseph Chilton Pearce, dessen Ausführungen ich hier, verkürzt und um einige Beispiele ergänzt, wiederzugeben versuche.

Das dreiteilige Gehirn macht deutlich, wie die Natur im Laufe ihrer Evolution neue und komplexere Strukturen auf den Fundamenten der vorherigen aufbaut. Jede dieser drei Strukturen hat dabei ganz einzigartige und spezifische Aufgaben zu erfüllen. So hat jede ihren speziellen Funktionsbereich, gleichzeitig ist eigentlich vorgesehen, daß sie als integrale Einheit funktionieren.

Das Retikulärsystem oder Reptilienhirn umfaßt unser sensomotorisches System und alle physischen Prozesse, die für unser Wachbewußtsein in Körper und Welt zuständig sind. Es steuert vor allem alle automatischen Funktionen im Körper (Temperatur, Stoffwechsel, Atmung, Verdauung ...) sowie alle automatisierten und konditionierten Verhaltensweisen. Leichter verständlich wird dies am Beispiel des Autofahrens. Am Anfang benötigen wir noch unsere höheren Gehirnstrukturen – wir müssen uns also bewußt mit den erforderlichen Aktivitäten auseinandersetzen. Mit der Zeit gehen das Fahren und die dafür erforderlichen Aktivitäten in Fleisch und Blut über, das heißt, es wird automatisiert und seine Steuerung vom Autopiloten – dem Retikulärsystem – übernommen. Unser Verhalten wäre tatsächlich sehr primitiv, wenn es ausschließlich vom Reptilienhirn gesteuert würde. Wir würden gnadenlos, ohne Emotionen oder Vernunft, unser physisches Überleben erkämpfen – Nahrung, Schutz, Sexualität (als Arterhaltung) und Kampf um unser Territorium. Unsere optische Welt wäre auf Hell-Dunkel-Kontraste beschränkt und unser inneres „Gefühlsleben" bestünde ausschließlich aus Anziehung und Abstoßung.

Über das Reptilienhirn und durch zahlreiche Nervenverbindungen mit diesem vernetzt schmiegt sich das Limbische System oder Säugetierhirn. Man könnte es (zusammen mit den Schläfenlappen und vielleicht noch anderen Teilen des Großhirns) auch als unser emotionales Gehirn bezeichnen. Es verschafft uns eine weit anpassungsfähigere und wirkungsvollere Intelligenz und zugleich ein weiteres, reicheres Universum. Darüber hinaus werden alle primitiven Instinkte des Reptilienhirns verfeinert und erweitert. Die undifferenzierte Abstoßungs-Anziehungs-Reaktion des Reptilienhirns zum Beispiel wird auf ein äußerst komplexes Gebilde von Gefühlsschattierungen angehoben. So entstehen weitgefächerte Polaritäten von Mögen-Nichtmögen, Gut–Schlecht, Ärgerlich–Glücklich, Kummer–Freude, Liebe–Haß. Diese führen dann zu unserem Verlangen nach angenehmen und unserem Widerwillen gegen unangenehme Erfahrungen, dem Abwehren und Verdrängen früherer Schmerzerfahrungen und so weiter. Auch hier ist eine „instinktive Intelligenz" am Werk, die vor allem auf das Überleben des einzelnen Individuums und der Art abzielt. Sie enthält noch nicht die Möglichkeit eines freien Willens und bewußter Entscheidungen. Dies wird erst durch die Entwicklung des Großhirns ermöglicht, das etwa fünfmal so groß ist wie die beiden anderen Hirnstrukturen zusammen.

Wie inzwischen weithin bekannt ist, teilt sich das Großhirn in die linke und die rechte Gehirnsphäre, mit jeweils unterschiedlichen Funktionen. Die rechte Gehirnhälfte hat etwa doppelt so viele Nervenverbindungen zu den alten Gehirnstrukturen als die linke. Sie ist eher für Kreativität, bildhaftes Denken und, im entwickelten Zustand, für höhere Gefühle wie Mitgefühl, Empathie und bedingungslose Liebe zuständig. Die linke Gehirnhälfte hingegen dient vor allem dem logisch-kausalem und dem abstrakten Denken.

Alle drei Systeme funktionieren immer als eine Einheit, trotzdem kann es aber durch ungeeignete und nicht verarbeitete Erfahrungen zu Fehlentwicklungen kommen.

Als erwachsene Menschen leben wir vor allem vom Großhirn aus. Dort findet das Denken statt, dort sammeln wir die Informationen, auf deren Basis wir dann unsere Entscheidungen treffen, und von dort aus interpretieren wir die Welt, so wie sie sich uns darstellt. Das Verhalten eines Neugeborenen hingegen wird noch zu einem großen Teil von „Instinkten" gelenkt, wie beispielsweise dem Saugreflex und anderen Instinkten, wie sie im Prinzip allen Säugetieren zu eigen sind. Auch die Art und Weise, wie wir die Welt wahrnehmen, ist von der Natur her vorgegeben – welches Licht- beziehungsweise Klangspektrum wir zum Beispiel wahrnehmen können. Aber selbst, wenn unser Verhalten zunächst unbewußt, von der Natur her gesteuert, abläuft, wird jede Erfahrung, die wir in unserer Entwicklungszeit machen, in unserem Großhirn gespeichert. Jede Erfahrung in der Entwicklungszeit ist also ein kleines „Aha, so ist die Welt!"

Auf diese Weise bildet sich aus all den Erfahrungen, die ein Mensch von seiner Zeugung an macht, ein Bild von der Welt und von sich selbst. Später dann wird er nach dem Bild leben, das er sich im Laufe seiner Entwicklungszeit gemacht hat. Dieses Bild und sein ganzes Lebensgefühl sind also eng mit seinen Erfahrungen und der Art und Weise verbunden, wie er gesehen wird.

Stimmt eine Erfahrung nicht mit dem inneren Entwicklungsplan eines Kindes zusammen, so ist sie mit Schmerz gekoppelt. Wird dieser Schmerz so groß, daß er für das Leben des Kindes bedrohlich wird, so muß er blockiert werden. Dies geschieht hauptsächlich durch die Endorphine, das sind körpereigene Drogen, die den Schmerz „verdrängen" oder „betäuben". So kann sich das Kind an die für seine Entwicklung ungeeignete Umgebung anpassen, ohne von Schmerz überwältigt zu werden. Dies geschieht aber auf Kosten unserer wahren inneren Natur – unserer Essenz. Diese bleibt verborgen, verschüttet oder unentwickelt. Stattdessen entsteht, wie schon im letzten Kapitel beschrieben, unsere „Persönlichkeit", mit der wir uns dann später identifizieren, die aber nicht unbedingt viel mit unserem wahren inneren Wesen zu tun haben muß. Mit dem Verlust unserer Essenz stellt sich aber auch ein Gefühl der inneren Leere ein – vielleicht auch das Gefühl, irgendwie vom Leben um etwas betrogen worden zu sein, von dem wir aber gar nicht genau wissen, was es ist.

So versuchen wir dann, diese innere Leere zu füllen – durch immer mehr Besitztümer, durch andere Menschen, durch Anerkennung von außen oder andere Dinge. Unsere heutige Konsum- und Genußgesellschaft basiert zu einem großen Teil auf Versprechungen, diese Leere zu füllen – „Kaufe mich, und du wirst glücklich sein!" ist das unterschwellige Versprechen eines Großteils der Werbung. Wir glauben daran und laufen dem Glück immer schneller hinterher – ohne es, außer für kurze Momente der Befriedigung, jeweils dauerhaft erreichen zu können. Aber was auch immer wir versuchen, um dieses Loch zu füllen – es kann nicht gelingen. Denn hinter all diesen Wünschen und Begierden steht die Sehnsucht nach uns selbst – unserer eigenen inneren Natur.

Da unsere Persönlichkeit eine Art Kunstprodukt ist, das sich bedingt durch unsere Geschichte gebildet und verfestigt hat, birgt sie wenig Möglichkeiten für Entwicklung, Kreativität und echte zwischenmenschliche Beziehungen. Wir bleiben in den Instinkten der alten Gehirnstrukturen gefangen, statt unser kreatives Potential und wahres Menschsein zu entfalten.

Die verfestigte Persönlichkeit ist also, wenn man so will, die Folge von ungeeigneten und schmerzbehafteten Erfahrungen in der Entwicklungszeit, was sich dann auch in einer mangelhaften oder gestörten Integration der Gehirnstrukturen widerspiegelt.

Lange Zeit wurden die älteren Gehirnstrukturen nur als Anhängsel aus einer früheren Zeit angesehen, ähnlich wie der Blinddarm oder die Mandeln. Alle wirkliche Gehirnarbeit, so dachte man, fände im Großhirn statt. Neuere Forschungen belegen das Gegenteil: Der größte Teil unserer gelebten Erfahrung entsteht aus der Arbeit unserer beiden alten Gehirne. Dabei sind sie denselben Strukturen der niederen Wesen weit überlegen. Laut Pearce ist es die Absicht der Evolution, das Niedere in die Dienste des Höheren zu stellen. Diese Absicht wandelt das Niedere von Anfang an genetisch um, ganz gleich, ob das höhere System entwickelt ist oder nicht. So ist das menschliche „Reptilienhirn" dem eines Reptils um Lichtjahre voraus, selbst wenn wir (theoretisch) die beiden höheren Strukturen niemals entwickeln sollten.

Wenn nun das Großhirn die ihm zugedachte integrative Funktion durch ungeeignete Kindheitserfahrungen nicht übernehmen kann, führt das in gewissem Sinne dazu, daß die alten Gehirnstrukturen das Kommando übernehmen, statt sich in den Dienst des menschlichen Gehirns zu stellen. Dies könnte solch grausame Kriegsgreuel erklären, wie sie immer wieder geschehen, wenn der menschliche Verstand in den Dienst der alten Gehirnstrukturen genommen wird. Ein Reptil kennt eben keine Gnade, kein Mitgefühl, und kann so ohne die geringste Spur von Zweifeln sogar Babys und kleine Kinder dahinmetzeln.

Aber nicht nur solch extrem unmenschliche Verhaltensweisen werden durch die Funktionsweise unseres Gehirns verständlicher. Unter Streß oder bei extremer Erschöpfung zeigen sich ähnliche Phänomene, und als Eltern müssen wir dann erkennen, daß wir uns immer wieder in einer Art und Weise verhalten, wie wir es eigentlich gar nicht wollen. Dies kann sehr belastend sein, weil die Schuldgefühle und Selbstzweifel, die dann meist folgen, die Situation auch nicht besser machen.

Um aus solchen Verhaltensweisen aussteigen zu können und auch in schwierigen Situationen menschlich zu handeln, ist die Praxis der Achtsamkeit eine wertvolle Unterstützung. Die tiefsitzenden Konditionierungen, Verhaltensweisen und Reaktionsmuster haben eine ungeheure Macht und laufen gleichzeitig vollkommen unbewußt und automatisch ab. Wir scheinen ihnen mehr oder weniger hilflos ausgeliefert zu sein. Daniel Goleman hat diese inadäquaten Verhaltensmuster in seinem Buch „Emotionale Intelligenz" eingehend untersucht und er sieht die Praxis der Achtsamkeit als wichtigstes Werkzeug an, den inneren Raum und die innere Freiheit zu schaffen, die notwendig sind, aus diesen Mustern auszusteigen.

Emotionale Intelligenz

> *Rechte Erziehung beginnt mit dem Erzieher, der sich selbst verstehen und von schematischem Denken befreien muß – denn was er ist, überträgt er auf andere. Wenn wir uns selbst nicht verstehen, wenn wir unsere Beziehung zum Kinde nicht erfassen – wie können wir dann überhaupt eine neue Art von Erziehung einführen?*
>
> Jiddu Krishnamurti

Emotionale Intelligenz kann man weder Kindern noch Erwachsenen beibringen. Menschliche Werte wie Mitgefühl, Empathie, Eigenständigkeit, Verantwortungsbewußtsein, ein gesundes Selbstwertgefühl und Respekt gegenüber anderen Menschen und der Natur entwickeln sich in einem Kind ganz natürlich, wenn es diesen Qualitäten in seinem Umfeld begegnet – wenn es selbst mit Respekt und Einfühlsamkeit behandelt wird. Sehr beeindruckt hat mich in diesem Zusammenhang eine Aussage des buddhistischen Lehrers Kalu Rinpoche. Einige seiner Schülerinnen und Schüler hatten ihn gefragt, wie sie ihre Kinder zur

Meditation führen könnten und welche Übungen hierfür besonders hilfreich wären. Seine Antwort lautete: „Wie kommt ihr darauf, daß ihr sie überhaupt so etwas lehren solltet? Kümmert euch nicht darum! Die Kinder lernen dadurch, wie ihr seid. Es ist nicht notwendig, daß ihr ihnen irgendeine spirituelle Praxis gebt, sondern daß ihr selbst praktiziert."

Damit kommen wir zu einem ganz zentralen Punkt, wenn wir mit Kindern neue Wege gehen wollen. Einerseits sind die Kinder nicht länger ein Objekt der Erziehung, und auf der anderen Seite gewinnt die innere Arbeit der Erwachsenen an Bedeutung. Wir achten nicht in erster Linie darauf, ob ein Kind „richtig erzogen" ist, sondern wir wenden uns vor allem unserem eigenen Inneren zu, der Art und Weise, wie wir unserem Kind begegnen, was wir ihm durch unser Sein vermitteln, und der Beziehungsqualität, die unseren Alltag mit unseren Kindern bestimmt. Es geht also nicht nur darum, das Kind und seine echten Entwicklungsbedürfnisse wahrzunehmen, sondern uns auch uns selbst zuzuwenden. Es geht nicht nur um die Kinder und ihr Verhalten, sondern in erheblichem Ausmaß auch um uns selbst. Indem wir die Verantwortung für uns übernehmen und innerlich an uns arbeiten, hat das Kind ein anderes Gegenüber, an dem es sich anders orientieren kann.

Die Entwicklung von emotionaler Intelligenz sieht im Umgang mit Kindern also anders aus als bei Erwachsenen. Für uns bringt sie eine Art Bewußtseinsarbeit mit sich. Durch die Praxis der Achtsamkeit und dadurch, daß wir uns und unsere automatischen Gefühls- und Gewohnheitsmuster kennenlernen, gewinnen wir innere Freiheit und können anders, emotional angemessener, mit den Anforderungen umgehen, die uns im Leben begegnen. In diesem Prozeß können wir auch mit unserer Essenz, unserer wahren Natur, in Kontakt kommen und Wege finden, sie aus ihrem Dornröschenschlaf zu erwecken. Es geht um das Erwachen aus unserer alltäglichen Trance, aus unseren alten Konditionierungen – darum, wahrhaft menschlich zu werden.

Bei Kindern ist die Situation eine andere. Kinder sind von Natur aus sozial, wenn die Bedingungen für ihr Aufwachsen entsprechend sind und wenn sie respektiert werden. Maria Montessori sagte einmal, daß mit jedem Kind Christus neu geboren würde, und dabei schwang wahrscheinlich gleichzeitig mit, daß er durch die übliche Erziehung auch immer wieder gekreuzigt wird. Im Buddhismus wird davon ausgegangen, daß jeder Mensch ein potentieller Buddha ist. Das „grundlegende Gutsein“ eines jeden Menschen ist ein wesentlicher Aspekt dieser Weltanschauung, und es ist von entscheidender Bedeutung, daß wir uns im Umgang mit Kindern auf dieses grundlegende Gutsein beziehen und nach Möglichkeiten suchen, daß es zum Vorschein kommen und sich entfalten kann. Das heißt nicht, daß wir ungeeignetes oder auf andere Weise auffälliges Verhalten eines Kindes einfach ignorieren sollen, natürlich müssen wir damit umgehen und versuchen, eine angemessene Antwort zu finden. Aber wenn wir das Kind einfach als schwierig, aggressiv oder gar böse ansehen, so verstärken wir diese Tendenzen noch, so daß sie sich zu einer immer unauflösbareren Persönlichkeitsstruktur verdichten, während die wahre Natur, die Essenz des Kindes immer mehr verlorengeht.

Das Bild, das wir uns von einem Menschen machen, ruft diese Eigenschaft in ihm hervor. Ähnlich wie bei dem Versuch mit Lehrern, deren Schüler sich dann in erstaunlichem Ausmaß gemäß ihren Erwartungen entwickelt haben, wirkt sich das Bild aus, das wir uns von Kindern machen. Diese Tatsache hat ungeheure Folgen, und wenn wir uns ihr stellen, erfordert dies, daß wir uns der Bilder, die wir uns von Kindern machen, bewußt werden und sehr achtsam mit ihnen umgehen.

Ich möchte an dieser Stelle aber auch einem Mißverständnis vorbeugen. Wenn wir versuchen, „positiv zu denken“, und uns immer wieder sagen, daß unser Kind ein Engel ist, so heißt das nicht, daß es auch zu einem Engel werden wird. Im besten Fall wird es vielleicht die Fassade eines Engels entwickeln, um uns zu gefallen. Das grundlegende Gutsein ist Bestandteil der wahren Natur eines jeden Menschen – eine real erfahrbare Gegebenheit. Zur Entfaltung kommen kann es dann, wenn es nicht unterdrückt, sondern gesehen und anerkannt wird. Es geht also darum, die Essenz eines Kindes zu sehen und so anzunehmen, wie sie ist. Dann und nur dann kann sie sich in ihrem ganzen Ausmaß zeigen und entfalten.

Bei einer Audienz mehrerer westlicher Meditationslehrer beim Dalai Lama bemerkte Sharon Salzberg, eine amerikanische Meditationslehrerin, daß das größte Problem vieler Menschen im Westen der weitverbreitete Mangel an Selbstwertgefühl sei – das Gefühl, nur dann wertvoll und liebenswert zu sein, wenn wir etwas leisten, wenn wir brav sind oder auf andere Weise den Erwartungen unserer Umwelt entsprechen. Diese tiefverwurzelte Überzeugung würde dann oft dazu führen, daß auch die Meditation unter diesem Blickwinkel angegangen wird. Meditierende hofften, dadurch vielleicht bessere Menschen zu werden oder liebenswerter oder was auch immer. So sei die Meditation immer leistungsbezogen, wir versuchten etwas zu erreichen und würden uns ständig an diesen Erwartungen und Vorstellungen messen. Es werde uns unmöglich, uns einfach niederzulassen und unsere Erfahrung so anzunehmen, wie sie ist – uns selbst so anzunehmen, wie wir sind. Das innere Gefühl, nicht zu genügen, daß es letztlich nie genug ist, was wir leisten und sind, führe zu einer ständigen Anspannung und Getriebenheit, die kaum zur Ruhe komme.

Der Dalai Lama war perplex: „Kennen Sie denn auch ein solches Gefühl, nicht an sich liebenswert und wichtig zu sein – das Gefühl, daß Sie anders sein müßten, als Sie sind, um okay zu sein?“ Als Sharon Salzberg dies bestätigte, schüttelte der Dalai Lama erstaunt den Kopf und ging von einem Teilnehmer zum nächsten. Alle fragte er, ob ihnen ein solches Gefühl, nicht zu genügen, geläufig sei, und alle bestätigten dies. Für ihn war das unfaßbar.

Auch wenn die Erziehung in Tibet oft sehr streng und in mancher Hinsicht nicht auf unsere Situation übertragbar ist, ist sie doch im allgemeinen geprägt von einem tiefen Respekt für jedes einzelne Kind. Durch den in Tibet vorherrschenden Glauben an die Wiedergeburt könnte es ja sein, daß das Kind ein hochentwickelter geistiger Lehrer oder ähnliches ist, und so war es für den Dalai Lama undenkbar, daß Kinder abfällig oder herablassend behandelt oder gar erniedrigt oder gedemütigt werden. Auf diese Weise kann in den Menschen eine tiefe innere Sicherheit entstehen, daß sie an sich liebenswert sind – daß sie nichts tun oder leisten müssen, um wertvoll zu sein.

Das Bewußtsein um das grundlegende Gutsein eines jeden Menschen ist in unserer Kultur alles andere als selbstverständlich. Unser Selbstwertgefühl ist stark davon geprägt, wie uns unsere Eltern und unsere sonstige Umgebung gesehen haben.

Als Gegenmittel zu diesem Mangel wurden alle möglichen Techniken, wie zum Beispiel auch das positive Denken, entwickelt. Es mag vielleicht sogar einen gewissen Effekt haben, wenn wir uns immer wieder einreden, daß wir „okay" sind, aber letztlich bleiben diese Affirmationen meist eine „angenehmere Konditionierung". In der Essentiellen Gestalt-Arbeit und auch in der Praxis von Metta-Meditation (Metta heißt soviel wie „liebende Güte", und die Metta-Meditation ist neben der Praxis der Achtsamkeit ein wesentlicher Bestandteil buddhistischer Meditation) wird nicht einfach eine negative Programmierung durch eine positive ersetzt. Es geht vielmehr darum, mit dem grundlegenden Gutsein in uns selbst in direkten Kontakt zu kommen. Unser Selbstwert ist eine Qualität unserer wahren Natur, und wenn wir mit ihm in direkten Kontakt kommen, ergibt sich eine direkte Erfahrung unseres Wertes. Es gibt keine Zweifel mehr, auch kein Bedürfnis nach Anerkennung von außen – wir erfahren nicht nur unseren Wert, sondern wir *sind* Wert.

Vielleicht wird jetzt auch deutlicher, warum Kinder eine unvergleichliche Chance zu innerem Wachstum mit sich bringen. Das Leben mit Kindern bringt sowohl unsere besten als auch unsere häßlichsten Seiten ans Tageslicht. Unsere unschönen Seiten, unser Egozentrismus, unsere Gleichgültigkeit – all das, was wir ansonsten vielleicht unter dem Teppich halten können, kommt an die Oberfläche und bietet reichhaltiges Material, uns wirklich kennenzulernen und unser wahres Menschsein zu entwickeln. Dabei hilft es nicht weiter, uns schuldig oder schlecht zu fühlen. Wie Jon Kabat-Zinn gern sagt: „Elternsein ist die ganze Katastrophe!" Auch für uns selbst gilt, uns so anzunehmen, wie wir sind, mit uns selbst Freundschaft zu schließen und uns einfach auf den Weg zu machen. Unter all unseren Neurosen, Schmerzen und Wunden ist ein unbezahlbarer Schatz verborgen – unsere eigene wahre Natur.

Geschichte

Randale im Casino

„Papa wird darüber sehr wütend sein", sagte meine Mutter. Es war im August des Jahres 1938 in einer Pension in den Catskill-Bergen. An jenem heißen Freitagnachmittag war es uns – drei neunjährigen Jungen aus der Stadt – sehr langweilig. Wir hatten schon so ziemlich alles gemacht, was man in den Sommerferien auf dem Lande machen kann: Frösche gefangen, Blaubeeren gepflückt und im eisigen Flußwasser gezittert. An diesem unerträglich langweiligen Nachmittag wollten wir endlich etwas Aufregendes erleben.

Um zu überlegen, was wir anstellen könnten, verkroch ich mich mit Artie und Eli zusammen in die Kühle des „Casinos", eines kleinen Gebäudes, in dem die Gäste abends Bingo spielten und sich hin und wieder die Vorführung eines durchreisenden Zauberkünstlers anschauten.

Schließlich kam uns die zündende Idee: Das Casino war uns einfach zu neu. Die Holzbalken und die weiße Rigipsverschalung der Wände erschienen uns einfach zu perfekt. Wir wollten diesen Eindruck ein wenig „mildern" und dem Gebäude für alle Zeiten anonym unseren Stempel aufdrücken. Natürlich dachten wir nicht einen Augenblick lang über die möglichen Konsequenzen nach.

Wir nahmen eine lange hölzerne Bank und rammten sie wie einen Rammbock in eine Wand. Ein wundervolles Loch blieb zurück – aber nur ein kleines. Also wiederholten wir das Ganze noch einmal und dann noch einmal …

Anschließend betrachteten wir außer Atem und schwitzend unser erstes wirklich ansehnliches Loch. Die Aktion hatte uns so viel Spaß gemacht, daß wir uns völlig von unserer Idee mitreißen ließen und weitermachten. Nach einer Weile war kaum noch ein Stück Wand unbeschädigt.

Noch bevor wir auch nur eine Spur Gewissensbisse bekommen hatten, tauchte plötzlich Mr. Biolos, der Besitzer der Pension, in der Eingangstür des Gebäudes auf. Er war außer sich vor Wut. Wenn unsere Väter am Abend aus der Stadt kämen, würde er ihnen Bescheid sagen und auf seinem Recht auf Entschädigung bestehen!

Dann informierte er zunächst einmal unsere Mütter. Meine Mutter war der Meinung, was ich getan hätte, sei so ungeheuerlich, daß sie es meinem Vater überlassen müsse, mich zu bestrafen. „Und Papa wird darüber sehr wütend sein", kündigte sie mir an.

Um sechs Uhr hatte sich Mr. Biolos auf dem Zufahrtsweg postiert und wartete grimmig auf das Eintreffen unserer Väter. Hinter ihm drängten sich die ebenfalls wütenden Gäste wie beim Fußballspiel auf den billigen Stehplätzen auf der Veranda vor ihrem Bingo-Palast. Sie hatten gesehen, was aus ihrem „Casino" geworden war, und wußten, daß sie diesen Anblick nun für den Rest des Sommers ertragen mußten. Auch sie forderten nachdrücklich Gerechtigkeit.

Artie, Eli und ich hatten uns jeder einen unauffälligen Platz gesucht, vorsichtshalber nicht zu weit von unseren Müttern entfernt. Wir warteten. Arties Vater traf als erster ein. Nachdem Mr. Biolos ihm die Neuigkeit mitgeteilt und ihm das verwüstete Casino gezeigt hatte, zog er bedächtig seinen Gürtel aus der Hose und drosch dann mit nicht zu übersehender Routine auf seinen schreienden Sohn ein – natürlich unter den sichtlich beifälligen Blicken der gehässigen Menge, zu der sich die ansonsten immer so freundlichen Gäste verwandelt hatten.

Als nächster traf Elis Vater ein. Nachdem auch er gehört und gesehen hatte, was sein Sohn zusammen mit uns beiden anderen angerichtet hatte, wurde er so wütend, daß er ihn mit einem Schlag gegen den Kopf zu Boden streckte. Eli lag weinend im Gras, doch sein Vater trat ihn weiter gegen die Beine, in den Hintern und in den Rücken. Als der Sohn aufzustehen versuchte, trat der Vater ihn erneut.

In der Menge wurde gemurmelt: „Daran hätten die Kinder vorher denken können. Unkraut vergeht nicht. Macht euch keine Sorgen. Ich wette, die machen so etwas nie wieder."

Ich schaute mir all dies an und fragte mich, was mein Vater wohl tun würde. Er hatte mich noch nie in meinem Leben geschlagen. Ich wußte, daß andere Kinder von ihren Vätern geschlagen wurden, hatte gesehen, daß einige meiner Schulkameraden mit blauen Flecken zur Schule kamen, und manchmal hatte ich sogar abends aus einigen Häusern in unserer Straße Schreie gehört. Doch das waren eben immer diese anderen Kinder, ihre Familien, und warum und wie sie an ihre blauen Flecken gekommen waren, war mir immer völlig unklar gewesen. Bis jetzt.

Ich schaute zu meiner Mutter hinüber. Sie war offensichtlich sehr wütend. Sie hatte mir schon vorher klargemacht, daß ich eine Art Verbrechen begangen hatte. Bedeutete dies, daß von jetzt ab auch für mich Prügel an der Tagesordnung waren?

Dann tauchte mein Vater in unserem Chevy auf. Er bekam gerade noch mit, wie Eli von seinem Vater über die Eingangstreppe ins Haus gezogen wurde. Er stieg aus dem Auto, offensichtlich überzeugt – so glaubte ich –, daß Eli die Strafe verdient haben mußte. Mir wurde schwindelig vor Angst. Mr. Biolos begann mit seiner Ansprache. Mein Vater hörte ihm zu. Sein Hemd war schweißnaß, ein feuchtes Taschentuch hing um seinen Hals. Feuchte Witterung machte ihm immer sehr zu schaffen. Ich schaute zu, wie er Mr. Biolos in das Casino folgte. Mein Vater – stark und prinzipientreu, verschwitzt und sichtlich bedrückt –, was mochte er über all dies denken?

Als sie aus dem Casino zurückkamen, schaute mein Vater zu meiner Mutter hinüber und rief ihr ein leises „Hallo" zu. Dann sah er mich und warf mir einen langen ausdruckslosen Blick zu. Während ich noch versuchte, diesen Blick zu deuten, wandte er sich von mir ab und schaute die Menge an, schweifte von Gesicht zu Gesicht.

Dann stieg er zum allgemeinen Erstaunen wieder in das Auto und fuhr davon! Niemand, nicht einmal meine Mutter, konnte sich vorstellen, wohin er fahren mochte.

Eine Stunde später kam er zurück. Auf dem Dach des Wagen war ein Stapel Rigipsplatten befestigt. Beim Aussteigen hielt er eine Einkaufstüte in der Hand, aus der ein Hammerstiel herausragte. Ohne ein Wort zu sagen, löste er die Befestigung der Platten und trug sie nacheinander ins Casino.

An diesem Abend tauchte er nicht mehr auf.

Während des Abendessens, das ich zusammen mit meiner Mutter schweigend verbrachte, und während des ganzen restlichen Freitagabends bis spät in die Nacht hinein hörte ich – jeder konnte es hören – den stetigen Hammerschlag meines Vaters. Ich stellte mir vor, wie er schwitzte, sein Abendessen versäumte, die Gesellschaft meiner Mutter vermißte und immer wütender auf mich wurde. Würde morgen der letzte Tag meines Lebens sein? Es war drei Uhr nachts, als ich endlich einschlief.

Am nächsten Morgen erwähnte mein Vater mit keinem Wort, was am Vortag geschehen war. Er ließ auch keine Spur von Wut erkennen und verhielt sich mir gegenüber in keiner Hinsicht zurückweisend. Wir verbrachten einen ganz normalen Tag zusammen, er, meine Mutter und ich, unser normales angenehmes Familienwochenende.

War er wütend auf mich? Das hätte man denken können. Doch zu einer Zeit, in der viele seiner Generation es noch als ein von Gott gegebenes Recht ansahen, ihre Kinder körperlich zu züchtigen, war es in seinen Augen ein kriminelles Vergehen, die eigenen Kinder zu schlagen. Ihm war klar, daß sich Kinder, wenn sie geschlagen werden, an den Schmerz erinnern, auch wenn sie den Grund für die Schläge längst vergessen haben.

Jahre später wurde mir klar, daß es für ihn unvorstellbar gewesen wäre, mich zu demütigen. Anders als die Väter meiner Freunde hatte er nichts für Rache und öffentliche Demütigung übrig.

Dennoch hatte mein Vater mir eine Lektion erteilt. Ich habe die Ungeheuerlichkeit meiner Zerstörungswut an jenem heißen Augustnachmittag nie vergessen.

Und ich werde auch nie vergessen, daß mir an jenem Tag erstmals klar wurde, wie tief ich ihm vertrauen konnte.

Mel Lazarus

Schöpfer der Comic-Strips Momma und Miss Peach und Romanautor. Dem Buch „Mit Kindern wachsen" von Myla und Jon Kabat-Zinn entnommen)

Teil 2

Lernen für die Welt von morgen

Vorbereitete Umgebung

Die Kinder sind der Fortschritt selbst – vertraut dem Kinde!

Rainer Maria Rilke

Das Kind anregen zu müssen, das glauben wir nur, weil wir zu wenig Ahnung davon haben, was jeder Mensch an Entfaltungsmöglichkeiten mit auf die Welt bringt.

Heinrich Jacoby

Im ersten Teil des Buches haben wir uns vor allem mit grundsätzlichen Fragen im Leben mit Kindern befaßt. Im zweiten Teil geht es nun darum, wie diese Erkenntnisse in unseren Alltag mit Kindern einfließen können – in der Familie, im Kindergarten oder sogar in der Schule. Eines dürfte aus dem bisher Gesagten bereits deutlich geworden sein: Wir bereiten Kinder nicht dadurch auf eine heute noch völlig unbekannte Zukunft am besten vor, daß wir sie lehren, fördern oder zum Lernen motivieren, sondern dadurch, daß wir all jene Kräfte in ihnen unterstützen, die sie von innen her leiten. Diese Kräfte sind ungeheuer stark. Nehmen wir zum Beispiel ein Kleinkind, das auf dem Rücken liegt, seine Umgebung und seine Hände erforscht und die Bauchlage noch nicht kennengelernt hat. Bei seinem Spiel mit der Schwerkraft erfährt es, daß sich sein Körper zu drehen beginnt, wenn es mit dem Fuß gegen den Boden drückt, und irgendwann geschieht es – es landet auf dem Bauch. Fast immer wird dabei sein Arm von seinem Körper eingeklemmt, und fast immer ist diese Erfahrung unangenehm und das Kind beginnt zu weinen. Was geschieht aber nun, wenn das Kind von seiner Mutter oder einer anderen Person achtsam wieder auf den Rücken gelegt wird? Bei manchen Kindern geht es langsamer, bei anderen schneller, und manche werden sogar schon kurz darauf die neuentdeckte Fertigkeit wieder ausprobieren – obwohl die Folgen unangenehm waren. Was bringt Kinder dazu, ständig in Neuland vorzudringen, was treibt sie an, sich auf neue Erfahrungen einzulassen, ihre Umgebung zu erkunden und so aus ihren Erfahrungen zu lernen? Können wir in diese Kraft vertrauen, statt zu glauben, daß wir ein Kind fördern oder unterrichten müssen, damit es sich gut entwickelt?

Wenn wir uns bewußt machen, was ein Kind in seinen ersten Lebensjahren alles lernt, ohne daß es dafür formalen Unterricht erhält, so können wir nur staunen. Ist es nicht möglich, daß die innere Natur des Kindes seine Entwicklung auch weiter steuern kann? Ist es wirklich notwendig und sinnvoll, sich plötzlich in diese natürliche Entwicklung einzumischen und sie steuern und kontrollieren zu wollen? Und was wäre nötig, damit sich die Entfaltung des Kindes auch in späteren Jahren auf solch harmonische Weise vollziehen kann?

Damit sich dieser innere Entwicklungsdrang, der innere Bauplan des Kindes, wie es Maria Montessori nannte, verwirklichen kann, braucht es eine spezifische vorbereitete Umgebung – das heißt eine Umgebung, die auf die jeweiligen Entwicklungsbedürfnisse eines Kindes abgestimmt ist. Dies ist neben der liebevollen, achtsamen und respektvollen Zuwendung der Erwachsenen die zweite notwendige Bedingung für seine harmonische Entfaltung.

Wenn wir Kinder fördern oder ständig versuchen, sie etwas zu lehren, was nicht ihren Interessen oder ihrem Entwicklungsstand entspricht, vermitteln wir ihnen, daß sie nicht in Ordnung sind, so wie sie sind. Der amerikanische Kinderpsychiater David Elkind beschreibt die Folgen dieser Art von Erziehung sehr eindrücklich in seinem Buch *Das gehetzte Kind*. Sie führt nicht nur zu psychischen Störungen, chronischem Streß und einem mangelnden Selbstwertgefühl; auch körperliche Krankheiten wie Herzinfarkte, Bandscheibenvorfälle und andere Defekte, die früher erst bei alten Menschen auftraten, zeigen sich infolge dieses ständigen Antreibens heute schon bei Jugendlichen. Das Resümee, zu dem Elkind nach seinen Forschungen kommt, faßt er mit dem Satz „Early ripe, early rot" – also „früh gereift, früh verfault" – zusammen. Wie in der Weisheitsgeschichte am Anfang dieses Buches (siehe Seite 41), wo der junge Bauer an den

Grashalmen zog, um den Wachstumsprozeß seines Getreides zu beschleunigen, hat es auch bei Kindern weitreichende Folgen, wenn wir glauben, den natürlichen, von innen geleiteten Entwicklungsprozeß antreiben oder fördern zu müssen.

Die Ursache für die steigende Tendenz zu Förderung und Stimulation von außen ist aber nicht nur Ungeduld, sondern häufig auch Angst. So gibt es schon für Säuglinge Statistiken, was ein Kind in welchem Alter tun oder können müßte. Entspricht ein Kind nicht diesem statistischen Mittel, wird aus Angst vor Entwicklungsverzögerungen meist völlig unnötig von außen eingegriffen.

In ihrem Buch *Laßt mir Zeit* zeigt die Kinderärztin Emmi Pikler anhand vieler Beispiele, daß wir nur gewinnen können, wenn wir gerade langsameren Kindern die Zeit lassen, die sie brauchen. Auch der Schweizer Kinderarzt Professor Remo Largo kommt zu ähnlichen Ergebnissen. Sein Buch *Kinderjahre* ist ein fundiertes und umfassendes Plädoyer, dem Kind zu vertrauen, echte Entwicklungsprozesse zu respektieren und die Aufmerksamkeit eher auf das zu richten, was es kann, und nicht auf das, was es (noch) nicht kann. Diese innere Haltung entspringt einem grundsätzlichen Vertrauen in die Selbstentfaltungskräfte des Kindes, in seine Kompetenz und in den Drang des Kindes, sich zu entfalten und zu lernen, wenn es bereit dafür ist. Dies gilt in besonderem Maße auch für sogenannte entwicklungsverzögerte Kinder. Die Physiotherapeutin und Mitarbeiterin am Ambulatorium der Pikler-Gesellschaft in Berlin, Monika Aly, hat dies auf feinfühlige Weise in ihrem Buch *Das Sorgenkind im ersten Lebensjahr* dargelegt. Aus ihrer jahrelangen Erfahrung in der Arbeit mit zum Teil schwer behinderten Kindern kann sie das Vertrauen in den inneren Antrieb und die Selbstregulierungskräfte des Kindes auf eindrucksvolle Weise stärken.

Auf der anderen Seite heißt das natürlich nicht, daß wir in der Annahme, es werde sich schon entwickeln, ein Kind einfach sich selbst überlassen können. Damit dieser Entwicklungsprozeß harmonisch ablaufen kann, braucht es vor allem den einfühlsamen, respektvollen Erwachsenen, der sich dem Kind voll zuwendet und versucht, seine Bedürfnisse zu verstehen. Maria Montessori sprach oft von dem „demütigen Erwachsenen", der unverzichtbar ist, damit ein Kind wirklich aufblühen und sich sein innerer Bauplan erfüllen kann. Selbständigkeit, Verantwortung, Intelligenz, Kreativität, Mitgefühl, Respekt – alles ist im Kind bereits angelegt und zeigt sich, wenn die Zeit reif dafür ist. Wenn wir versuchen, diese Qualitäten vor ihrer Zeit zu lehren, verhindern wir eher das, was wir erreichen möchten. Das heißt, daß es einfach Folgen hat, wenn wir gegen gewisse Grundprinzipien des Lebens verstoßen, und daß wir uns dem sich entfaltenden Leben nur zuwenden und ihm dienen, es aber nicht bestimmen oder lenken können, wenn wir den inneren Bauplan der Kinder respektieren wollen.

In unserer Arbeit im Verein *Mit Kindern wachsen*, in Elterngesprächen und Fortbildungen für Erzieherinnen werden wir immer wieder danach gefragt, wie die jeweilige vorbereitete Umgebung für Kinder denn nun konkret aussehen sollte. Diese Fragen bringen uns in einen gewissen Konflikt. In vielen Montessori-Einrichtungen zum Beispiel wird in Relation zur inneren Haltung des Erwachsenen zuviel Wert auf das von Maria Montessori beschriebene pädagogische Material gelegt. Ohne die entsprechende innere Haltung der Erwachsenen ist allerdings die vollkommenste vorbereitete Umgebung nur wenig hilfreich. Eine entsprechende vorbereitete Umgebung ergibt sich daraus, daß wir uns Kindern wirklich zuwenden, daß wir uns in sie einfühlen, sie wahrnehmen, herauszufinden versuchen, was sie gerade interessiert, woran sie „arbeiten", was sie fasziniert.

Wenn sich unser Kleinkind zum Beispiel für unser chinesisches Teeservice zu interessieren beginnt und ständig versucht, den Deckel von der Kanne herunter- und wieder hinaufzubefördern, können wir sehen, daß gerade dies sein derzeitiges Interesse ist, und ihm verschiedene Gegenstände in seine vorbereitete Umgebung legen, mit denen es dies ausgiebig tun kann. Oder wenn es entdeckt, wie schön es scheppert, wenn man Dinge aneinanderschlägt, können wir ihm unzerbrechliche Gegenstände zur Verfügung stellen, mit denen es dann experimentieren kann, soviel es will. Indem wir so mit Kindern in Kontakt sind, zeigt sich uns, was sie gerade brauchen und welche Dinge gerade geeignet sind, um ihre Umgebung anzureichern.

Es kann sehr aufschlußreich sein, wenn wir die Überlegungen von Maria Montessori oder anderen großen Pädagogen aus ihrer konkreten Arbeit heraus zu verstehen suchen. Sie hat ihre Arbeit mit armen Kindern von der Straße begonnen. Diese hatten reichhaltige Erfahrungen mit unstrukturierten Materialien, mit Wasser, Sand, Erde, Schlamm und so weiter. Für diese Kinder war das strukturierte Material, das Maria Montessori ihnen anbot, eine Offenbarung – es entsprach genau ihrem Bedürfnis, ihre Lebenserfahrung zu strukturieren. Heutzutage sind die meisten Kinder übersättigt mit strukturiertem Spielzeug – was ihnen fehlt, ist häufig die direkte Erfahrung unserer natürlichen Umwelt und der Umgang mit unstrukturierten Dingen. So ist es auch nicht verwunderlich, daß sich viele Kinder, vor allem im Kindergarten, nicht mit derselben Begeisterung auf das „Montessori-Material“ stürzen, wie wir es uns vielleicht wünschen würden. Dieser Umstand führt dann häufig zu Verunsicherungen, oder die Erzieherinnen fühlen sich sogar dazu veranlaßt, die Kinder mehr oder weniger subtil dazu zu bewegen, sich diesem pädagogisch doch so wertvollen Material zu widmen. Dies hat jedoch nichts mehr mit Respekt für den inneren Bauplan des Kindes zu tun.

Rebeca und Mauricio Wild, die ihr Kindergartenprojekt im wesentlichen auf der Basis der Arbeit von Maria Montessori gründeten, erkannten diese Zwickmühle. Statt die Kinder immer wieder auf das schöne Material hinzuweisen, schufen sie reichhaltige Gelegenheiten, daß sie mit natürlichen und unstrukturierten Dingen, mit Wasser, Sand und Erde, spielen können, wenn dies ihr Wunsch ist. Es gibt Holzstücke von unterschiedlicher Form und Größe, Korken, Stoffreste und anderen „Abfall“, der die Kinder zu den verschiedensten Aktivitäten inspiriert. Die Folge ist, daß sich vor allem die Kinder, die in der Stadt aufwachsen und kaum mit unserer natürlichen Umwelt in Berührung gekommen sind, lange Zeit kaum für das „pädagogische Material“ interessieren. Erst wenn ihr Hunger nach reichhaltigen sinnlichen Erfahrungen gestillt ist, beginnen sie sich auch mit echtem Interesse dem strukturierten Material zuzuwenden.

Wir haben es hier also wieder mit einem Problem von Wissen und Verständnis zu tun. Das Wissen um die „richtige" vorbereitete Umgebung kann zur Falle werden, wenn wir die Situation und die Umstände des Kindes nicht berücksichtigen und verstehen. Dasselbe gilt für die vorbereitete Umgebung für Säuglinge und Kleinkinder. Selbst wenn wir alles so einrichten, wie es nach Emmi Pikler sein sollte, nutzt das wenig, wenn wir nicht mit der entsprechenden Haltung anwesend sind. Im Lóczy, dem Säuglingsheim in Budapest, oder bei Maria Montessori ergab sich die vorbereitete Umgebung aus dem, was sie bei den Kindern wahrnahmen. Sie war eine Folge der wirklichen Zuwendung, des echten Interesses. Die Früchte ihrer Arbeit erklären sich also nicht in erster Linie aus der jeweiligen vorbereiteten Umgebung, wenn diese auch durchaus ihre Bedeutung hat, sondern vor allem aus der Präsenz, der Zuwendung, der Bereitschaft, sich in jedes Kind einzufühlen, und dem Wunsch, es in seinem Entwicklungsprozess zu begleiten.

Auf der anderen Seite ist es natürlich auch nicht notwendig, daß das Rad immer wieder neu erfunden wird. Es kann sehr hilfreich sein, auf das bestehende Material zurückgreifen zu können und die Umgebung der Kinder, für die wir verantwortlich sind, entsprechend anzureichern. Wir sollten uns aber hüten zu glauben, daß wir damit unsere Pflicht erfüllt haben und die Kinder nun ruhigen Gewissens sich selbst überlassen könnten.

Vor diesem Hintergrund sind auch die folgenden Kapitel zu sehen, in denen aufgezeigt werden soll, wie eine für die Entwicklung von Kindern geeignete vorbereitete Umgebung in der Familie, im Kindergarten oder in der Schule aussehen könnte. Es handelt sich dabei noch nicht einmal um Landkarten, sondern vielmehr um Wegweiser, in der Hoffnung, daß diese Mut machen, sich selbst auf den Weg zu machen und sich von den Kindern zeigen zu lassen, was sie in ihrem Land noch brauchen.

Die folgende Beschreibung der kindlichen Entwicklungsphasen geht vor allem auf Joseph Chilton Pearce zurück. Er prägte den zunächst etwas ungewöhnlich klingenden Begriff „Matrix", das lateinische Wort für „Schoß", das jedoch sehr treffend den Bezugsraum beschreibt, der für das Kind in jeder Entwicklungsphase notwendig ist, da es gleichzeitig den Raum für die mögliche kreative Entwicklung wie auch den Schutzraum beinhaltet.

Der biologische Plan für die Entwicklung der Intelligenz beruht auf einer Reihe von Matrix-Wechseln. Von diesem Wort leiten wir Materie, Material, Mater, Mutter und andere ab; sie verweisen auf den Grundstoff, aus dem das Leben gemacht ist.

Drei Dinge stellt der Schoß dem werdenden Leben bereit: eine Quelle des Möglichen, eine Quelle der Kraft, dieses Mögliche zu erforschen, und einen sicheren Ort für diese Erforschung. Wo immer diese drei Bedingungen erfüllt sind, da ist eine Matrix, und das Wachstum der Intelligenz vollzieht sich durch den Gebrauch der gegebenen Energie zur Erforschung der gegebenen Möglichkeiten in dem von der Matrix gegebenen sicheren Umfeld.

Eine Matrix ist immer weiblicher Natur. Die männliche Samenzelle wird entweder sehr bald von der weiblichen Eizelle aufgenommen, oder sie geht zugrunde. Die Ei-Matrix erhält Kraft, Möglichkeit und einen sicheren Platz in der Uterus-Matrix, diese in der Mutter-Matrix und die wiederum in der Erd-Matrix. Verläßt das Kind den Schoß, so wird die Mutter die Quelle der Kraft und der Möglichkeit und der Ort, wo man sicher ist – Mutter bedeutet also mit Recht Matrix. Später soll die Erde selbst Matrix werden; nicht umsonst sprechen wir von „Mutter Erde". Die Natur ist schon immer als die Seele allen Lebens auf dieser Erde betrachtet worden, daher nennen wir sie auch „Mutter Natur".

Nacheinander lernen wir neue Quellen der Kraft, der Möglichkeit und der Sicherheit kennen und müssen die Fähigkeiten entwickeln, uns mit ihnen auseinanderzusetzen. Den im Anfang konkreten Matrizes folgen im Laufe der Zeit immer abstraktere, bis hin zur Matrix des reinen kreativen Denkens. Jeder Übergang zu einer neuen Matrix bringt unbekannte und nicht vorhersehbare Erfahrungen mit sich – das ist die Voraussetzung für das Wachstum der Intelligenz. Jeder Matrix-Wechsel ist eine Art Geburt, weil wir uns zu größeren Möglichkeiten hinbewegen, aber auch eine Art Tod, denn die alte Matrix muß aufgegeben werden.

Diese Matrix-Wechel vollziehen sich nach einem festgelegten Zyklus. Zunächst muß das Geist-Gehirn-System sein Wissen über seine Matrix strukturieren, ein Vorgang, der wiederum sein eigenes inneres Bewegungsgesetz hat und der auf der sinnlichen Interaktion mit den Inhalten und Möglichkeiten der Matrix beruht. Die dazu notwendige Kraft stellt die Matrix zur Verfügung, und sie bildet natürlich auch die schützende Umgebung, in der diese Erforschung stattfinden kann. So gewinnt und strukturiert das Kind im Uterus bereits ein Verständnis von seiner Umgebung, während Körper und Gehirn sich noch im Aufbau befinden. Körperliche und geistige Reifung sind als ein Vorgang von vollkommener Ausgewogenheit angelegt.

Das Geist-Gehirn-System knüpft geistige und körperliche Bande (Formen der Kommunikation in einer Wechselbeziehung) sowohl mit seiner gegenwärtigen Matrix als auch mit der neuen, in die es an einem bestimmten Punkt des genetisch vorgeprägten Reifungsprozesses überwechseln muß. Schon im Uterus bereitet sich das Kind darauf vor, den Schoß zu verlassen, indem es bereits Brücken der Kommunikation zur Mutter schlägt (die wahrscheinlich teils hormonaler, teils psychobiologischer Natur sind und unterhalb der gewöhnlichen Bewußtseinsschwelle liegen). Durch diesen Brückenschlag ist dafür gesorgt, daß die neue Matrix bereits genügend Punkte der Übereinstimmung mit der alten bekannten Matrix aufweist, wenn der Übergang stattfindet. So kann das Geist-Gehirn-System sich in das Neue einfügen, es kennenlernen und sich aneignen. Niemals würde die Natur das Kind in eine neue Matrix hineinstoßen, ohne es hinreichend vorbereitet zu haben, denn es kann sich dem völlig Unbekannten nicht anpassen, könnte dort also auch nicht überleben.

Wenn wir ein Verständnis von der Matrix strukturiert haben, uns sicher in ihr bewegen können und Verbindungen zur neuen

Matrix geknüpft haben, lösen wir uns aus der Abhängigkeit von der alten Matrix und wechseln auf die nächste Stufe der Entwicklung, in die nächste Matrix, über. Dabei brauchen wir aber die alte Matrix noch, um einen sicheren Stand zu haben. So kann etwa das kleine Kind sich nur zur Entdeckung der Welt aufmachen, wenn es dabei noch den sicheren Grund unter den Füßen hat, den die Mutter ihm bietet. Und später, in etwa nach dem siebten Jahr, kann das Kind nur in die Matrix seiner eigenen Kräfte und Vermögen eintreten, wenn es dabei fest und sicher auf der Erd-Matrix stehen kann. Nach solch einem Übergang gewinnen wir neue Möglichkeiten für eine fruchtbare Beziehung zur alten Matrix. Wir stellen fest, daß wir die Matrix nicht verlieren, wenn wir sie verlassen, sondern daß unser Verhältnis zu ihr jetzt flexibler und noch kreativer geworden ist.

Solange das Kind sich im Uterus befindet, ist es in gewisser Hinsicht ein symbiotisches „Anhängsel" der Mutter; die Beziehung ist nicht flexibel und kreativ, sondern beruht auf reiner Abhängigkeit. Unabhängigkeit ist jedoch die Voraussetzung für eine schöpferische, alle Möglichkeiten umfassende Beziehung zu einer Matrix. So kann die Beziehung zur Mutter erst vollständig werden, wenn das Kind nicht nur den Schoß, sondern auch das Abhängigkeitsverhältnis verlassen hat. Um in eine umfassende Beziehung mit der Welt eintreten zu können, muß das Kind von seinem siebten Lebensjahr an auf eine bestimmte Art Abstand von der Welt gewinnen. Jede Matrix wird in die nächste einbezogen und erhält dadurch neue Möglichkeiten.

Biologisch betrachtet, werden wir bei jedem dieser Matrix-Übergänge durch verbesserte körperliche Voraussetzungen unterstützt; ein Wachstumsschub der Großhirnrinde bereitet uns auf neues Lernen vor, und bei der Verarbeitung der Informationen treten spezifische Veränderungen auf. Im übrigen ist ja, wie bereits gesagt, der innere Antrieb zu einer Handlung immer schon da, bevor die entsprechende Fertigkeit ausgebildet ist; die Natur bereitet uns auf jeder Entwicklungsstufe schon auf die nächste vor. Das Schöne an diesem System ist jedoch, daß wir keine bewußte Erfahrung davon haben; wir müssen nur ganz in jeder dieser Entwicklungsstufen aufgehen und uneingeschränkt auf alles eingehen, was sie zu bieten hat: Jedes dieser Stadien ist in sich geschlossen und vollkommen, das dreijährige Kind ist kein unvollständiges fünfjähriges, und vor allem ist ein Kind kein unvollständiger Erwachsener. Niemals sind wir nur unterwegs – wir sind immer auch schon angekommen.

Natürlich ist das Kind – das mag paradox klingen – andererseits doch ein unvollständiger Erwachsener; das Leben ist ein Strom, in dem nichts bleiben kann, wie es ist. Alles ist nur Vorbereitung für etwas anderes. Doch ist all dies Teil eines unabsehbaren zusammenhängenden Ganzen, das sich unserem bewußten Zugriff entzieht und uns wohl auch gar nichts angeht.

Es ist nicht gesagt, daß die verschlungenen Wege dieses Milliarden von Jahren alten Entwicklungsprozesses unserem kurzlebigen Verstand überhaupt zugänglich sind. Wozu auch?

Die Matrix-Wechsel schreiten vom Konkreten zum Abstrakten fort; von der rein körperlichen Welt des Schoßes, der Mutter und der Erde zur rein geistigen Welt des Denkens. Diesem Vorgang liegt ein in allen Kulturen ziemlich gleiches Zeitschema zugrunde. Die Dauer der einzelnen Abläufe mag variieren, nicht aber ihre Reihenfolge, das heißt, die Reifung kann wohl etwas schneller oder verlangsamt sein, aber es lassen sich nicht einzelne Stadien überspringen oder austauschen, jedenfalls nicht, ohne daß sich eine Menge Probleme daraus ergeben. Wie die Milchzähne vor dem Erwachsenen-Gebiß kommen, so geht auch das konkrete Denken mit all seinen Verästelungen dem abstrakten voraus. Wir können dem Kind bestimmte Formen der Abstraktion vorzeitig, also während seiner konkreten Entwicklungsphase, aufzwingen, aber wir richten damit nur Schaden an (wenn man es auch nicht unbedingt gleich merkt).

Das Wachstum folgt einem automatischen Kreislauf: Wie die neuen Zähne kommen, so auch der nächste Wachstumsschub des Gehirns, die nächste Umwälzung des logischen Verarbeitungsprozesses und der Übergang zur nächsten Matrix. Diese zeitliche Abfolge richtet sich offenbar nach einer Art statistischem Wahrscheinlichkeitsschema, das die Natur im Lauf der Jahrmillionen entwickelt hat. Das Kind im Uterus braucht etwa neun Monate, um sich auf den Matrix-Wechsel vorzubereiten; der Säugling braucht etwa acht oder neun Monate, um die Matrix „Mutter" soweit kennenzulernen, daß er sich an die Erforschung der nächsten Matrix machen kann, der Erde; das Kind braucht etwa sieben Jahre, um sein Wissen über die Erd-Matrix soweit zu strukturieren, daß es von der Mutter als dem sicheren Ort zur Erde selbst überwechseln kann. Und so weiter.

Die lange Abhängigkeit des Kindes von der Mutter hat keine rein psychologischen, emotionalen oder gar sentimentalen Gründe und ist auch nicht Ausdruck der Sorge ums Überleben, sondern hängt mit spezifischen biologischen Funktionen des Gehirn-Systems zusammen. Körperliche Interaktion mit der Mutter (oder einer ständigen vertrauten Pflegeperson) vermittelt dem Kind den Grundbestand an Gehirnmustern, durch die Empfindungen zu Wahrnehmungen verarbeitet werden können. Die Mutter ist die Welt des Säuglings, sein Hologramm und der Inhalt seines Antriebs. Sie ist für ihn Kraft, Möglichkeit und sicherer Standort. Der biologische Plan kann jedoch nicht für Fehlentwicklungen innerhalb einer bestimmten Stufe vorsorgen – das nächste Stadium folgt unter allen Umständen. Das Erscheinen der Milchzähne ist zeitlich ziemlich festgelegt, und mit dem zweiten Gebiß verhält es sich ebenso; daran ändert weder die Art der Ernährung noch der Zahnarzt etwas (allenfalls an Haltbarkeit und Tauglichkeit der Zähne). Und wenn die Pubertät eintritt, fragt sie auch nicht danach, ob der oder die Betroffene (oder die Eltern) darauf vorbereitet ist. So tritt auch der Matrix-Wechsel unweigerlich ein, ob nun alle Vorbereitungen getroffen sind oder nicht.

Entscheidend für den Erfolg ist hierbei, daß die Mutter wirklich der sichere Ort ist, auf den sich das Kind zurückziehen kann. Nur wenn der Säugling sicher weiß, daß die Mutter ihn nicht im Stich lassen wird, kann er stark und mit Zutrauen den Weg in die Kindheit antreten.

Die Natur hat alle nur erdenklichen Sicherungen in den biologischen Plan eingebaut, doch sind bei der Ausführung dieses Plans sehr wohl Katastrophen möglich, denn sie fußt allein auf dem, was innerer Antrieb genannt wird. Ob der Plan erfolgreich ausgeführt wird, hängt direkt davon ab, ob der innere Antrieb des Kindes geeignete Inhalte erhält. Ob ein Inhalt richtig ist, bemißt sich daran, ob er dem jeweiligen Entwicklungsstand angepaßt ist. Der biologische Plan ist zum Scheitern verurteilt, wenn das Vorhaben der Natur nicht mit angemessenen Inhalten unterstützt, sondern durch Absichten der von Angst getriebenen Eltern oder der Gesellschaft untergraben wird. Interaktion kann nur stattfinden, wo Antrieb und Inhalt zusammenpassen. Falsche Inhalte bringen nur Rückschritt und kein echtes Wachstum. Entsteht ein Mißverhältnis von Antrieb und Inhalt, so wird das Kind Angst entwickeln. Die Wechselwirkung mit der Matrix bricht dann zusammen, das Kräftewachstum macht halt, während doch zugleich der vorgeprägte Reifungsprozeß unbeirrt abläuft. Dadurch bleibt die Interaktionsfähigkeit des Kindes weiter und weiter zurück, und immer mehr Energie muß für Kompensationen aufgewendet werden. Die Intelligenz ist weitestgehend damit beschäftigt, die erste Matrix funktionstüchtig zu machen, und schließlich bricht das ausbalancierte System von Geist und Gehirn zusammen, wird seine fließende Ausgeglichenheit zerstört.

Was tun wir aber, wenn Kreativität und reines Denken sich nicht recht entwickeln wollen? Wir versuchen, unsere Kinder früher und immer früher zum abstrakten Denken zu bewegen. Dies ist jedoch keine Lösung. Wir sollten lieber den Weg für eine umfassende Interaktion mit der Erde ebnen und alle abstrakten Ideen so weit wie möglich fernhalten, damit sich ausreichend konkrete Strukturen als Grundlage für spätere Abstraktionen bilden können.

Unser drei Milliarden Jahre altes Erbe ist wahrhaft voller Wunder, die uns mitgegebene Verheißung von unendlicher Reichweite, aber dieser biologische Plan muß unterstützt werden, und deshalb wird es Zeit, daß wir ihn endlich zur Kenntnis nehmen und etwas über seinen Inhalt erfahren. Wir wußten etwas von diesem Plan, als wir etwa sechs Jahre alt und voller Spannung, Sehnsucht und freudiger Erwartung waren. Natürlich kam alles anders; und selbst als es geschah, wußten wir noch intuitiv, daß alles so falsch war. Angst-Konditionierung, so tief und alles durchdringend in uns verwurzelt und ständig und überall erneuert und verstärkt, hat dieses tiefe Wissen schließlich zugeschüttet.

Es liegt nun an uns, das Vertrauen in die dem Leben und dem inneren Bauplan des Kindes innewohnende Kraft zu erneuern. Der einzige Weg, dieses Vertrauen wiederzufinden, besteht wohl für die meisten von uns Eltern darin, daß wir uns ganz auf unsere Kinder einlassen, denn nur sie geben diesem Vertrauen offen Ausdruck. Wir sitzen in einer Art Zwickmühle: Nur durch Vertrauen können wir den Lebensprozeß in uns erschließen und unsere Kinder angemessen ins Leben begleiten, und nur indem wir angemessen auf die Kinder eingehen, öffnen wir uns wieder für Vertrauen und unsere eigene innere Kraft.

Unser erster Schritt sollte sein, zu überlegen, ob es nicht auch sein könnte, daß die Natur wußte, was sie tat, als sie diesen Milliarden von Jahren umfassenden Entwicklungsplan entwarf. Der biologische Plan sorgt dafür, daß der Säugling genau die Fertigkeiten mitbekommt, die er braucht, um mit seiner Mutter als Matrix eine tragfähige Bindung einzugehen. Ist dieses entscheidende Ziel erreicht, so gibt ihm die Natur wiederum die körperlichen und geistigen Werkzeuge, die er braucht, um langsam – von seinem sicheren Ort bei der Mutter aus – sich selbst und die Welt um ihn herum zu erforschen.

Die ersten Lebensjahre

Wenn wir ein Kind darin unterstützen, daß es sich sicher und angenommen fühlt, daß es fühlt, daß „sich jemand wirklich tief für mich interessiert“ – einfach durch die Art und Weise, wie wir es ansehen und berühren, wie wir zuhören, wie wir auf es achten –, beeinflussen wir die ganze Persönlichkeit eines Kindes und die Art und Weise, wie es das Leben sieht.

MAGDA GERBER

Joseph Chilton Pearce hat beschrieben, wie sich die Entwicklung eines Kindes nach seinem eigenen inneren Gesetz vollzieht. Der innere Bauplan eines Kindes sorgt dafür, daß dieses Wachstum organisch und harmonisch abläuft. Wenn wir diesen inneren Bauplan respektieren, hat ein Kind die besten Chancen, seine inneren Strukturen langsam vom Konkreten zum Abstrakten aufzubauen und so weitestgehend zu entfalten. Doch was heißt es, den inneren Bauplan zu respektieren? Wie können wir diese Erkenntnisse in unserem alltägliches Leben mit unseren Kindern verwirklichen?

Auch wenn es unmöglich ist, sich auf das Elternsein umfassend vorzubereiten, gibt es doch einige Möglichkeiten, die uns dabei unterstützen können, mit dieser ungeheuren Herausforderung besser zurechtzukommen und uns das Leben auf diese Weise etwas leichter zu machen. Die Auseinandersetzung mit der Arbeit von Emmi Pikler und vor allem die Zusammenarbeit mit Anna Tardos an dem Buch *Miteinander vertraut werden* haben mir und meiner Frau sehr geholfen, als wir schließlich selbst Eltern wurden. Vor allem wurde uns deutlich, daß die Pflege eines Kindes keine lästige Pflicht ist, sondern eine immer wiederkehrende Gelegenheit zum Erleben gemeinsamer Freude. Daß das Wickeln eine solch bereichernde Erfahrung sein kann, hätte ich mir nicht träumen lassen. Für mich persönlich wurde es zu einer Art Achtsamkeitsritual, das mir half, wirklich zu Hause in meiner Familie anzukommen, wenn mich mein Sohn nach meiner Rückkehr aus dem Büro mit einer vollen Windel empfing. Für ihn wurde der Wickeltisch zu einem seiner Lieblingsplätze und als er schließlich sprechen konnte, rief er mich mit den Worten zum Wickeln: „Komm mal, ich habe ein Geschenk für dich!"

Da sich der Ansatz von Emmi Pikler in den letzten 50 Jahren vor allem in einem Säuglingsheim entwickelt hat, ist es nicht immer leicht, das für sich selbst herauszunehmen, was auch für die eigene Familiensituation paßt. Vor kurzem nun stießen wir auf die Bücher von Magda Gerber, die den Ansatz von Emmi Pikler auf sehr einfühlsame Weise auf die Familiensituation übertragen hat. Sie lernte Emmi Pikler in Ungarn als Kinderärztin ihrer damals vierjährigen Tochter kennen. Sie war tief beeindruckt von der Art und Weise, wie diese Ärztin auf ihre Tochter einging und mit welchem Einfühlungsvermögen und Respekt sie sich ihr zuwandte. So entschied sie sich, sich auch weiter von Emmi Pikler begleiten zu lassen und war so überzeugt von ihrer Art und Weise des Umgangs mit Säuglingen und Kleinkindern, daß sie später mit ihr zusammenarbeitete und sich eingehend mit diesem Ansatz befaßte. Dann wanderte sie nach Amerika aus, wo sie 1972 von dem Kinderarzt und Professor an der Stanford University, Dr. Tom Forrest, gebeten wurde, mit ihm in einem speziellen Programm für Kinder mit besonderen Bedürfnissen zusammenzuarbeiten. Dieses Projekt stellte sich als außerordentlich erfolgreich heraus, die Kinder entwickelten sich trotz ihrer Behinderungen und obwohl sie keinen besonderen Therapien unterzogen wurden, sehr gut. So beschlossen sie, nach Beendigung dieses Programms, ihre gewonnenen Erkenntnisse auch weiterhin für Eltern und Menschen, die mit Kindern arbeiten, zur Verfügung zu stellen. Dies war die Geburt von RIE (Resources for Infant Educarers), einer gemeinnützigen Organisation*,

* Der Verein Mit Kindern wachsen bietet seit einigen Jahren in Zusammenarbeit mit Anna Tardos, Mitarbeiterinnen von RIE und anderen erfahrenen Referenten ein ähnliches Fortbildungsprogramm auch im deutschsprachigen Raum an. Näheres unter der Adresse auf Seite 236.

die ein differenziertes Aus-und Fortbildungsprogramm für Erzieherinnen, Kinderkrankenschwestern, Geburtsvorbereiterinnen, Eltern und andere Interessierte anbietet. Die Grundlagen dieses Ansatzes möchte ich im Folgenden kurz vorstellen und einige Hinweise geben, wie eine vorbereitete Umgebung für die erste Zeit aussehen könnte.

Der Kern der Arbeit von Emmi Pikler ist der tiefe Respekt für jedes einzelne Kind. Dieser Respekt ist aber nicht nur als Philosophie zu sehen, sondern er zeigt sich in jeder Interaktion mit dem Säugling oder Kleinkind. Nie wird es als Objekt behandelt, sondern als einzigartiges menschliches Wesen, das unsere volle Zuwendung verdient. Das zeigt sich in ganz alltäglichen kleinen Gesten – in der Art und Weise, wie wir ein Kind wickeln, wie wir ihm das Essen reichen, wie wir ein Kind darüber informieren, was wir als nächstes mit ihm vorhaben, wie wir seine Reaktionen abwarten und auf diese eingehen, wie wir es einbeziehen in das, was wir mit ihm tun, wie wir mit ihm sprechen usw. Von Anfang an wird dem Kind erlaubt, aktiv an seiner Pflege teilzuhaben, statt daß einfach etwas mit ihm gemacht wird. Gleichzeitig wird ihm ein Raum zur Verfügung gestellt, in dem es seine Umgebung aktiv erforschen kann, ohne sich allzufrüh an unsere Kultur anpassen zu müssen. Wir stellen ihm eine Art kulturfreie Zone zur Verfügung, in der es ohne Gefahr seinen Interessen und Bedürfnissen nachgehen kann und ohne daß es durch Verbote oder Strafen ständig in seinem Forscherdrang gestoppt wird.

Respektvoll mit einem Kind umgehen heißt also, es so anzunehmen und zu lieben, wie es ist, und ihm die Zeit, den Raum und die Unterstützung zu geben, daß es die Welt auf seine eigene einzigartige Weise entdecken und seine Erfahrungen selbst bewerten und ihnen Bedeutung geben kann. Und es heißt, sich immer wieder in die Kinder einzufühlen und ihre Welt auch aus ihren Augen zu sehen. Das heißt, daß wir ihren Drang zum Lernen aus Erfahrung schätzen und ihnen Raum und eine entsprechende Umgebung bieten und daß wir anerkennen, welch ungeheuren Wert selbstinitiiertes Lernen für ihre Entwicklung hat.

Es heißt aber auch, dem Kind und uns selbst Grenzen zu setzen, wenn dies notwendig ist und wenn innerhalb der Grenzen genügend Raum für die Erfüllung echter Bedürfnisse bleibt.

Magda Gerber hat für den respektvollen Umgang mit dem Säugling und Kleinkind einige hilfreiche Hinweise gegeben, die ich hier wiedergeben möchte:

- **Vorbereitung.** Bevor Sie sich der Pflege eines Säuglings widmen, ist es sinnvoll, alles, was Sie für diese gemeinsame Aktivität brauchen, vorher bereitzulegen. So werden Sie während der Pflege nicht von der Suche nach einer Windel, der Creme, einem Löffel, einem Glas oder was auch immer abgelenkt und können dem Kind und der gemeinsamen Aktivität wirklich Ihre volle Aufmerksamkeit widmen.

- **Nehmen Sie wahr, was ein Kind gerade tut.** Wenn ein Kind in eine Aktivität vertieft ist, unterbrechen Sie es nicht abrupt, sondern warten Sie auf den richtigen Moment, um es anzusprechen und auf das vorzubereiten, was Sie mit ihm tun wollen.

- **Beschreiben Sie Ihrem Kind, was Sie als nächstes mit ihm tun wollen.** Es ist sehr hilfreich, wenn Sie sich dieses Verhaltensmuster im Umgang mit Ihrem Kind von Anfang an angewöhnen. Auch wenn das Kind den Sinn Ihrer Worte anfangs nicht versteht, wird es Ihre Worte und den Klang Ihrer Stimme sehr bald mit Ihren Gesten und Handlungen verbinden, und so wird seine Vorfreude und Kooperationsbereitschaft auf das Zusammensein mit seinen Eltern stetig wachsen.

- **Kommunizieren Sie mit dem Kind.** Wenn Sie die Aufmerksamkeit des Kindes auf sich gelenkt haben, sagen Sie ihm, daß Sie nun gemeinsam etwas tun wollen. Nehmen Sie irgendwelche Spielzeuge oder Objekte vorsichtig aus seiner Hand, während Sie beschreiben, was Sie tun, und sagen Sie ihm, daß Sie es nun aufnehmen werden. Strecken Sie die Arme aus und warten Sie auf eine Antwort. Heben Sie Ihr Kind möglichst nie plötzlich oder von hinten kommend auf. Machen Sie sich dieses Verhaltensmuster möglichst früh zur Gewohnheit, auch wenn Ihr Kind anfangs keine sichtbare Reaktion zu zeigen scheint. Auf diese Weise kultivieren Sie eine Zwei-Wege-Kommunikation, die das Kind respektvoll mit einbezieht.

- **Beschreiben und zeigen Sie Ihrem Baby, was Sie gerade tun, Schritt für Schritt.** Wenn Sie es zum Beispiel ausziehen, begleiten Sie all Ihre Aktivitäten mit Worten: „Jetzt lege ich dich erst einmal hin. So, liegst du gut? Ja, jetzt ziehe ich dir die Jacke aus. Läßt du mich bitte an den obersten Knopf? Ja, vielen Dank. Und nun der nächste …" Erlauben Sie Ihrem Baby, den Pflegehandlungen zu folgen und aktiv an ihnen teilzunehmen, mit Ihnen Augenkontakt aufzunehmen, Ihr Gesicht zu studieren, durch Laute mit Ihnen zu kommunizieren, Spiele zu initiieren, Ihren Handlungen zu folgen und mit Ihnen in einen wirklichen Dialog zu treten.

- **Lassen Sie sich und Ihrem Baby Zeit.** Damit Ihr Baby aktiv an dem teilnehmen kann, was Sie mit ihm tun, ist es notwendig, alles, was Sie mit dem Kind tun, zu verlangsamen. Das wird sicher nicht ganz einfach sein. Aber es lohnt sich, denn Ihr Kind wird wesentlich mehr in sich ruhen, zufriedener sein und Ihnen dann auch mehr Raum für Ihre eigenen Aktivitäten lassen, als wenn Sie es in Ihren eigenen Rhythmus zu zwängen versuchen.

- **Versuchen Sie so anwesend wie möglich zu sein.** Wann immer Sie Ihr Baby pflegen, versuchen Sie so präsent wie möglich zu sein, aber ohne sich dabei anzustrengen. So werden Sie die gemeinsame Zeit mit Ihrem Baby sogar genießen können. Wenn Sie immer nur halb anwesend sind, wenden Sie sich Ihrem Baby nie wirklich zu. So bleibt es hungrig nach Aufmerksamkeit. Wenn Sie sich hingegen voll zuwenden, so wird es „satt" an Aufmerksamkeit und kann sich so der Erforschung seiner selbst oder seiner Umwelt zuwenden.

Diese Hinweise sind sehr allgemein gehalten, und Sie werden sie im Alltag mit Ihrem Kind je nach seinem Alter und seiner Entwicklungsstufe ständig an Neues anpassen müssen. Sie stellen kein Rezept dar, geben aber einen hilfreichen Rahmen, mit unserem Baby wirklich vertraut zu werden und von Anfang an eine harmonische Beziehung zu ihm herzustellen, die immer offenbleibt für Unerwartetes und neue Herausforderungen. Sie lassen Raum zum Improvisieren und dafür, spontan auf Unvorhergesehenes einzugehen. Sie erlauben es, mit unserem Baby wirklich in Kontakt zu kommen, unsere Intuition zu entwickeln und der Einzigartigkeit unseres Babys bewußt zu bleiben.

Geschichte

Erfahrungsbericht einer Mutter

Wir haben von Anfang an versucht, Julia wissen zu lassen, was wir mit ihr tun wollten, bevor wir es dann tatsächlich taten. Obwohl wir von der Bedeutsamkeit einer respektvollen Beziehung überzeugt waren, hatten wir die Kraft und Tiefe dieser Art der Kommunikation zumindest in diesem Ausmaß nicht erwartet. Schnell fanden wir heraus, daß es nicht nur unsere Worte waren, die Julia darauf vorbereiten konnten, was als nächstes kommen würde. Ein Anklopfen, eine Berührung ihrer Hand oder ihres Fußes, Augenkontakt oder die Qualität unserer Hände, wenn wir sie berührten, vermittelte ihr eine Botschaft. Wenn die Botschaft langsam kam und die Handlung unmittelbar folgte, begann sie schon bald, auf unsere nächste Bewegung oder Handlung einzugehen. Aber diese Bereitschaft, zu kooperieren, ist nicht möglich, wenn wir unserer Tochter nicht genügend Zeit geben. Mein Mann und ich waren entschlossen, Magdas Empfehlung zu folgen und im Umgang mit Julia langsam vorzugehen, aber anfangs war uns nicht bewußt, wie langsam „langsam" sein würde. Selbst wenn wir dachten, wir wären langsam, schien Julia manchmal etwas verwirrt zu sein. Wenn wir dann noch langsamer wurden, entspannte sie sich, wurde wacher und nahm wieder mehr Anteil an dem, was wir mit ihr taten.

Am deutlichsten wurde die Bedeutung respektvoller Kommunikation während der täglichen Routinen. Wenn wir zum Beispiel ihre Kleidung wechselten, versuchten wir, sie über alles zu informieren, was wir mit ihr taten. Bevor wir ihr den Ärmel überstreiften, berührten wir sie und beschrieben ihr in einfachen Worten, was jetzt folgen würde. Während der ersten Wochen schaute sie zur Seite, wenn ihre Kleidung gewechselt wurde, aber sie schien trotzdem aufmerksam dabei zu sein. Dann begann sie uns anzusehen, während wir ihre Kleidung wechselten, und beobachtete jede unserer Handlungen.

Bald begann sie auf verschiedene Weise, an ihrer Pflege teilzunehmen. Sie zog ihren Arm zurück, wenn es an der Zeit war, ihn aus dem Ärmel zu ziehen. Ihr wachsendes Interesse am Wechseln der Kleidung machte es zu einer der vergnüglichsten gemeinsamen Aktivitäten. Selbst wenn sie aufgedreht und außer sich war, beruhigte sie sich und wurde aufmerksam, wenn einer von uns mit ihr zum Wickeltisch ging. Ihre Großmutter, die Julia das erste Mal sah, als sie neun Wochen alt war, stellte erstaunt fest, sie habe noch nie ein Baby gesehen, daß sich so gerne umkleiden ließe. Eines Tages, als Julia gerade sehr aufgebracht war, schlug ihre Großmutter spaßeshalber vor, sie umzuziehen, das würde sie vielleicht beruhigen. Und siehe da, kaum nahm sie wahr, daß wir mit ihr zum Wickeltisch gehen wollten, wurde sie ruhig und aufmerksam.

Diese Art der respektvollen Kommunikation machte auch das Stillen zu einem wirklichen Vergnügen. Wenn es Zeit wurde, die Seiten zu wechseln, sagte ich Julia immer, daß ich nun ihr Trinken kurz unterbrechen müßte, wartete für einige Augenblicke und berührte dann mit meinem Finger vorsichtig ihre Lippen. Nach einigen Wochen ließ Julia von sich aus die Brust los, wenn ich ihr signalisierte, daß es Zeit wäre, die Seiten zu wechseln.

Die kulturfreie Zone

In Wirklichkeit trägt das Kind den Schlüssel zu seinem rätselhaften individuellen Dasein von allem Anfang an in sich. Es verfügt über einen inneren Bauplan der Seele und über vorbestimmte Richtlinien für seine Entwicklung. Das alles aber ist zunächst äußerst zart und empfindlich, und ein unzeitgemäßes Eingreifen des Erwachsenen mit seinem Willen und seinen übertriebenen Vorstellungen von der eigenen Machtvollkommenheit kann jenen Bauplan zerstören oder seine Verwirklichung in falsche Bahnen lenken.

MARIA MONTESSORI

Die harmonische Entfaltung von Kindern ist ein natürlicher und darum langsamer Prozeß. Unsere Aufgabe ist es, die rechten Bedingungen dafür zu schaffen, aber nicht, den Prozeß zu beschleunigen. Bringen wir es als Erwachsene fertig, diese inneren Prozesse nicht durch unsere Ungeduld zu stören, sondern ihnen den nötigen Nährstoff zu liefern, so lernt das Kind auf eigenen Füßen zu stehen und nicht sein Leben lang von äußerer Führung abhängig zu sein.

REBECA WILD

In diesem Abschnitt möchte ich noch einmal kurz auf das eingehen, was wir eine kulturfreie Zone nennen. In der traditionellen Erziehung war es vorrangiges Ziel, daß sich die Kinder möglichst früh an die Erwartungen der Erwachsenen und ihre Kultur anpaßten. Sie hatten sich einzuordnen, zu funktionieren, zu gehorchen. Gab es irgendwelche Schwierigkeiten, so waren die Kinder ungehorsam, und die ganze Pädagogik zielte darauf ab, jeglichen Widerstand so früh wie möglich zu brechen und es erst gar nicht dazu kommen zu lassen, daß die Autorität der Eltern und vor allem des Vaters angekratzt wurde. Alice Miller beschreibt in ihren Büchern (vor allem in *Am Anfang war*

Erziehung) ausführlich die sogenannte „Schwarze Pädagogik“, die in dieser krassen Form bei uns zwar Gott sei Dank kaum noch anzutreffen ist, aber wenn wir genauer hinschauen, können wir ihre Nachwirkungen immer noch in uns entdecken. Über unsere Eltern und Großeltern sind sie Teil unseres Erbes, und ihr Einfluß auf unser Denken und Handeln ist nicht zu unterschätzen.

Kinder sind von Grund auf sozial. Sie lieben ihre Eltern, eifern ihnen in allem nach und bringen ein tiefes Bedürfnis nach Zugehörigkeit mit auf die Welt. Wenn sich Kinder grundsätzlich respektiert, gesehen und verstanden fühlen, und wenn sie nicht das Gefühl haben, um ihre Autonomie kämpfen zu müssen, wird es nicht nötig sein, unsere Macht zu gebrauchen, um sie zu dem zu bewegen, was wir von ihnen erwarten oder sie von dem abzubringen, was wir nicht von ihnen möchten. Sie haben eine natürliche Tendenz, mit uns zu kooperieren, wenn wir ihre Signale verstehen und angemessen auf sie eingehen. Damit es nicht zu Konflikten zwischen ihrem Bedürfnis nach Autonomie und ihrem Bedürfnis nach Zugehörigkeit kommt, ist eine kulturfreie Zone in Form einer entsprechenden vorbereiteten Umgebung und einer Beziehung, die auf Liebe, Respekt und dem Verzicht auf Machtanwendung beruht, die beste Voraussetzung.

Was heißt nun „kulturfreie Zone“? Dazu zwei typische Beispiele: Ein junges Paar bekommt ein Kind. Die Freude ist groß, das Kind wächst und gedeiht. Schließlich beginnt es zu krabbeln und interessiert sich zunehmend für seine Umgebung. Sobald es aus seinem Laufställchen kommt, in dem es zunehmend unzufrieden wirkt, macht es sich auf zu immer neuen Exkursionen, die die Mutter mehr und mehr zur Verzweiflung bringen. Die Erde aus der großen Topfpflanze wird umgegraben, der Kühlschrank muß immer wieder vor Erkundungen geschützt werden, und auch die Musikanlage wird immer wieder zum Objekt der Neugierde. Die Eltern sind aber überzeugt, daß das Kind lernen muß, was es darf und was nicht, und gehen immer wieder mit strenger Stimme dazwischen, wenn sich das Kind einem verbotenen Objekt nähert. Andere tragen das Kind einfach viele Stunden mit sich herum und können so die größten Probleme und Zusammenstöße vermeiden.

Wie sieht eine solche Situation nun aber aus der Sicht des Kindes aus? Es ist erfüllt von einem starken Entdeckertrieb. Überall gibt es interessante Dinge zu erkunden. Aber immer, wenn es diesem Trieb folgt, werden die Eltern unruhig oder sogar ungehalten mit ihm. Es kann nicht verstehen, warum uns der Blumentopf, die Vase, der Kühlschrank oder was auch immer so wichtig ist, daß wir eine Erkundung durch das Kind verbieten. Es kann diese logisch-abstrakten Zusammenhänge auch bei der freundlichsten Erklärung noch nicht verstehen. Aber es lernt aus seiner Erfahrung und zwar, daß es immer wieder die Zuwendung und Liebe seiner Eltern verliert, wenn es seinem Forschungsdrang folgt. Wenn sich diese Erfahrung häufig wiederholt, gibt es zwei typische Lösungsmöglichkeiten für das Kind: Entweder es gibt seinen Forschungsdrang auf, verdrängt oder unterdrückt ihn, um die Liebe seiner Eltern nicht zu verlieren, oder, wenn es innerlich sehr stark ist, wird es früher oder später zu dem kommen, was wir Erwachsenen Machtkämpfe nennen. In Wahrheit kämpfen nicht solche Kinder um die Macht, sondern wir! Die Kinder kämpfen ausschließlich um ihre Autonomie und Souveränität!

Aber auch wenn das Kind ständig herumgetragen wird, kann es die Welt nur als weitestgehend passiver Beobachter wahrnehmen. Es spürt zwar die Nähe der Mutter und kann Anteil an ihrem Leben nehmen – für sein eigenes Leben bleibt in dieser Situation allerdings nicht viel Raum. Ich möchte mich hier nicht grundsätzlich gegen das Tragen von Säuglingen aussprechen. Im Gegenteil. Auch ich habe unseren Sohn bei Ausflügen und Einkäufen im Tuch getragen, denn dort fühlte er sich sicher wohler als in einem Kinderwagen. Auch nachts, wenn er größere Probleme hatte, haben wir ihn aufgenommen. Aber gleichzeitig wollten wir ihm auch immer wieder die Möglichkeit geben, sich, seinen Körper und seine Umgebung frei und ohne Eingriffe von unserer Seite zu erkunden. Dabei hatten wir in keiner

Weise das Gefühl, ihn einfach „abzulegen" oder ihn zu verlassen. Wenn er uns brauchte, waren wir für ihn da. Dies ist neben der vollen Zuwendung, wenn wir mit ihm zusammen sind, absolut notwendig, damit er die innere Sicherheit hat, sich auf Entdeckungsreise machen zu können.

Der beste Wegweiser bei einer solchen Frage ist sicherlich das eigene innere Gefühl. Weder sollten wir einen Säugling immer tragen, weil das gut sein soll, noch sollten wir ihn nie tragen, weil das besser sein soll. Benutzen Sie einfach Ihren gesunden Menschenverstand, schauen Sie auf Ihr Kind und folgen sie Ihrer Intuition, Ihrem inneren Gefühl.

Aber kommen wir zurück zu unserem Beispiel: Eine andere junge Familie entdeckt eines Tages ebenfalls, daß ihr Kind sehr beweglich wird und anfängt, seine Umgebung zu erforschen. Da die Eltern diesen Forschungsdrang und mit ihm die Lebendigkeit und Aufgewecktheit ihres Kindes nicht bremsen möchten, teilen sie einen entsprechenden Teil des Wohnzimmers mit einem Gitter ab. Innerhalb des Gitters schaffen sie eine für die jeweiligen Bedürfnisse und Interessen des Kindes anregende Umgebung mit Möglichkeiten für erste Kletterversuche und verschiedenen Dingen zum Erkunden, Entdecken und zum Spielen.

Das soll aber nicht heißen, daß das Kind nur mit Dingen und nicht mit Ihnen spielen soll. Für ein Kind ist es eine besondere Freude, wenn Sie seine Einladung zum Spielen annehmen und auf es eingehen können. Wenn es möglich ist, setzen Sie sich ruhig zu dem Kind in seinen Bereich und warten, ob es nur Ihre Gegenwart genießt oder Sie zum Spielen einladen will.

Wie sieht nun eine solche Situation aus Sicht des Kindes aus? Nehmen wir an, daß die Beziehung zu seinen Eltern grundsätzlich harmonisch ist und sie in der Pflege und bei anderen Begegnungen respektvoll und achtsam mit ihm umgehen. Auf dieser stabilen Grundlage möchte es nun seine Umgebung erkunden. Seine Mutter oder sein Vater sind in Rufweite, um erreichbar zu sein, wenn sie gebraucht werden. Das Kind fühlt sich also sicher und nicht verlassen. Seine Umgebung ist zwar begrenzt (durch das Spielgitter), aber innerhalb dieser Grenzen gibt es viele interessante Dinge zu entdecken, vieles, dem es nachgehen, das es erkunden kann. Solange der Bereich innerhalb des Gitters groß und interessant genug ist, wird es sicher nicht als Gefängnis erlebt, sondern als sein Gebiet, in dem es frei seinen eigenen Interessen und Impulsen folgen kann, ohne auf Erwartungen oder Forderungen seiner Eltern Rücksicht nehmen zu müssen und immer wieder in seinem Forschungsdrang gebremst zu werden.

Eine Mutter und Familientherapeutin sagte einmal in einer Diskussion: „Das mag ja alles schön und gut sein. Aber im Alltag muß ich ständig zwischen der Hausfrau und der Mutter in mir abwägen. Wenn mein Kind zum Beispiel mit einer Tüte Mehl spielen möchte, geht das einfach zu weit." Ich glaube nicht, daß dies unbedingt so sein muß. Wenn ich die Freude sehen kann, die das Spielen mit Mehl einem Kind bedeutet, finde ich vielleicht eine Möglichkeit – im Garten oder in einem Holzkasten in irgendeiner Ecke im Haus, wo ich dem Kind diese Freude ermöglichen kann: eine kulturfreie Zone, wo es seinem Bedürfnis ohne allzu große Folgen für uns selbst und unser Bedürfnis nach Ordnung nachgehen kann.

Geschichte

Die Milchflasche

Diese wahre Geschichte handelt von Stephen Glenn, einem Wissenschaftler aus den Vereinigten Staaten, der auf seinem Forschungsgebiet zu mehreren bahnbrechenden Erkenntnissen gekommen war. Auf die Frage eines Journalisten, ob er sich erklären könne, warum er über so viel mehr kreative Fähigkeiten verfüge als die meisten anderen Menschen, erzählte er folgendes:

Schon als kleines Kind sei er mit einem ausgeprägten Forschergeist ausgestattet gewesen und in diesem Drang von seinen Eltern nie gebremst worden. So erinnere er sich zum Beispiel noch sehr gut an eine Begebenheit, als er gerade einmal zwei Jahre alt war: Auf einer Erkun-

dungstour durch die Küche hatte er es mal wieder auf den Kühlschrank abgesehen. Nachdem er ihn unter einiger Mühe endlich geöffnet hatte, entdeckte er eine Flasche Milch. Das war natürlich hochinteressant und sehr verlockend. Bei seinem Versuch, die Flasche herauszuholen und zu öffnen, rutschte sie ihm jedoch aus der Hand, und der gesamte Inhalt ergoß sich auf den Küchenboden – „ein beachtlicher Milchsee", wie er sich schmunzelnd erinnerte.

Als seine Mutter in die Küche kam, schrie sie ihn weder an, noch hielt sie ihm eine Strafpredigt. Sie stutzte kurz und sagte dann nur: „Na, da hast du ja eine herrliche Schweinerei angerichtet! Eine so riesige Milchpfütze habe ich noch selten gesehen. Willst du noch ein wenig darin herumpanschen, bevor wir alles wieder wegwischen?"

Das hätte er dann auch noch ausgiebig getan. Schließlich sagte seine Mutter: „So, nachdem du eine solch wunderbare Schweinerei produziert hast, sollten wir nun langsam auch alles wieder aufwischen. Möchtest du mir helfen? Du kannst einen Schwamm, ein Tuch oder einen Schrubber nehmen. Was möchtest du am liebsten?" Er entschied sich für den Schwamm, und gemeinsam wischten sie die verschüttete Milch auf.

Dann nahm sie eine leere Milchflasche, füllte sie mit Wasser und stellte sie nach draußen in den Garten zu seinen anderen Spielsachen. Dort konnte er dann seine Experimente mit der Milchflasche fortsetzen, ohne daß es zu weiteren „Unfällen" kam. Vielmehr lernte er, daß er die Flasche gut und sicher tragen konnte, wenn er sie oben am Hals unmittelbar unter dem Rand anfaßte. Es war eine wunderbare Erfahrung.

Stephen Glenn fügte hinzu, durch Begebenheiten wie diese habe er begriffen, daß er keine Angst davor zu haben brauchte, Fehler zu machen. Stattdessen machte er die Erfahrung, daß „Fehler" oder Mißgeschicke die Gelegenheit boten, etwas Neues zu lernen – und das sei schließlich der Kern aller wissenschaftlichen Experimente. Selbst wenn das Experiment nicht funktioniere, könne man daraus wertvolle Erkenntnisse schöpfen.

Dann fügte er noch hinzu, daß er nicht glaube, daß sein Forschergeist größer gewesen sei als der von anderen Kindern. Aber im Gegensatz zu vielen anderen Eltern hätten seine Eltern diesen Drang nicht als Bedrohung, sondern als normal angesehen und ihn in seinen ständig neuen Entdeckungsreisen nicht gebremst, sondern unterstützt. Ein Geschenk, das er allen Kindern wünsche.

Reflexion *Respekt*

Eines möchte ich zu dieser Geschichte noch ergänzen. Es soll mit solchen Beispielen nicht der Eindruck erweckt werden, daß sich unsere Kinder zu hervorragenden Wissenschaftlern oder Genies entwickeln oder daß in anderer Hinsicht etwas ganz Besonderes aus ihnen werden wird, wenn wir nur respektvoll genug mit ihnen umgehen. Allerdings bin ich überzeugt davon, daß ein Umgang, der Kinder nicht von außen bestimmt, sondern es ihnen erlaubt, sich nach ihrem eigenen inneren Gesetz und in ihrer eigenen Zeit zu entwickeln, die besten Voraussetzungen schafft, daß sich ihr inneres Potential so harmonisch wie möglich entfalten kann.

Respektvoll und achtsam mit Kindern leben heißt, ihnen einen Raum zur Verfügung zu stellen, in dem sie so weitgehend wie möglich sie selbst sein können. Auf diese Weise entsteht auch eine vertrauensvolle und harmonische Beziehung zu ihren Eltern, und später, wenn sie älter sind, werden sie auch eher für deren Argumente zugänglich sein und es nicht nötig haben, um ihre Autonomie kämpfen zu müssen. Das heißt natürlich nicht, daß sie sich nicht von uns lösen und nicht ihre eigenen Wege gehen werden. Aber sie werden es nicht nötig haben, sich selbst in erster Linie durch die Abgrenzung von uns zu bestimmen und uns vielmehr als Vertrauensperson schätzen, die immer für sie da ist, wenn sie sie brauchen.

Eine entdeckerfreundliche Umgebung

Wesentlich ist, daß das Kind möglichst viele Dinge selbst entdeckt. Wenn wir ihm bei der Lösung aller Aufgaben behilflich sind, berauben wir es gerade dessen, was für seine geistige Entwicklung das Wichtigste ist. Ein Kind, das durch selbständige Experimente etwas erreicht, erwirbt ein ganz andersartiges Wissen als eines, dem die Lösung fertig geboten wird.

Emmi Pikler

In den ersten Lebensmonaten geht es für einen Säugling erst einmal darum, anzukommen. Die wichtigste Voraussetzung dafür ist eine stabile, zuverlässige und harmonische Beziehung zu seinen Eltern oder den Erwachsenen, die ihn pflegen. Die Qualität dieser ersten Beziehung beeinflußt in erheblichem Maße seine spätere Fähigkeit, tiefe und zuverlässige menschliche Beziehungen eingehen zu können, und sein späteres Verhalten den eigenen Kindern gegenüber. Die Verbundenheit mit den ihm nahestehenden Erwachsenen wird sein ganzes Lebensgefühl, seine emotionale Intelligenz und seine Fähigkeit prägen, sich in andere Menschen einzufühlen, Mitgefühl zu entwickeln und so zu einer menschlicheren Gemeinschaft beizutragen. Die Arbeit von Dr. Emmi Pikler, Anna Tardos oder auch von Magda Gerber zeigt, wie diese Beziehungsqualität zur Basis einer faszinierenden Aufgabe werden kann – der Aufgabe, ein Kind einfühlsam auf seinem Weg ins Leben zu begleiten.

Für die Zeit des Ankommens bedeutet dies vor allem, daß das Kind nicht überstimuliert wird, sondern eine ruhige Umgebung hat, in der es sich mit seiner neuen Lebenssituation vertraut machen kann.

- Jahrelange Erfahrungen haben Emmi Pikler darin bestätigt, daß die Rückenlage für Säuglinge besondere Vorzüge bietet. Dabei sollte die Unterlage relativ fest und waagerecht sein.

Eine zu weiche Unterlage behindert die freie Bewegungsentwicklung, da sich ein Kind nicht von seinem Untergrund abstoßen kann, wenn alles ständig nachgibt. Stattdessen wird es sich „verspannen", um dann doch noch in Bewegung zu kommen.

- Gleiches gilt natürlich für alle Arten von Sitzgelegenheiten, die dem Kind vielleicht einen freien Blick ins Zimmer ermöglichen, es aber weitestgehend zur Bewegungslosigkeit verdammen. Aus diesem Grund ist es auch nicht sinnvoll, ein Kind aufzusetzen, das sich diese Fähigkeit noch nicht selbst erarbeitet hat. Wenn die Eltern einfühlsam auf die Signale ihres Kindes eingehen, fühlt es sich nicht gelangweilt oder verlassen, wenn es auf dem Rücken liegt. Diese Befürchtung entspringt unseren erwachsenen Vorstellungen, haben aber wenig mit der Realität eines Babys zu tun. Wenn wir einmal gesehen haben, wie aufmerksam und konzentriert sich ein Baby der Entdeckung seiner Hände, seiner Umgebung und der Auseinandersetzung mit der Schwerkraft widmet, werden wir nicht mehr auf die Idee kommen, daß es in dieser Situation gelangweilt oder einsam ist. Die Bauchlage wird von Emmi Pikler, neben anderen Nachteilen, vor allem deshalb abgelehnt, weil sie dieses ruhige Entdecken unmöglich macht.
- Ein Laufstall, wie er überall erhältlich ist, kann für einige Kinder beruhigend wirken, da ein großer, offener Raum es womöglich überfordert. Ab dem Moment aber, wo es sich selbständig drehen kann, wird ein solcher Laufstall zum Gefängnis. Nun ist es an der Zeit, dem Kind eine weitere Umgebung zur Verfügung zu stellen, die es ihm erlaubt, ungestört in Neuland vordringen zu können.

Diese vorbereitete Umgebung sollte ebenfalls begrenzt sein, so daß das Krabbelkind nicht zur ständigen Bedrohung der Kulturgüter seiner Eltern wird. Innerhalb dieser Grenzen sollte sie so gestaltet sein, daß sie den jeweiligen Interessen und Bedürfnissen des Kindes entspricht. (Inzwischen sind hervorragend konstruierte Gitterelemente erhältlich, die sehr individuell einsetzbar sind. Nähere Informationen zu diesem

Spielgitter sowie weiteren sinnvollen Ausstattungsgegenständen und kindgerechtem Spielzeug erhalten Sie kostenlos beim Verein *Mit Kindern wachsen* – Adresse siehe Seite 236) Gleichzeitig sollte diese vorbereitete Umgebung nicht so weit von der Mutter oder dem Vater entfernt sein, daß sich das Kind verlassen fühlt. Bei Bedarf sollten die Eltern erreichbar sein. So hat das Kind die innere Sicherheit, die es braucht, um seinem Forscherdrang freien Lauf lassen zu können. Und wie schon gesagt, trägt es natürlich sehr zur gemeinsamen Freude bei, wenn wir dem jungen Forscher oder der jungen Forscherin in ihrem Labor Gesellschaft leisten.

Magda Gerber beschreibt wie sie im *RIE-Institut* Mutter-Kind-Gruppen eingerichtet und Gruppenleiterinnen ausgebildet hat, die Eltern in diesem Prozeß begleiten und die Möglichkeit zu Austausch und gegenseitiger Ermutigung geben können. Darüber hinaus können Mütter und Väter ihre Babys in diesem Umfeld noch besser kennenlernen und werden mit Spiel- und Einrichtungsgegenständen vertraut, die ihnen auch zu Hause von großem Nutzen sein können.* Dabei ist nicht so sehr an das übliche Spielzeug zu denken, sondern eher an unstrukturierte Dinge, die mehr Raum für freies Spielen und Forschen lassen sowie für Dinge, die in jedem Haushalt zu finden sind: verschiedene Schüsseln, Siebe, Bälle, Flaschen und Behälter, die man auf- und zumachen oder ineinanderstecken kann und so weiter. Auch ein größeres festes Kissen und ein Podest aus Holz (ca. 80 x 80 cm und 10 cm hoch) sind für erste Klettererfahrungen sehr geeignet, ohne daß es wirklich gefährlich werden kann.

- Irgendwann kommt der Zeitpunkt, wo auch das größte Spielgitter zum Gefängnis wird. Dann können wir es öffnen und das Kind langsam in die weitere Welt unserer Wohnung vordringen lassen. Diese Ausflüge können uns dann wieder wertvolle Erkenntnisse für die vorbereitete Umgebung des

* Vgl. *Von den Anfängen des freien Spiels* von Éva Kálló und Györgyi Balog.

Kindes verschaffen. Wenn es sich zum Beispiel nicht davon abbringen lassen will, die Erde unserer großen Wohnzimmerpflanze umzugraben, können wir dies als Hinweis nehmen: „Aha, mein Kind spielt gern mit Erde – wie kann ich ihm dies in seiner vorbereiteten Umgebung ermöglichen, ohne daß meine Pflanze oder meine Nerven dabei zugrunde gehen?" Oder wenn es anfängt, unsere Schubladen mit zerbrechlichem Geschirr oder scharfen Messern auszuräumen, kann ich mir sagen: „Aha, Sarah möchte ständig Schubladen auf- und zumachen und Dinge aus- und einräumen. Am besten stelle ich ihr eine kleine Kommode hin, wo sie dies ausgiebig tun kann, und an die Schubladen, wo es wirklich gefährlich oder für meine Nerven zu strapaziös wird, mache ich eine Kindersicherung. Auf dies Weise finden wir Wege, dem jeweiligen Interesse unseres Kindes den nötigen Raum zu geben, ohne dabei unter allzu großen Streß zu geraten.

- Das Spielgitter kann dann irgendwann ganz offen bleiben und zu dem sicheren Ort werden, wo unser Kind zu sich kommen und sich ausruhen kann, um dann wieder zu neuen Exkursionen aufzubrechen.

Die folgenden Abbildungen zeigen, wie sich Kinder in einer solchen vorbereiteten Umgebung bewegen können und welche Freude und Befriedigung ihnen diese Möglichkeit verschafft. (Alle Fotos stammen aus dem Säuglingsheim in Budapest, das als Lóczy bekannt geworden ist.)

Bilder aus dem Lóczy

Hier sieht man eine Zeichnung des Wickelaufsatzes, wie er im Lóczy verwendet wird. Er ist groß genug, daß sich auch das Kleinkind noch frei bewegen kann, und das Gitter verhindert, daß es herunterfällt, wenn es sich plötzlich zur Seite dreht. So bietet er die Möglichkeit, den Säugling ohne Zwang aktiv an seiner Pflege teilnehmen zu lassen.

Die Pflegerin bittet, auf den Hemdärmel weisend, um die Hand des Säuglings.

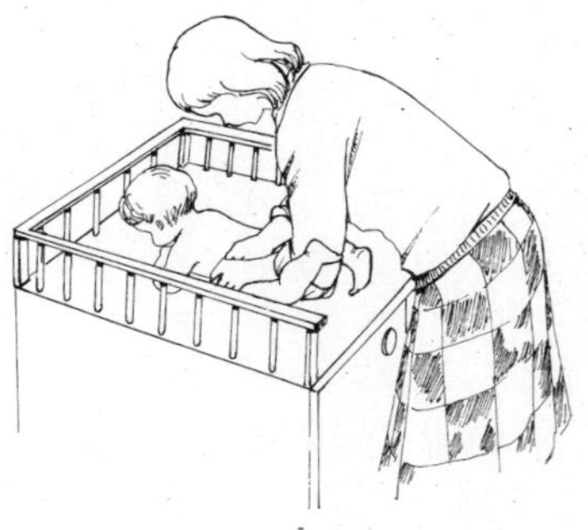

Die Pflegerin bindet die Windel des Säuglings, der sich selbst auf den Bauch gedreht hatte und ihr nun den Rücken zuwendet.

Das Lóczy-Eßbänkchen ist für ein Kind, das selbständig essen lernt, besonders zweckmäßig. Es ist ab etwa anderthalb Jahren geeignet. Bei vielen Kindern ist es auch als Spielbänkchen sehr beliebt.

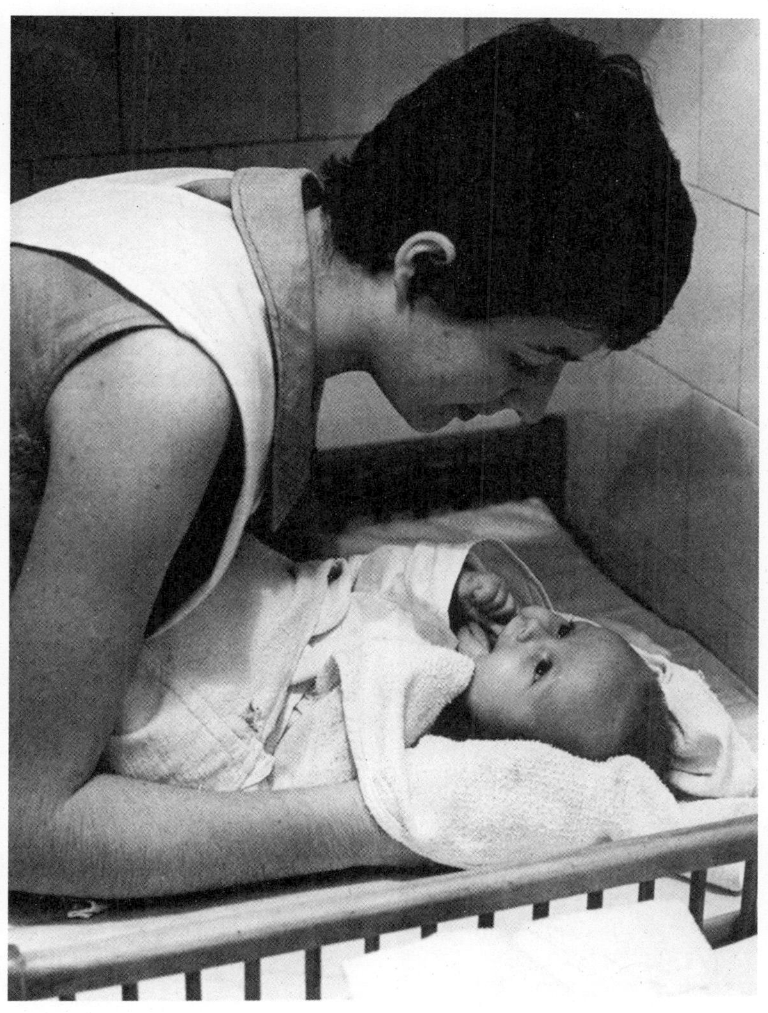

Angela (4 Monate alt) mit ihrer Pflegerin Kathrin.

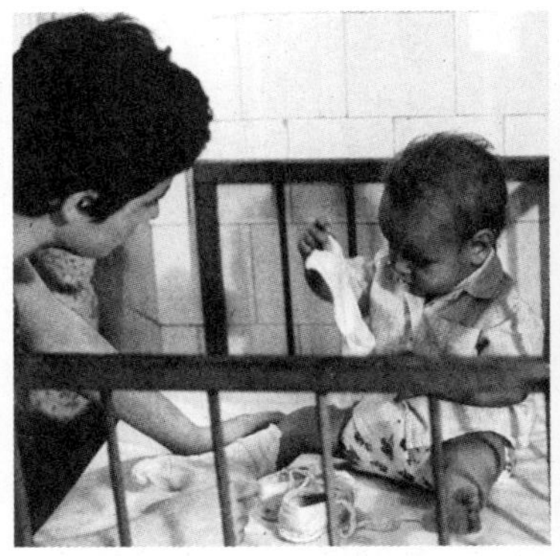
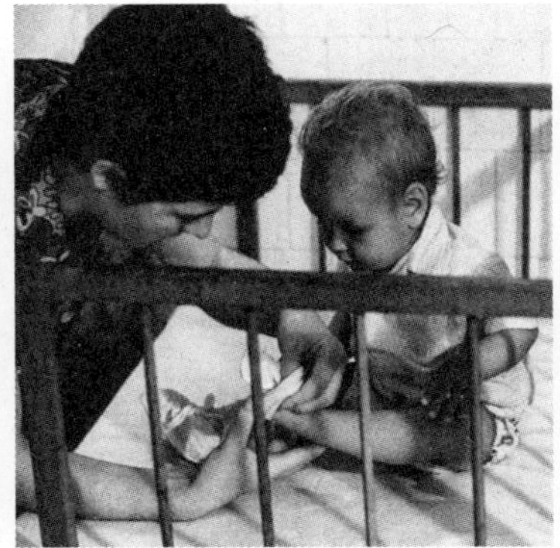

Angela (11 Monate alt) und Kathrin beim Anziehen.

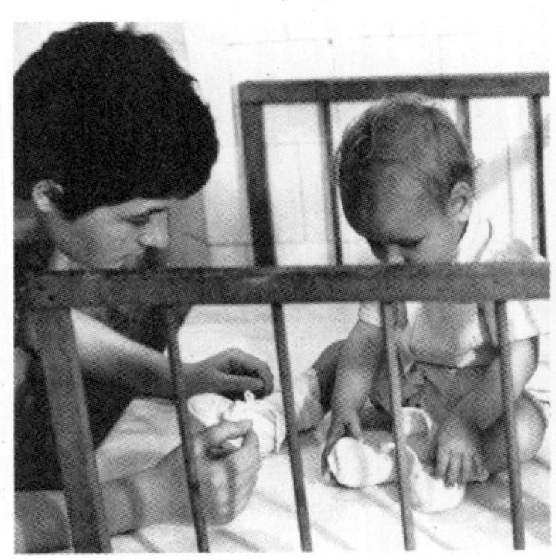
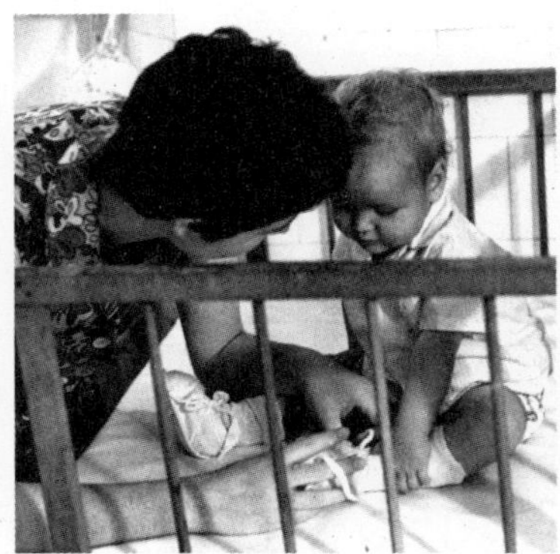

Diese Bildfolge zeigt sehr schön die Beziehungsatmosphäre, wie sie im Lóczy während der Pflege ermöglicht wird. Das inzwischen höhere Gitter bietet den notwendigen sicheren Rahmen und erlaubt es dem Kind auch, sich daran festzuhalten, wenn dies einmal notwendig ist.

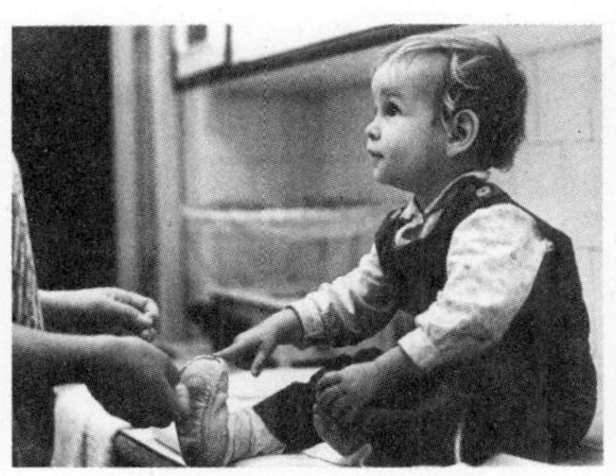

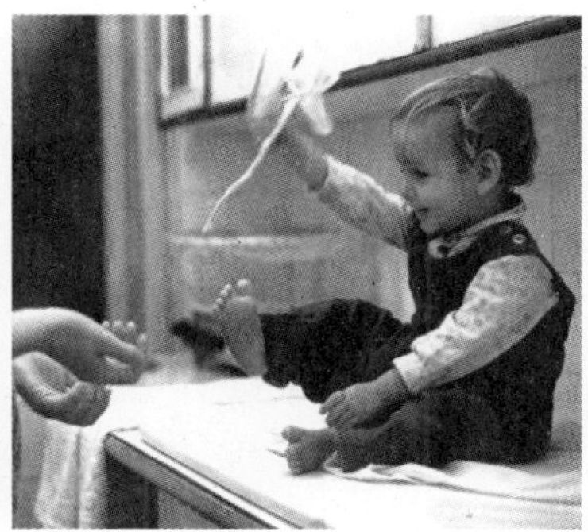

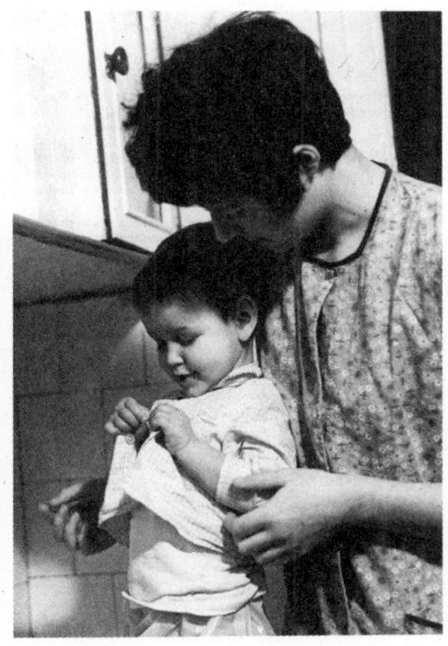

Die Freude „Ich kann's allein" erlebt Angela wiederholt auch bei der selbständigen Bewegung und im freien Spiel.
Die Pflegesituation ist reich an Gelegenheiten, diese Freude zu teilen.

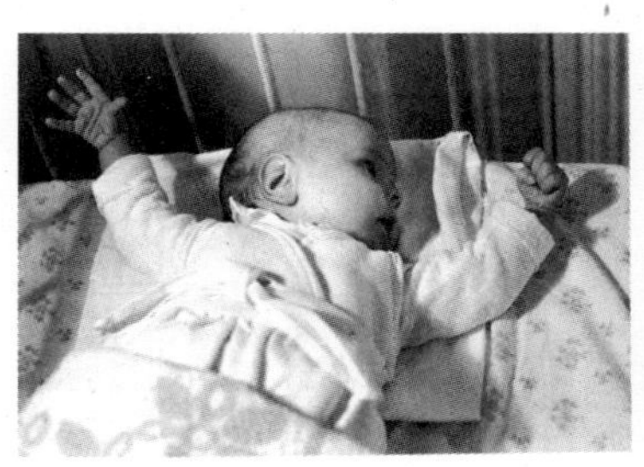

Wie Säuglinge und Kleinkinder die Welt entdecken.

„Wie sieht es aber mit der Pflege aus? Zum Beispiel mit dem Wickeln! Ich muß das Kind doch wickeln und kann es ihm nicht selbst überlassen, ob es dies nun will oder nicht!" Diesen Einwand hören wir recht häufig, wenn es um neue Wege zum Umgang mit Babys geht. Viele Eltern hoffen auf ein Geheimrezept oder einen magischen Trick, der ihnen dazu verhilft, ihrem widerspenstigen Baby die Windeln zu wechseln.

Das muß nicht so sein, wenn wir von Anfang an versuchen, die Pflege unseres Babys zu einem echten Dialog werden zu lassen. Wenn wir uns bewußt machen, daß unser Baby einen großen Teil seiner sozialen Erfahrungen während der Pflege macht – also, während es gestillt, gefüttert, gebadet, gewickelt oder an- und ausgezogen wird –, wird uns vielleicht deutlich, wie wesentlich die Qualität dieses Beisammenseins für seine Entwicklung ist. Von Geburt an antwortet das Baby auf das, was seine Eltern mit ihm tun und wie sie es tun. Es zeigt Freude oder Widerwillen, es spannt sich ängstlich an oder gibt sich vertrauensvoll in die Hände des Erwachsenen, es zeigt, ob es hungrig ist oder schon satt, ob es müde oder wach ist. Wenn wir dem Baby die Möglichkeit geben, unser Tun durch seine aktive Teilnahme zu beeinflussen, so daß die Pflege zu einer harmonischen Kooperation wird, bildet dies eine wesentliche Grundlage für eine harmonische Beziehung, in der Machtkämpfe weitestgehend unnötig werden.

Damit das Wickeln für Eltern und Kind tatsächlich zu einer Erfahrung des freudigen Beisammenseins werden kann, muß die Situation für beide entspannt sein. Streß, Hektik oder Ungeduld sind nicht dazu angetan, eine friedliche und achtsame Atmosphäre entstehen zu lassen. Insofern sollte auch der Wickeltisch so konstruiert sein, daß er eine solch entspannte Atmosphäre unterstützt und es sowohl den Eltern als auch dem Kind ermöglicht, sich bei dieser gemeinsamen Aktivität wohl zu fühlen. Einen Wickeltisch, der diese Bedingungen wirklich zufriedenstellend erfüllt, gibt es kaum zu kaufen – im Gegenteil, die meisten gängigen Wickeltische machen es geradezu unmöglich, beim Wickeln eine entspannte und freudige Atmosphäre zu schaffen. Besonders kraß ist dies bei den Wickelvorrichtungen, die sich über die Badewanne schwenken lassen. Spätestens dann, wenn das Baby soweit ist, daß es sich selbständig auf die Seite drehen kann, muß man es festhalten und in seiner Bewegungsfreiheit massiv einschränken, da es andernfalls herunterfallen würde.

Da Emmi Pikler großen Wert auf eine achtsame, einfühlsame und respektvolle Pflegesituation legte, entwarf sie einen Wickelaufsatz, der ihren Anforderungen gerecht wurde.* Er ist etwa 90 × 70 cm groß und hinten sowie auf den Seiten durch Gitter abgegrenzt, die beim Säugling nur etwa 10 cm hoch sind, beim älteren Kind aber bis 50 cm wachsen können. So wird es dem Kind ermöglicht, sich innerhalb dieser Grenzen frei zu bewegen, es kann sich am Gitter festhalten, wenn es sich beim An- oder Ausziehen festhalten muß, und gleichzeitig erlaubt es ein solcher Wickelaufsatz dem Erwachsenen, ohne Streß mit dem Kind in einen echten Dialog zu treten. Auf den Fotos aus dem Lóczy ist zu sehen, wie eine solch entspannte Atmosphäre aussehen und welche Freude die Pflege sowohl für das Kind als auch für den Erwachsenen bedeuten kann.

Emmi Pikler ist ein wunderbares Beispiel dafür, wie echte Zuwendung, Achtsamkeit und Einfühlungsvermögen zu wirklich neuen Wegen im Leben mit Kindern führen können. Sie gab sich nicht mit Antworten zufrieden, sondern fragte sich ständig von neuem, wie sie angemessen auf die ihr anvertrauten Säuglinge eingehen könnte, damit sie sich trotz ihrer schwierigen Lebensumstände zu gesunden, aktiven und fröhlichen Kindern entwickeln können. Dabei ließ sie sich den Weg von den Kindern zeigen und entdeckte so ständig neue Dinge, die ihr Verständnis von echten Entwicklungsprozessen zunehmend vertieften. Sie hat uns vieles hinterlassen, was uns auf unserem eigenen Weg unterstützen kann, und ihre Arbeit ist von unschätzbarem Wert für alle, die die Lebendigkeit ihrer Kinder erhalten und ihrem immensen Forschungsdrang Nahrung geben wollen.

* Siehe auch die Zeichnungen und Abbildungen ab Seite 126

Selbstinitiiertes Leben, Lernen und Wachsen

> *Seit Jahren signalisieren unsere Kinder uns nun schon, daß sie so, wie wir derzeit mit ihnen umgehen, nicht existieren können. In unserer überängstlichen Sorge, sie nur ja „richtig fürs Leben auszustatten", sind wir blind und taub für ihre Notsignale gewesen, und jetzt verwandelt sich unser ganzes System von Lehrtechniken, Verhaltenskorrekturen und Motivationen in ein Chaos, nicht nur für die Kinder, sondern auch für uns selbst. Vielleicht können wir an diesem für das Überleben unserer Gattung so entscheidenden Punkt etwas anderes unternehmen als nur einen weiteren sinnlosen Versuch, die Löcher in unserem abgewetzten Ideensystem zu flicken. Vielleicht können wir diese winzige Chance ergreifen, die die Geschichte uns gibt, und kehrtmachen. Nicht einfach nur, um ein paar der schreienden Fehler auszuräumen, die wir mit unseren Kindern gemacht haben, nicht nur, um der Verwüstung Herr zu werden, sondern um uns wieder den Jahrmilliarden der Entwicklung zuzuwenden, die in uns liegen, jener unfehlbaren organismischen Weisheit, die unseren Kindern so greifbar deutlich als unbeugsamer Antrieb mitgegeben ist. Lernen wir noch einmal zu lernen, so werden wir diese Weisheit erfahren und unseren Kindern (wie uns selbst) ermöglichen, zu werden, was die Natur im Sinn hatte – freie und unversehrte Individuen.*
>
> JOSEPH CHILTON PEARCE

Mit etwa drei Jahren beginnt eine neue Entwicklungsetappe im Leben von Eltern und Kindern, was auch durch einen auffälligen Sprung in der Gehirnentwicklung des Kindes begleitet wird. Vor solchen Entwicklungssprüngen, die immer wieder auftreten, ist bei vielen Kindern eine besondere Anhänglichkeit festzustellen, die bei manchen Eltern und Psychologen zu der Angst führt, die Kinder könnten regredieren, also in Kleinkindverhaltensweisen zurückfallen. So möchten manche Kinder wieder Baby sein, vielleicht sogar noch mal die Brust der Mutter haben, oder sie beginnen wieder zu krabbeln. Das braucht uns aber nicht zu beunruhigen. Erinnern wir uns an die Entwicklung von Matrix zu Matrix, wie sie Joseph Chilton Pearce beschrieben hat. Wenn sich ein neuer Sprung in der Entwicklung anbahnt, sammeln die Kinder sozusagen noch einmal Kraft – sie nehmen Anlauf und brauchen dafür vielleicht eine Art Rückversicherung. Manchmal holen sie nun sogar Entwicklungsschritte nach, die vorher aus irgendwelchen Gründen nicht ganz abgeschlossen werden konnten. Von daher ist es auch nicht angebracht, die Kinder für ihr anscheinend „babyhaftes Verhalten" lächerlich zu machen. Stattdessen können wir uns spielerisch auf ihre Wünsche einlassen, soweit wir uns dabei wohl fühlen. Auch hier ist es wichtig, dem eigenen Gefühl zu folgen und darauf zu vertrauen, daß dieses anscheinend unreife Verhalten in den allermeisten Fällen durchaus seinen Sinn hat.

Wenn ein Kind das sogenannte Kindergartenalter erreicht, hat es schon unglaublich viel gelernt. Nicht nur die Auseinandersetzung mit der Schwerkraft, die Bewegungsentwicklung und die Sprache, sondern auch vielfältige soziale Verhaltensweisen. Seine Ausflüge von der Geborgenheit der Mutter in die Welt werden größer, seine Selbständigkeit hat im Vergleich zum Säugling stark zugenommen. Entsprechend steigt auch sein Interesse, alles in sich aufzusaugen, was ihm die Welt an Eindrücken zu bieten vermag. Um diesem wachsenden Interesse gerecht zu werden, ist es notwendig, daß die Umgebung des Kindes auch in diesem Alter die Dinge enthält, die seinen veränderten Bedürfnissen entsprechen. Auch hier gilt dieselbe Grundregel, daß es wenig hilfreich ist, dem Kind nun, wo es sprechen und uns verstehen kann, alle möglichen Dinge beizubringen und es formal zu unterrichten. Vielmehr braucht es eine Umgebung, die seine Neugier, seinen Forschungsdrang auch in dieser Entwicklungsphase anspricht und es ihm so ermöglicht, aus seiner eigenen Erfahrung und Auseinandersetzung mit seiner Umwelt zu lernen.

Insofern bieten ein Kindergarten oder eine Kindergruppe viele Möglichkeiten, die Eltern allein kaum bereitstellen können. Kinder bauen zu anderen Kindern soziale Kontakte auf, können aus den unausweichlichen Konflikten lernen, gemeinsam Lösungen zu finden, sie machen Erfahrungen mit Regeln und Grenzen in einem größeren Kontext und haben die Gelegenheit, sich mit allen möglichen strukturierten und unstrukturierten Materialien und Dingen zu beschäftigen. Damit möchte ich jedoch nicht sagen, daß jedes Kind in einen Kindergarten gehen sollte. Jedes Kind ist anders, und seine Reife und Bereitschaft, schon in diesem Alter einen solch großen Sprung weg von der Matrix der Familie hinaus in die große Welt zu machen, ist nicht selbstverständlich.

Als ein Vater in einem Seminar mit den Wilds den Pesta als Paradies bezeichnete, erwiderte Mauricio Wild, der Besuch eines Kindergartens entspreche grundsätzlich nicht dem echten Entwicklungsbedürfnis eines Kindes. Eher könne man den Pesta als eine Art Zoo beschreiben – eine für diese besondere Spezies Mensch vorbereitete Umgebung, zu der sie zum Teil lange Strecken mit dem Bus gefahren werden müßten, um dort ihrer Natur gemäß leben zu können. Dies sei in keiner Weise ein Idealzustand. Wesentlich sinnvoller wäre es, fänden die Kinder die vorbereitete Umgebung dort vor, wo sie leben, so daß sie ihnen jederzeit zugänglich wäre. So könnten sie sich ganz in ihrem eigenen Rhythmus von der Familie in die Welt hinaus begeben und jederzeit zurückkehren, wenn sie dies wollten. Dieser emotionale Rückhalt wäre optimal, sei aber in der heutigen Zeit kaum zu verwirklichen. Insofern sei der Pesta die bestmögliche Lösung, die sie in ihrer Situation gefunden hätten – aber eben kein Paradies und keine Ideallösung.

Auf der anderen Seite ist es für viele Familien oder alleinerziehende Eltern nur in den seltensten Fällen realistisch, ein Kind allein auf seinem Weg in die Welt zu begleiten. Wie Olivier Keller in seinem faszinierenden Buch *Denn mein Leben ist Lernen* gezeigt hat, ist dies jedoch durchaus möglich – sogar bis über das Schulalter hinaus. Er beschreibt die Entwicklung von

Kindern in acht verschiedenen Familien, die sich alle entschieden hatten, ihre Kinder nicht in die Schule zu schicken, ihnen aber auch keinen Hausunterricht zu geben, sondern sie einfach am Leben teilnehmen zu lassen und es ihnen zu ermöglichen, auf ganz ungezwungene Weise ihren Interessen nachzugehen und so zu lernen. Die in dem Buch geschilderten Beispiele sollen keineswegs als Ideal oder Vorbild dienen. Sie können aber aufzeigen, wie Lernprozesse stattfinden, die nicht von außen gelenkt werden, sondern sich organisch aus den Interessen der Kinder ergeben. Ohne Lehrplan oder formalen Unterricht lernen alle Kinder, fast wie nebenbei, Lesen, Schreiben und Rechnen – und vieles mehr. Sie entdecken ihre besonderen Talente und Vorlieben und entwickeln sich zu außergewöhnlich selbständigen und selbstbewußten Jugendlichen.

Auch wenn dieser Weg besonders radikal erscheint, gibt es doch Parallelen zu einem Kindergarten- und Schulprojekt wie dem Pesta oder einigen sogenannten demokratischen Schulen wie der Sudbury Valley School. Der Begriff „Schule“ ist für ein solches Projekt eigentlich nicht mehr zutreffend. Es gibt keine Klassen, keine Noten, keine Zeugnisse, keinen Unterricht im herkömmlichen Sinne, die Kinder können sich jederzeit frei bewegen und sind in keine Klassen eingeteilt – was hat das noch mit einer Schule zu tun? Auch hier gibt es kein Programm, das den Kindern vorgegeben wird, auch hier können sie ihren Weg ganz nach ihren eigenen Interessen und in ihrem eigenen Rhythmus finden. So lernen sie nicht nur die Kulturtechniken, sondern auch Verantwortung zu übernehmen, zu entscheiden, Konflikte zu lösen, zusammenzuarbeiten und neue Lösungen zu selbstgestellten Aufgaben zu finden.

Was bedeutet dieses Wissen um echte Lern- und Entwicklungsprozesse nun für die vorbereitete Umgebung in Kindergärten und Schulen? Zunächst einmal, daß es um eine völlig andere Fragestellung der Erwachsenen geht. Es ist nicht mehr ihre Aufgabe, Kindern etwas beizubringen, sie zu motivieren, zu unterrichten oder ihr Tun auf andere Weise von außen zu bestimmen. Vielmehr geht es darum, ihnen eine Umgebung vorzubereiten, die ihren Bedürfnissen und Interessen entspricht und es ihnen erlaubt, ihr Verständnis von der Welt in ihrem eigenen Rhythmus und ihrer eigenen Zeit aufzubauen.

Eine besondere Bedeutung kommt in diesem Zusammenhang dem Spielen und den freien kreativen Betätigungen von Kindern zu. „Spielen ist die Arbeit des Kindes", sagte Maria Montessori und beschrieb damit eine grundlegende Tatsache, die inzwischen durch zahlreiche Studien belegt wurde. Das Spiel des Kindes ist nicht einfach nur eine nette, aber letztlich unproduktive Tätigkeit, sondern von wesentlicher Bedeutung für seine Entwicklung. Von besonderer Wichtigkeit ist in diesem Zusammenhang vor allem das freie Spiel, das sich spontan, ohne Anleitung von außen ergibt. Spielerisch entdeckt das Kind die Welt; insofern ist das Spielen nicht nur für sein inneres Gleichgewicht von wesentlicher Bedeutung, sondern darüber hinaus ist es die Grundlage für jegliches Lernen. Ein Kind lernt ständig und zwar aus seiner konkreten Erfahrung.

Wir sind zu der Überzeugung gekommen, daß Lehren oder Unterrichten wirkliches Verständnis eher verhindert als fördert. Je weniger wir in den natürlichen Prozeß des Kindes, seine Umgebung zu erkunden, eingreifen, desto mehr können wir beobachten, wie vor allem das jüngere Kind kreativ auf neue Dinge und Situationen zugeht, seine eigenen Lösungen findet, sich ständig neue Fertigkeiten aneignet und wie sich sein Verständnis der Welt auf ganz individuelle Weise entfaltet.

Für die Ichentwicklung des Kindes und die organische Entfaltung seines Verständnisses der Welt ist das selbstinitiierte Lernen, das sich vor allem aus seiner spontanen Auseinandersetzung mit seiner Umgebung – also aus seinem freien Spiel – ergibt, von elementarer Bedeutung, ebenso wie diverse Möglichkeiten für kreative Betätigungen, wie freies Malen, das Schaffen und Gestalten eigener Welten im Kleinformat und anderes mehr, die dem Kind helfen, den Kontakt zu seiner schöpferischen Quelle zu bewahren. Die Versuche, es ständig zu fördern, zum Lernen anzutreiben und ständig etwas von ihm zu erwarten, verhindern langfristig das, was diese Maßnahmen eigentlich erreichen wollen. Die Kinder entwickeln die Symptome des „gehetzten Kindes“, werden lustlos, abhängig von äußerer Stimulation und verlieren ihren Entdeckergeist und ihre Lebensfreude.

Zu seiner harmonischen Entfaltung trägt vor allem bei, wenn wir unsere Wahrnehmung auf das lenken, was das Kind schon alles kann, wie kompetent es ist, was es tut, für was es sich interessiert, und wenn wir diesen Aktivitäten Raum geben und sie angemessen begleiten.

Demokratisch organisierte Schulen haben erkannt, daß Kinder schon frühzeitig in möglichst umfassendem Maße die Möglichkeit haben müssen, Entscheidungen zu treffen, Urteile zu fällen und Verantwortung zu übernehmen, wenn sich diese Fähigkeiten voll in ihnen entwickeln sollen. Die alten bewußtseinseinengenden Lehrmethoden, bei denen vor allem totes Wissen vermittelt wird und bei denen alle Verantwortung und Initiative in den Händen eines Lehrers liegen, haben ausgedient. Sie sind der heutigen Zeit einfach nicht angemessen. Wie sollen Kinder zu selbständigen, kreativen, kooperationsfähigen und verantwortlichen Erwachsenen werden, die nicht nur ausführen, was man ihnen sagt, wenn all diese Fähigkeiten in der Schule nicht nur vernachlässigt werden, sondern zum Teil sogar verboten sind? Interessanterweise wurde dieser Mißstand von der Wirtschaft schon lange erkannt. In dem Buch *Visionen einer Schule der Zukunft* stellen die Autoren English und Hill einen Ansatz vor, der auf Deming, den Begründer des *Total Quality Management*, zurückgeht. Die Autoren betonen, daß die Wirtschaft erst nach Jahrzehnten verstanden und zu schätzen gelernt hat, worum es bei dieser Art der Unternehmensführung geht, und befürchten, daß es im Erziehungswesen mindestens genauso lange dauern wird. Sie machen deutlich, daß Schulen von Grund auf verändert werden müssen. Es müßten Lernzentren entstehen, die bei näherer Betrachtung in vielem dem ähneln, was demokratische Schulen seit Jahren verwirklicht haben.

Auch die Erwachsenen würden in einem solchen Lernzentrum eine völlig andere Rolle spielen. Statt zu unterrichten und Kinder anzuleiten, wäre es nun ihre Aufgabe, sie zu begleiten und in ihrem eigenen Lernprozeß zu unterstützen, so daß die Kinder nicht nur Informationen eingetrichtert bekommen, sondern lernen zu lernen – und so auch zu neuen, angemessenen Antworten auf neue Probleme kommen können. Dies beträfe auch die Erwachsenen in einem solchen Lernzentrum, die sich nicht einfach hinter erlerntem Wissen und einem Lehrplan verstecken könnten. Auch für sie hört das Lernen in solch einem Projekt nie auf – auch für sie ist jedes Kind und jede Situation eine neue Herausforderung, der sie nicht mit alten vorgefertigten Mustern begegnen können.

Wie ein solches Lernzentrum aussehen könnte, möchte ich nun am Beispiel des Pesta aufzeigen. Es könnte an dieser Stelle auch die Sudbury Valley School oder eine andere funktionierende demokratische Schule stehen, aber ich habe den Pesta gewählt, da er am Anfang meiner Reise in das Thema „Mit Kindern wachsen" stand, da ich mich mit diesem Projekt mehrere Jahre intensiv beschäftigt habe und es von daher auch am besten kenne.

Wie der Pesta entstand

Als Rebeca Wild 1961, im Alter von 22 Jahren, das Schiff nach Ecuador betrat, um dort mit dem Mann, den sie erst ein paar Mal getroffen hatte, ein neues Leben zu beginnen, hatte sie nicht die leiseste Ahnung, was sie in diesem Land erwarten würde – es war eine Reise ins Ungewisse und vielleicht auch der Ausbruch aus einer Familienstruktur, die ihr zu eng geworden war. Nachdem sie zunächst wie eine Art Aussteiger in den Tag hineingelebt hatten, begannen sich die Wilds zu fragen, was sie mit ihrem Leben machen wollten. Sie nahmen verschiedene Arbeiten und Aufgaben an, und immer stärker bildete sich in ihnen der Wunsch, ihre Bedürfnisse, ihre Interessen und ihre Arbeit mit den Bedürfnissen der Gesellschaft und des Planeten Erde in Einklang zu bringen. Schließlich entschlossen sie sich, nach New York zu gehen und dort zu studieren – Mauricio Theologie und Rebeca Germanistik und Musik. Einige Jahre später geschah das, womit sie eigentlich nicht mehr gerechnet hatten – Rebeca wurde schwanger.

Die Freude war natürlich groß, aber wie es vielen Eltern geht, waren sie in keiner Weise darauf vorbereitet, das neue Leben entsprechend zu empfangen. Nach knapp zwei Jahren sahen sich die Wilds mit denselben Problemen konfrontiert wie die meisten Eltern überall auf der Welt. Wie Mauricio Wild gern erzählt, waren sie einfach verzweifelte Eltern, die nicht mehr wußten, wie sie mit der ungebändigten Vitalität ihres Kindes umgehen sollten, das sich offensichtlich nicht ohne weiteres an ihr gewohntes Leben anpassen wollte.

Eine Freundin, die die Not der jungen Eltern erkannte, ließ nach einem ihrer Besuche das Buch *Kinder sind anders* von Maria Montessori bei ihnen zurück, und dieses Buch sollte ihr Leben von Grund auf verändern und ihm eine ungeahnte Richtung geben. Das erste Mal hörten sie von der Möglichkeit, sich auf die Bedürfnisse ihres Sohnes einzustellen, statt von ihm zu erwarten, daß er sich nach ihren Vorstellungen richtet, von einer auf seine jeweiligen Entwicklungsbedürfnissen abgestimmten vorbereiteten Umgebung, statt davon auszugehen, daß er sich in ihre Erwachsenenwelt einfügen müsse.

Sie waren fasziniert und begannen sofort, das, was sie gelesen hatten, in der Praxis auszuprobieren. Sie gestalteten ihre Wohnung kindgerechter, versuchten die Welt mehr aus der Perspektive ihres Sohnes zu sehen und wurden prompt mit einem zunehmend ausgeglichenen Kind belohnt. Es geschah das, was Maria Montessori „Normalisierung“ nennt, ein Prozeß, in dem ein Kind zu sich und seinen Interessen findet, wenn seine inneren Bedürfnisse mit dem, was die Umgebung ihm bietet, übereinstimmen. Ermutigt durch diese Erfahrungen, machte Rebeca Wild einen Montessori-Fernkurs und gründete wenig später eine erste kleine Kindergruppe in Puerto Rico. Sie und ihr Mann hatten sich inzwischen entschlossen, New York zu verlassen, da sie diese Stadt nicht als eine geeignete Umgebung für ein Kind empfanden.

Als Rebeca Wild mit der Arbeit in der Kindergruppe begann, hatte sie noch keinerlei Erfahrung. Sie wollte ihrem Sohn einfach eine Umgebung anbieten, in der er gemeinsam mit anderen Kindern seinen Interessen nachgehen konnte. Die Erfahrung in dieser Gruppe bestärkten die Wilds in ihrer neuen Überzeugung, daß Kinder aus eigenem Antrieb lernen und die Welt entdecken; daß es nicht notwendig ist, sie zu stimulieren, sondern daß wir sie nur respektvoll und staunend in diesem Prozeß begleiten und unterstützen können, wenn wir ihrem inneren Bauplan erlauben wollen, sich nach seinem eigenen inneren Gesetz zu verwirklichen. Eine Begebenheit, die ihr Vertrauen in diese innere Kraft maßgeblich prägte, möchte ich hier kurz wiedergeben.

Eines Tages kam ein Junge neu in die Gruppe, der allem, was Maria Montessori geschrieben hatte, zu widersprechen schien. Er wurde am Morgen von seiner Mutter gebracht, setzte sich still in eine Ecke und tat nichts. Absolut nichts! Er saß einfach da und beobachtete, was die anderen Kinder taten. Für Rebeca war das eine ungeheure Herausforderung. Nach dem, was sie bisher erfahren und was sie bei Maria Montessori gelesen hatte, sollten alle Kinder von selbst, also ohne Anstoß von außen, zu ihrer Aktivität finden. Dieser Junge aber schien davon nichts wissen zu wollen. Zunächst dachte sie daran, daß er sich vielleicht verlassen fühlte – so allein in der neuen Gruppe. Aber er machte keinen verlorenen Eindruck. Er schien dazusein, wach zu beobachten – tat aber nichts. Dies ging so den ganzen Morgen und den nächsten Morgen und den übernächsten Morgen. Langsam wurde Rebeca unruhig. Nachmittags schaute sie wieder und wieder bei Maria Montessori nach, diskutierte mit Mauricio, aber sie konnte nichts von einem solchen Fall finden. Er schien einfach nicht vorgesehen zu sein, und so entschloß sie sich, weiter abzuwarten.

Wie man sich leicht vorstellen kann, war dies alles andere als einfach. Ein solches Kind kann einem als leibhaftige Provokation erscheinen, wenn man nicht versteht, was es zu diesem Verhalten bewegt. Immer wieder versuchte sie sich einzufühlen, unterhielt sich mit Mauricio, zog Bücher zu Rate, und immer wieder entschloß sie sich, noch abzuwarten. Dies ging so einige

Wochen lang. Dann plötzlich geschah es. Eines Morgens rollte zufällig ein Ball vor die Füße des Jungen, und zu Rebecas großem Erstaunen schoß er diesen zu der Gruppe von Kindern zurück, sprang auf und begann sich mit den verschiedensten Materialien im Kindergarten zu beschäftigen. Dabei wurde deutlich, daß er tatsächlich sehr genau beobachtet hatte, wie die verschiedenen Dinge gebraucht wurden. Am Nachmittag erzählte sie Mauricio von diesem erstaunlichen Ereignis, und während sie sich noch wunderten, wie es nach dieser langen Zeit dazu kommen konnte, klingelte das Telefon, und die Eltern des Jungen baten um ein Privatgespräch.

Zunächst war Rebeca noch besorgt, ob sich die Eltern vielleicht beschweren wollten, aber die Sorge stellte sich schnell als unnötig heraus. Die Eltern bedankten sich bei ihr mit Tränen in den Augen und wollten wissen, was sie denn mit ihrem Jungen gemacht hätte, daß er sich so verändert habe. Dann erzählten sie, daß der Junge einen Bruder habe, der zwei Jahre älter sei als er und schon in die Schule ginge. Er vergöttere seinen älteren Bruder, was so weit führte, daß er schließlich für sich selbst den Namen seines größeren Bruders benutzte, und auch wenn er von Rebeca, seiner Kindergärtnerin, sprach, verwendete er den Namen der Lehrerin seines Bruders. Man könnte sagen, daß er keine eigene Identität hatte – bis zu jenem Morgen. Er sei an diesem Tag völlig verändert vom Kindergarten nach Hause gekommen, habe ständig „Ich! Ich! Ich!“ gerufen und angefangen, seinen eigenen Interessen nachzugehen – sein eigenes Leben zu leben.

Diese Erfahrung stärkte natürlich das Vertrauen der Wilds in die Selbstregulierungskräfte der Kinder, an ihre Fähigkeit, aus sich heraus ihren Weg zu finden. Die Erinnerung an diesen Jungen half ihnen immer wieder, sich in Geduld zu üben, wenn sie das Verhalten eines Kindes nicht nachvollziehen konnten. Eine entspannte, liebe- und respektvolle und vorbereitete Umgebung ist die optimale Voraussetzung, daß ein Kind in seiner Zeit wieder mit sich und seinen echten Entwicklungsbedürfnissen in Kontakt kommt – dessen waren sie sich sicher, und dies wurde auch durch ihre Erfahrung immer wieder bestätigt.

Als ihr Sohn fünf war, zogen sie wieder nach Ecuador, wo sie eine biologische Farm mit aufbauten. Ihr Sohn kam in die Schule und hatte auf der Farm natürlich eine Art Paradies, in dem er unerschöpflich spielen, reiten und herumstreunen konnte. Schließlich, acht Jahre nach der Geburt ihres ersten Sohnes, kam ein zweiter Junge auf die Welt. Als Rafael zwei Jahre alt wurde, mußte die biologische Farm wegen Geldproblemen der Teilhaber kurzfristig verkauft werden, und die Wilds standen ein weiteres Mal vor einer ungewissen Zukunft. Rebeca, die nun wieder mehr Zeit hatte, dachte, daß es doch schön wäre, für Rafael eine ähnliche Spielgruppe einzurichten wie für Leonardo, und so begann das Unternehmen „Pesta".

Was sich aus diesem kleinen Anfang im Laufe der Jahre entwickeln sollte, davon hatten die Wilds zu diesem Zeitpunkt natürlich noch nicht die geringste Ahnung. Sie dachten nicht einmal daran, daß der Kindergarten eines Tages vielleicht zu einer Schule führen könnte. Aber der Unterschied im Lebensgefühl ihrer beiden Söhne wurde zu dieser Zeit unübersehbar. Rafael war, ähnlich wie früher sein Bruder, voller Tatendrang und Energie, ausgeglichen, fröhlich und zufrieden. An Leonardo fiel ihnen plötzlich auf, daß er zunehmend lustlos wirkte, unzufrieden und gelangweilt war und sich mehr und mehr in sich zurückzog. Offensichtlich hatte das mit seinen Erfahrungen in der Schule zu tun. Erst jetzt wurde ihnen deutlich, wie konträr das Angebot der staatlichen Schule zu dem stand, was sie im Kindergarten versuchten. So reifte mit der Zeit der Entschluß, auch eine Schule zu gründen, die auf den Grundprinzipien Maria Montessoris und dem selbstinitiierten Lernen aufbauen sollte. Leonardo stellten sie frei, die Schule zu verlassen, was er dann nach einer Weile auch tat. Es folgte eine außerordentlich schwierige Zeit, doch nach etwa zwei Jahren entdeckte er seine Liebe zum Schreiben, machte später seinen Highschool-Abschluß und ging in die Vereinigten Staaten, um zu studieren. Seine Liebe zum Schreiben entwickelte sich weiter und heute lebt er als Schriftsteller – vor allem von Science-fiction Romanen – in Ecuador.

Als die Wilds mit der Schule begannen, hatten sie noch keine konkrete Vorstellung davon, wie diese nun eigentlich aussehen sollte. Sie wußten nur, was sie nicht wollten! Aber sie studierten alles, was sie an Literatur zu alternativen Schulprojekten finden konnten, sie befaßten sich mit Gehirnforschung und Neurobiologie, um ein besseres Verständnis von Entwicklungs- und Lernprozessen zu bekommen. Vor allem orientierten sie sich aber an den Kindern, die ihnen anvertraut worden waren. Immer wieder versuchten sie, sich in sie einzufühlen, ihre Interessen wahrzunehmen, und zahlreiche Nächte wurden darauf verwendet, Materialien zu basteln oder zu bauen, damit die Kinder in ihrer Umgebung das finden konnten, was ihren jeweiligen Interessen entsprach.

Die Struktur des Kindergartens im Pesta

Im Alter von etwa drei bis sechs Jahren befinden sich Kinder in der sensomotorisch-emotionalen Entwicklungsetappe. Das heißt, sie erforschen und erfahren die Welt vor allem unter sensomotorisch-emotionalen Gesichtspunkten. Anders ausgedrückt könnte man auch sagen, sie nehmen vor allem die Qualität der Wirklichkeit in sich auf. Wenn sie dazu möglichst umfassend die Möglichkeit haben, können sie diese Erfahrungen verinnerlichen und sich in der konkreten Welt solide verankern, bevor sie sich in abstraktere Ebenen bewegen.

Für die vorbereitete Umgebung bedeutet dies vor allem eine bedingungslose und verläßliche Zuwendung von seiten der Erwachsenen, denn ohne die emotionale Sicherheit, die eine solche Beziehungsqualität bietet, können die Kinder ihren Bedürfnissen nach autonomer Auseinandersetzung mit ihrer Umgebung nicht nachgehen.

Wenn sie morgens mit dem Bus im Pesta eintreffen, wird jedes Kind persönlich von einem Erwachsenen begrüßt. Das soll nicht nur dem Kind vermitteln, daß es hier willkommen ist, sondern gibt den Erwachsenen auch die Gelegenheit, einen ersten Eindruck vom inneren Zustand eines jeden Kindes an diesem Tag zu bekommen.

Nach der Begrüßung kann sich jedes Kind entscheiden, wohin es jetzt gehen will und was es tun möchte. Manche essen vielleicht erst einmal eine Kleinigkeit, manche setzen sich vielleicht auf den Schoß einer Erzieherin, um anzukommen, manche begeben sich gleich zu einem Projekt oder einem Spiel, das sie am Vortag nicht abschließen konnten, und andere wiederum suchen sich ihre Freundinnen und Freunde, um mit ihnen gemeinsam etwas zu unternehmen.

Die ersten zwei Stunden am Morgen gibt es keinerlei Angebote von seiten der Erwachsenen, außer der vorbereiteten Umgebung, die sehr vielfältig gestaltet ist. Im Innenbereich gibt es neben dem klassischen Montessori-Material eine Vielfalt von unstrukturierten und strukturierten Materialien, Spielen, Möglichkeiten zum Malen, Basteln und anderen kreativen Betätigungen. In einer kompletten Wohnung in kindgemäßer Größe, mit Wohn- und Schlafzimmer und Küche, kann im Waschraum, wie in Ecuador noch üblich, in einem Waschtrog Wäsche gewaschen und aufgehängt werden, es kann Gemüse geschnitten werden, es gibt Möglichkeiten, Markt zu spielen, sich zu verkleiden, einen Friseursalon zu besuchen und vieles andere mehr. Im großen Außenbereich bestehen zahlreiche Spielangebote mit Sand, Erde und Wasser, die verschiedensten Klettermöglichkeiten, eine Werkbank, Säge und Werkzeug, ein kleiner Bach, der sich durch das Grundstück zieht, und die verschiedensten Verstecke, in die die Kinder sich auch einmal zurückziehen können.

Nach zwei Stunden wird eine „Saftzeit" ausgerufen, wo der Pesta auch einige kleine Bissen, Obst oder Kekse, zur Verfügung stellt. Die Kinder entscheiden wieder selbst, ob sie diese kleine Pause annehmen wollen oder ob sie gerade Wichtigeres zu tun haben. Diese Pause dient auch einem weiteren Zweck: In diesem Alter leben sie noch weitestgehend außerhalb der Zeit, und so kann ihnen ein gewisser strukturierter Ablauf ein Gefühl für die Zeit vermitteln.

Nach der Pause gibt es das erste Angebot von seiten der Erwachsenen. Das bedeutet, daß ein Erwachsener in einem Bereich des Kindergartens eine kreative oder Bastelarbeit vorbereitet hat, zum Beispiel: Malen, Schneiden, Kleben, Arbeiten mit Holz, Stempeln, Schnitzen, Origami. Damit die Kinder einen Eindruck bekommen, was man mit dem jeweiligen Material tun kann, hat der Erwachsene auch ein Modell hergestellt. Die Kinder schauen dann vielleicht, was für ein Projekt es heute gibt, und entscheiden dann, ob sie daran teilnehmen oder lieber etwas anderes tun wollen. Wenn sie sich für das Projekt entscheiden, gilt die Regel, daß in diesem Bereich auch nur mit dem Material gearbeitet wird, das gerade vorbereitet wurde. Wenn also Schneiden angeboten wird, kann ein Kind in diesem Bereich nicht malen. Wenn es malen möchte, kann es dies aber jederzeit in einem anderen Bereich des Kindergartens tun. Dies ermöglicht ein ungestörtes Arbeiten innerhalb des Projekts, ohne daß ein Kind dabei in seiner eigenen Aktivität gehindert wird.

Bei einem solchen Angebot steht es den Kindern vollkommen frei, ob sie sich nach dem Modell des Erwachsenen richten oder ob sie etwas anderes mit dem jeweiligen Material ausprobieren wollen. Letztlich geht es darum, daß sie die Möglichkeit haben, mit den verschiedensten Materialien Erfahrungen zu machen. Die Freude an der Aktivität an sich steht also im Mittelpunkt. Aus diesem Grund wird auch wenig Gewicht auf das Ergebnis gelegt. Es wird nicht gelobt, getadelt oder interpretiert, und es geht auch nicht darum, den Eltern etwas Schönes mit nach Hause zu bringen. Dies alles würde dazu führen, daß die Kinder einer Aktivität nicht aus innerem Antrieb nachgehen, sondern um Aufmerksamkeit, um Zuwendung zu bekommen. Dies hätte eine Vermischung des Bedürfnisses nach Liebe und des Bedürfnisses nach freier Entfaltung zur Folge. Es sollte nicht notwendig sein, etwas Besonderes oder Schönes zu leisten oder zu sein, um Zuwendung zu bekommen.

Nach dem Projekt gibt es im täglichen Wechsel noch Musik oder Tanz und zum Abschluß des Tages eine Geschichte. All diese Angebote sind freiwillig. Kein Kind muß an einer dieser

Aktivitäten teilnehmen, sondern kann jederzeit frei wählen, was es tun will. Die ganze Struktur dient dazu, ihm vielschichtige und umfassende Erfahrungsmöglichkeiten zu schaffen, so daß es seinem Drang zur Aktivität und Verinnerlichung seiner Umwelt, seinem Drang zum Leben, Spielen und Wachsen voll nachgehen kann.

Die Umgebung im Pesta im Detail zu beschreiben, würde ein eigenes Buch erfordern, und auch dieses wäre am Tag des Erscheinens teilweise schon wieder überholt, da die Erwachsenen ständig nach neuen Dingen Ausschau halten, die die Kinder interessieren könnten und ihnen die Möglichkeit geben, ihren sensomotorischen Bedürfnissen nachzugehen. Es soll hier aber auch nicht verheimlicht werden, daß diese offene Umgebung für einige der jüngeren und/oder sensibleren Kindern eine Überforderung war. Deren Bedürfnis nach mehr Geborgenheit und Überschaubarkeit wurde dann auch in verschiedenen Projekten, die sich im deutschsprachigen Raum von den Wilds inspirieren ließen, berücksichtigt.

Schon bald erweiterten die Wilds das Konzept der vorbereiteten Umgebung um eine weitere Qualität. Damit echte Entfaltungs- und Lernprozesse stattfinden, muß die Umgebung nicht nur vorbereitet, sondern auch entspannt sein. Das heißt, keine aktiven Gefahren dürfen vorhanden sein, keine Forderungen der Erwachsenen und deren Erwartungen dürfen das Tun der Kinder bestimmen. Wie unter anderem auch Frederik Vester aufgezeigt hat, reagiert der Organismus bei Gefahr oder Bedrohung automatisch mit Angriff oder Verteidigung, was echte Lernprozesse unmöglich macht. In einem Klima von Angst, Notendruck und Konkurrenzdenken können sich Kreativität, echtes Verständnis und soziale Kompetenz kaum entfalten. Da Kinder stark von der Zuwendung der Erwachsenen abhängig sind, muß diese Zuwendung bedingungslos sein, damit sie sich frei entfalten können. Wenn sie Angst haben müssen, die Liebe der Erwachsenen zu verlieren, wenn sie ihren ureigensten Interessen nachgehen, werden die meisten Kinder sich anpassen und so ihre eigene Quelle zum Versiegen bringen. Auch in Zukunft werden sie weitgehend davon abhängig sein, was andere von ihnen denken, und ihr Verhalten vor allem nach dieser Bedingung ausrichten.

Damit die Umgebung entspannt ist und so auch echte Entfaltungsprozesse ermöglicht, sind Regeln und Grenzen erforderlich. Wenn zum Beispiel ein Kind immer Angst haben muß, daß plötzlich ein anderes Kind auftaucht, ihm die Schaufel über den Kopf schlägt und ihm dann sein Spielzeug wegnimmt, so wird es sich kaum in seine jeweilige Aktivität versenken können. So lauten also die ersten Regeln: „Hier schlagen wir nicht! Hier nehmen wir anderen Kindern nichts weg! Hier verletzen wir andere Kinder weder mit Worten noch mit Taten!“ Weitere Regeln sind: „Alles, was gebraucht wird, kommt an seinen Platz zurück, wenn wir fertig sind! Was nicht an seinem Platz liegt, ist bereits in Gebrauch und darf von uns nicht benutzt werden! Beim Spielen mit Wasser und Sand eine Schürze anziehen! Der Abfall kommt in den Abfallkorb!“

Das ist im wesentlichen alles. Dabei werden diese Regeln nicht gepredigt oder an die Wand gehängt, sondern der Erwachsene, der für den jeweiligen Bereich zuständig ist, weist auf eine Regel hin, wenn dies notwendig ist. Er ist also zuständig, wenn Konflikte zwischen Kindern entstehen oder wenn die Regeln nicht beachtet werden. Ein wesentliches Element in diesem Ansatz ist, daß Grenzen nur dann als wirklich sinnvoll angesehen werden, wenn sie in Verbindung mit einer vorbereiteten Umgebung stehen –, das heißt, innerhalb der Grenzen muß ein Kind die Möglichkeit haben, seinen echten Entwicklungsbedürfnissen nachzugehen. Dann werden die Grenzen auch nicht als Gefängnis angesehen, und Machtkämpfe können weitestgehend ausgeschlossen werden. Ohne Grenzen wäre eine entspannte vorbereitete Umgebung undenkbar. Sie ermöglichen es erst, daß die Kinder wirklich ihren Bedürfnisse nachgehen können und nicht ständig einen Teil ihrer Aufmerksamkeit für andere Dinge verwenden müssen. Wenn Kinder erleben, daß diese Grenzen auch ihnen dienen und nicht dazu da sind, sie einzusperren und sie ihrer Autonomie zu berauben, werden sie diese akzeptieren und sogar schätzen lernen.

Damit dieser Prozeß des Lebens und Lernens von innen nach außen sich auch wirklich vollziehen kann, reicht es aber immer noch nicht aus, daß die Umgebung vorbereitet und entspannt ist – die Kinder müssen auch innerlich entspannt sein! Nur die wenigsten Kinder kommen ohne Autoritätsprobleme und innerlich entspannt in den Pesta. Die meisten haben schon eine Geschichte, die es ihnen schwermacht, ungezwungen ihrem inneren Drang zur Aktivität und zum Spielen nachzugehen. Vielleicht haben sie sogar schon gelernt, daß das Leben alles andere als freundlich ist, und sich entsprechende Verhaltensweisen zugelegt.

Aber gerade diesen Kindern helfen Erwachsene, die sie nicht als Person verurteilen, sondern sie annehmen, wie sie sind, und gleichzeitig klare Grenzen setzen, daß sie zu ihrem inneren Gleichgewicht zurückfinden. Gleichzeitig wird bei solchen Kindern intensiv das Gespräch mit den Eltern gesucht. Sicher gibt es keine Patentlösungen, die alle Kinder zu friedlichen, aufgeweckten und lebensfrohen Zeitgenossen machen können. Aber wenn die Eltern bereit sind, sich auf ihr Kind wirklich einzulassen, ist alles möglich – das hat sich immer wieder gezeigt.

Neue Wege des Lernens

„… eine Schule, die sich nicht für fertig hält, sondern für etwas Werdendes, daran die Kinder selbst, umformend und bestimmend, teilhaben sollen. Die Kinder in enger und freundlicher Beziehung mit einigen aufmerksamen, lernenden, vorsichtigen Erwachsenen, Menschen, Lehrern, wenn man so will. Die Kinder sind in dieser Schule die Hauptsache.
… Man ist in einer Schule, in der es nicht nach Staub, Tinte und Angst riecht, sondern nach Sonne, blondem Holz und Kindheit.
… Was diese Schule versucht, ist dieses: „nichts zu stören".Man hat das Gefühl: Hier kann man etwas werden. Diese Schule ist nichts Vorläufiges. Da ist schon die Wirklichkeit. Da fängt das Leben schon an. Es ist da mit allen seinen Möglichkeiten und Gefahren.
… Die Eltern gehen in dieser Schule ebenso ein und aus wie die Kinder. … Immer soll von Leben die Rede sein. Wie schön wär es, wenn da auch ein ganz gewöhnlicher Bergmann käme, der schlicht und schwer von seinen schwarzen Tagen erzählt. Und wie für ihn, so steht der Lehrersessel für jeden da, der etwas erfahren hat.
… Denk, wenn ein Zimmermann käme. Oder ein Uhrmacher oder gar ein Orgelbauer, und sie können jeden Augenblick kommen. … Jeder Tag fängt an als etwas Neues … und für alles ist Zeit … Es ist Zeit und Raum in dieser Schule. Es hat etwas um sich herum, etwas Lichtes, Freies, Blühendes.
… Es soll so von Herzen verschieden sein. So aufrichtig anders, so wahr wie nur irgend möglich. … Da ist keiner über dem anderen. Alle sind gleich und alle Anfänger. Und was gemeinsam gelernt werden soll, ist: – die Zukunft."

Rainer Maria Rilke

Wenn es um die Schule geht, wird es noch schwieriger, sich neue Wege auch nur vorzustellen, so fest sind die herkömmlichen Strukturen verwurzelt und so groß sind die Ängste, daß die Kinder keinen beruflichen Erfolg haben, wenn sie nicht entsprechend belehrt und gefordert werden. Dieser Glaube hält sich beharrlich, obwohl die tatsächliche Erfahrung in den heutigen Schulen ganz andere Schlüsse zuläßt. Die Visionen, die sich aus dem *Total Quality Management* ergeben, gehen sicherlich in die richtige Richtung. Die Lernzentren, wie sie in dem Buch von English und Hill beschrieben werden, sind allerdings noch keine Realität. Erste Experimente in diese Richtung haben gerade erst begonnen. Der Pesta hingegen existiert mittlerweile seit mehr als zwanzig, die Sudbury Valley School sogar seit mehr als dreißig Jahren. Die Struktur eines solchen „Lernzentrums" möchte ich wieder anhand des Pesta kurz beschreiben. Gleichzeitig möchte ich betonen, daß diese Struktur aus einem Prozess entstanden ist, der eng mit den Personen Rebeca und Mauricio Wild verbunden ist. Letztlich entscheidet die Qualität der Beziehung zwischen Erwachsenen und Kindern über den Erfolg eines solchen Projektes und nicht das Konzept. Dies war auch die Quintessenz, die David Gribble aus seinem Besuch von zahlreichen alternativen Schulen in der ganzen Welt zog. Die Konzepte und Wege des Lernens waren durchaus unterschiedlich, aber wenn die Beziehung zwischen Erwachsenen und Kindern von gegenseitigem Respekt, Einfühlung und Partnerschaft geprägt waren, waren die Folgen, die sich in den jungen Menschen zeigten, durchaus ähnlich.

Wie kann man sich nun die Primaria, den Grundschulbereich des Pesta, vorstellen?

Wenn die Kinder sechs Jahre alt werden, müssen sie nach dem ecuadorianischen Gesetz eingeschult werden. Nach der Entwicklungspsychologie und den Erfahrungen der Wilds beginnt die entsprechende Entwicklungsetappe aber erst mit circa sieben Jahren. Hier findet ein ähnlich gravierender Wechsel in der inneren Welt des Kindes statt wie bei der Geburt und mit Erreichen des dritten Lebensjahres. Es beginnt die sogenannte operative Phase, daß heißt, es geht nun nicht mehr so sehr darum, die

Qualität der Wirklichkeit zu verinnerlichen, wie dies in der sensomotorisch-emotionalen Etappe der Fall war, sondern darum, durch eigenes selbstinitiiertes Experimentieren und Tun die Gesetzmäßigkeiten der äußeren Welt zu verinnerlichen.

Für diese Phase ist dann die Schule entsprechend vorbereitet. Da die meisten Kinder mit sechs Jahren von der Komplexität in diesem Bereich noch überfordert sind, dürfen sie auch als Schulkinder jederzeit wieder zurück in den Kindergarten, wenn sie die dortigen Regeln beachten. So kommen die meisten Sechsjährigen, nachdem sie stolz mit ihrer Schultüte in den Bereich der „Großen" vorgedrungen sind, schnell wieder in den Kindergarten zurück, da sie sich hier noch wohler fühlen. Bei den meisten dauert es etwa ein Jahr, bis sie sich überwiegend im Schulbereich aufhalten.

Die Wilds gehen davon aus, daß wirkliches Lernen auch auf dieser Entwicklungsstufe nicht durch Belehrung oder Unterricht zu erreichen ist, wie dies in den herkömmlichen Schulen versucht wird, sondern nur aus der konkreten eigenen Erfahrung langsam heranreifen kann. Dafür müssen die Kinder möglichst umfassende Möglichkeiten haben, sich operativ zu betätigen und aus den Folgen ihres Tuns zu lernen. Auch beginnt nun das „regelmachende" Alter. Damit Regeln im Einklang mit den inneren Bedürfnissen stehen, müssen auch Kinder die Gelegenheit haben, mit dem *Aufstellen* von Regeln Erfahrungen zu sammeln. Die wichtigste Gelegenheit hierzu bietet die Vollversammlung der Lehrer und Schüler, die jeweils montags stattfindet und die einzige Pflichtveranstaltung im Pesta ist. Inspiriert wurden die Wilds zu dieser Einrichtung durch die Erfahrungen von Summerhill, wo sich ähnliche Strukturen sehr bewährt haben. Erwachsene und Kinder haben jeweils eine Stimme, und die Vollversammlung ist das höchste Gremium innerhalb der Schule. Unter den Kindern wird ein Schriftführer, ein Präsident und ein Vizepräsident gewählt, die die Versammlung jeweils leiten. Hier können Wünsche über Projekte, aber auch Konflikte oder Beschwerden vorgetragen werden, die im laufenden Betrieb vielleicht nicht gelöst werden konnten. Es wird diskutiert, eventuelle neue Regeln oder Strafen werden festgelegt, Verantwortlichkeiten für bestimmte Bereiche verteilt und so weiter.

Als ich im Pesta zu Besuch war, gab es zum Beispiel Anträge, daß die Schulzeit auf nachmittags verlängert werden sollte und daß sie auch in den großen Ferien weiter zugänglich sein müßte. Ein Lehrer wurde dazu aufgefordert, heruntergefallene Kügelchen des Mathematikmaterials aus den Ritzen im Boden zu sammeln, da er mehrmals beim „Quatschen" mit anderen Erwachsenen erwischt worden war, statt sich den Kindern auch dann zuzuwenden, wenn er gerade mal nicht gebraucht wurde.

Auch die Gesetzmäßigkeiten der Sprache, der Mathematik und der anderen Dinge, die üblicherweise unterrichtet werden, sollten konkret erfahrbar gemacht werden, damit die Kinder zu einem wirklichen Verständnis kommen und nicht nur totes Wissen in sich aufnehmen, um es bei Prüfungen wieder von sich zu geben und dann weitestgehend zu vergessen.

Nehmen wir ein kleines Beispiel aus der Mathematik. Wir alle haben gelernt, wie man mit Brüchen dividiert. Vielleicht erinnern Sie sich noch, daß es da so einen Trick gibt – Brüche werden dividiert, indem man sie mit dem Kehrwert multipliziert. Abgesehen davon, daß die meisten von uns diese formale Regel schon längst wieder vergessen haben, stellt sich die Frage: Warum ist das so? Bei den vielen Seminaren der Wilds, bei denen ich anwesend war, und bei noch mehr Seminaren und Vorträgen, die ich selber gehalten habe, ist erst ein einziges Mal eine Antwort gegeben worden, die akzeptabel war. Ansonsten konnten alle immer nur sagen: „So ist halt die Regel" oder: „So macht man das eben" oder vielleicht auch: „So sind wir halt programmiert worden", was der Wahrheit wohl am nächsten kommt. Im Pesta könnten die meisten Kinder mit eigenen Worten beschreiben, warum das gar nicht anders sein kann. Durch wiederholtes selbstinitiiertes Experimentieren haben sie den Rechenvorgang verstanden und nicht nur abstraktes Wissen erworben. Wenn wir Erwachsenen mit den konkreten Materialien spielen, kann man fast hören, wie es in unserem Denkapparat zu knirschen beginnt, bis es zum befreienden Aha-Erlebnis kommt. Aber wer es einmal versucht hat, bekommt ein unvergeßliches Gefühl dafür, was es heißt, aus konkreter eigener Erfahrung zu lernen.

Damit dieser Verstehensprozeß unterstützt werden kann, haben die Wilds neben dem üblichen Montessori-Material noch viele andere Materialien entwickelt, mit denen die Kinder spielen und so auch lernen können. Da gibt es zum Beispiel spezielle indianische Rechenbretter, spezielle Materialien zum Bruchrechnen, die verschiedensten Rechenrahmen, eine große Vielfalt von Materialien zu Sprache und Grammatik und vieles mehr. Die Materialien sind so aufgebaut, daß sie einen langsamen und organischen Prozeß vom Konkreten zum Abstrakten ermöglichen. Viele Kinder entdecken so selbst die binomischen Formeln oder die Formeln für Wurzelziehen und andere Gesetzmäßigkeiten.

Auch die anderen Bestandteile der Richtlinien für den Unterricht in Ecuador sind von den Wilds in konkret erfahrbares Material umgesetzt worden. Allerdings wird sich kaum ein Kind mit dem ganzen Spektrum befassen, denn was den Pesta von allen anderen Formen des Freiunterrichts unterscheidet, ist eben die „Nichtdirektivität". Das heißt, es gibt keinen äußeren Lehrplan, den ein Kind erfüllen muß, denn hier kann es sich, wie in der Entwicklungspsychologie und der modernen Gehirnforschung gefordert, ganz nach seinem eigenen Interesse und in seinem eigenen Rhythmus mit den verschiedenen Bereichen auseinandersetzen. Echtes Lernen, echtes Verständnis ist nur möglich, wenn die Kinder nicht zum Lernen gedrängt oder aufgefordert werden, sondern wenn sie ihre Aktivitäten wirklich frei wählen können. Niemand kann einem anderen Menschen Verständnis beibringen! Unsere biologische Grundausstattung ist so geartet, daß dieses nur aus der eigenen Erfahrung heranreifen kann. Aus diesem Grund sagen die Wilds, daß bei ihnen den Kindern nichts beigebracht wird. Allerdings gibt es kaum einen Ort, wo eine solch unglaubliche Vielfalt von Erfahrungsmöglichkeiten angeboten wird.

Wenn Kinder zu der Aktivität finden, die gerade mit ihren inneren Bedürfnissen übereinstimmt, können wir sehen, wie sie sich in ihr Tun versenken. Die Welt um sie herum scheint zu verschwinden, und sie gehen vollkommen in ihrer Tätigkeit auf. Diese Art von Aktivität, wenn Innen und Außen übereinstimmen, wird „Flow" genannt, ein Zustand, der nicht nur von einem tiefgehenden Glücksgefühl begleitet wird, sondern auch die beste Voraussetzung für die Freisetzung unseres kreativen Potentials und für außergewöhnliche Leistungen ist. Dieser Zustand der entspannten vollen Aufmerksamkeit ist unmöglich von außen herzustellen – wir können nur versuchen, Bedingungen zu schaffen, die es den Kindern erlauben, in diesen Zustand einzutreten, und nur das selbstinitiierte Lernen, das sich am inneren Bauplan des Kindes, an seinem lebendigen Interesse orientiert, kann dies ermöglichen.

Ab zehn Jahren dürfen immer zwei Kinder gemeinsam für drei Tage im Monat in die Welt der Erwachsenen gehen, um dort Erfahrungen zu sammeln. Der Pesta hat zu diesem Zweck Zugang zu allen möglichen Arbeitsfeldern geschaffen, so daß die Kinder inzwischen auch hier aus einem breiten Angebot wählen können – Restaurants, Hotels, Reisebüros, Autowerkstätten, Schreibbüros, Labors, Arztpraxen, Kindertagesstätten, Bäcker, Läden, eine biologische Farm, die Charles-Darwin-Station und vieles mehr. Sinn dieser Ausflüge ist nicht eine Art Lehre oder daß ihnen dort etwas beigebracht wird, sondern die Möglichkeit zu schaffen, daß Kinder konkrete Erfahrungen in der Arbeitswelt der Erwachsenen machen können. Am Ende schreiben sie dann auch eine Art kleinen Bericht über ihre Erfahrungen, den sich auch andere Kinder ansehen können, wenn sie überlegen, selbst einmal an diese Arbeitsstelle zu gehen. Die Arbeiten sind grundsätzlich unentgeltlich, da sie nicht des Verdienstes wegen ausgewählt werden sollen.

Wenn die Kinder älter werden, entdecken sie vielleicht ein besonderes Interesse für eine bestimmte Arbeit und entschließen sich dann, dort eine längere Zeit zu verbringen. Es ist dann ihre Sache, dies zu organisieren, und sie gelten damit dann als Secundaria-Schüler. Sie wählen sich einen Tutor unter den Lehrern, mit dem sie sich über ihren weiteren Weg im Pesta, aber auch über persönliche Probleme austauschen können. Der Pesta wird nun zu einer Art Matrix (vgl. Reflexion, Seite 101), die ihnen Sicherheit und Rückhalt bietet und aus der die Kinder langsam in die Welt hinauswachsen können.

Innerhalb des Pesta gibt es neben den strukturierten Materialien natürlich auch noch ein großes Außengelände, auf dem auch die älteren Kinder noch vieles finden, was ihren jeweiligen Bedürfnissen entspricht. Es gibt einen Sportplatz, einen sechs Meter hohen Kletterturm, ein Wäldchen, wo Baumhäuser und ähnliches gebaut werden können Innerhalb der Schule ist noch eine Küche, in der sich an jedem Vormittag zwei Gruppen betätigen können, eine Druckerei nach Freinet, wo sie ihre eigenen Texte und Bücher drucken können, und noch vieles mehr.

„Aber was wird aus solchen Kindern? Sind sie überhaupt reif für das wirkliche Leben, wenn sie immer nur tun können, was sie wollen? Das spätere Leben ist doch auch nicht so rücksichtsvoll, darauf muß man sie doch vorbereiten!" Diese und ähnliche Einwände hören wir immer wieder, wenn es um ein solches Lernzentrum geht. Rebeca Wild antwortete einmal so: „Wenn ich weiß, daß es in einigen Jahren eine Hungersnot geben wird, werde ich meinen Kindern nicht schon heute das Essen wegnehmen!" Wenn wir beim Bild des Essens bleiben, könnte man auch sagen, daß ein Neugeborenes nicht dadurch besonders gut auf die spätere Nahrungsaufnahme und Verdauung vorbereitet wird, daß wir es kurz nach der Geburt mit Eisbein, Bohneneintopf oder Hering füttern. Jedes Lebewesen, jede Pflanze entwickelt sich nach seinem eigenen inneren Gesetz, und wir können nur gewinnen, wenn wir lernen, dem Leben mehr zu vertrauen und ihm zu dienen, statt es kontrollieren und bestimmen zu wollen.

Die Erfahrungen des Pesta zeigen, daß die Jugendlichen, die diese Einrichtung verlassen, sehr viel besser im Leben zurechtkommen als diejenigen, die eine normale Schule besucht haben. Dies gilt insbesondere für die Arbeitssuche. Gleichzeitig läßt sich feststellen, daß die Jugendlichen näher bei sich und ihren echten Bedürfnissen sind und eine ganz andere soziale Kompetenz erworben haben, als dies normalerweise möglich ist.

Ich möchte in diesem Zusammenhang nur noch eine Geschichte aus dem Pesta wiedergeben, die mich tief beeindruckt hat und die vielleicht deutlicher machen kann, welche

Prozesse möglich sind, wenn wir den Selbstregulierungskräften von Kindern vertrauen und diese unterstützen, statt sie nach unseren Vorstellungen zu unterrichten.

Veronika war sehr wechselhaft in ihren Stimmungen. Oft war sie voller Energie und interessierte sich für vielerlei Aktivitäten; dann wieder war sie niedergeschlagen, beklagte sich über Schmerzen im Unterleib und zog sich in sich selbst zurück. Im Umgang mit konkreten Materialien spiegelte sich dieses Auf und Ab wider. So konnte sie sich oft nicht erinnern, was sie am Vortag getan hatte. Doch vor allem hatte sie Schwierigkeiten mit dem Lesenlernen. Sie machte sich immer wieder über das Sprachmaterial her und bestand darauf, daß sie Lesen lernen wollte. Doch blieb es beim Abschreiben von kleinen Texten, und die Phonetik konnte sie einfach nicht erfassen. Allmählich zweifelte sie an sich selbst, denn rundherum konnten alle anderen Kinder beim Benutzen des gleichen Materials selbständig lesen und schreiben. Es war wie ein Teufelskreis: Wenn sie niedergeschlagen war, konnte sie sich an nichts erinnern, und das deprimierte sie von neuem.

Wir besprachen diese Problematik immer wieder mit der Mutter. Sie brachte es nur fertig, ihre Tochter in all diesen Jahren nicht unter Druck zu setzen und an ihr herumzudoktern, weil sie in ihrer Arbeit in einem Kinderhort ständig selbst mit problematischen Kindern zu tun hatte, und sich bewußt war, was das Respektieren auch solcher Kinder auf lange Sicht bewirken kann. Und in unserer Analyse bewerteten wir die zahlreichen positiven Zeitspannen, in denen Veronika Freude an praktischer Arbeit und gewissen Spielen hatte, höher als ihre Schwierigkeiten. Besser gesagt, wir vertrauten darauf, daß diese Aktivitäten ihre selbstheilenden Kräfte stärken und sie ihre eigenen Lösungen finden lassen würden.

Veronika war zwölf Jahre alt, als sie schließlich lesen lernte und stellte damit den „Verzögerungsrekord" im Pesta auf. Von einem Tag zum anderen konnte sie plötzlich längere Texte lesen. Ihre Mutter kam in die Sprechstunde und zeigte ihre freudige Verwunderung über dieses Geschehen, vor allem, weil einige Begebenheiten ihr gezeigt hatten, daß sie mit mehr Verständnis las als sie selbst.

In derselben Unterredung teilte sie uns unter Tränen mit, daß sich ihr ihre Tochter eben jetzt in einer Angelegenheit anvertraut habe, von der sie bisher nichts geahnt hatte: daß sie nämlich vor Jahren, als sie noch bei Verwandten untergebracht war, sexuell mißbraucht worden war.

So wurde uns schlagartig ein Zusammenhang deutlich, der uns noch heute davor bewahrt, Kinder, die Schwierigkeiten beim Lesenlernen haben, zu animieren, damit sie mit anderen Schritt halten.

Wir sahen, wie schmerzliche oder traumatische Erfahrungen, die im Organismus verschlossen sind, die Kommunikation sperren können und damit den Zugang zu Kommunikationstechniken erschweren. Doch wenn durch immer neues Erleben von Liebe, Freiheit und Respekt die eigene Sicherheit wächst, gibt es die Möglichkeit, sich zu öffnen, sich anzuvertrauen und die Schleusen zu öffnen.

AUS REBECA WILD: *Kinder im Pesta*

Aber die Geschichte von Veronika geht noch weiter! Als sie fünfzehn Jahre alt war, ging sie mit einer gleichaltrigen Freundin aus dem Pesta auf die Galapagos-Inseln, um für zwei Monate in einem Restaurant Erfahrungen in der Welt der Erwachsenen zu sammeln. Sie war fasziniert von der Möglichkeit, in einem Restaurant mitzuarbeiten und dabei auch ihre ersten Englischkenntnisse zu erproben. Als sie gerade drei Tage dort waren, kündigten zwei Angestellte, und die beiden übernahmen ohne Umschweife deren Aufgabenbereiche. Eine Woche später erkrankte die Besitzerin des Restaurants. Obwohl es Hochsaison war, führten die Mädchen nun eine Woche lang das ganze Restaurant. Die Besitzerin war so beeindruckt und glücklich, daß sie ab sofort eine Dauerpraktikumsstelle für zwei Schüler aus dem Pesta gegen Bezahlung der Flugkosten anbot, die ansonsten für viele eine unüberwindliche Schwelle gewesen wären.

Kinder, die vom Pesta auf Wunsch der Eltern auf eine herkömmliche Schule wechselten, hatten am Anfang meist Eingewöhnungsschwierigkeiten, da sie ja nicht über das normalerweise erforderliche Wissen verfügten. Aber sie hatten eine solide Basis in der konkreten Auseinandersetzung mit ihrer Umwelt. So ist es vielleicht nicht erstaunlich, daß nicht wenige dieser Kinder nach drei bis sechs Monaten zu den besten in ihrer Klasse wurden, oft sogar Klassen übersprangen und vor allem auch durch ihre außergewöhnliche soziale Kompetenz auffielen. Da sich derartige Erfahrungen mit Ex-Pesta-Kindern häuften, wurde im Kulturministerium eine gesonderte Abteilung für den Pesta eingerichtet. 1989 schließlich fand im Pesta eine größere Tagung statt, auf der die Mitarbeiter den Behörden, wissenschaftlichen Fachkräften und Vertretern anderer Schulen die Grundprinzipien ihrer Arbeit demonstrierten. Die Folge war eine Anerkennung des Pesta als „neun Jahre Grunderziehung ohne Klassen", was in etwa dem Realschulabschluß in Deutschland gleichkommt. Will ein Kind doch das Abitur haben, kann der Pesta entscheiden, auf welcher Stufe einer herkömmlichen Schule ein Kind „nach einer angemessenen Anpassungszeit" weitermachen kann.

Dies sind die derzeitigen Erfahrungen, die sich immer wieder in ähnlicher Form abspielen. Das ist eigentlich nicht so erstaunlich, wie es auf den ersten Blick erscheinen mag, denn wenn wir genauer hinsehen, ist das Leben und Lernen im Pesta wesentlich näher am sogenannten wirklichen Leben als das einer herkömmlichen Schule. Die Kinder stehen täglich vor der Aufgabe, persönliche Entscheidungen zu treffen, sie lernen Verantwortung für ihr Tun zu übernehmen, bauen langsam ein echtes Verständnis der Welt in sich auf, lernen die Arbeitswelt der Erwachsenen kennen – wie also schon mehrfach betont: Die Schülerinnen und Schüler im Pesta haben ständig die Möglichkeit, echte, lebendige Erfahrungen zu machen und so zu lernen und sich nicht nur ein totes Wissen anzueignen.

Die kurze Beschreibung des Pesta wird sicherlich viele Fragen offenlassen oder sogar neue aufwerfen. Das ist auch durchaus so gewollt, denn nur wenn wir uns immer wieder grundsätzliche Fragen stellen, werden wir wirklich neue Wege im Leben mit Kindern finden. Die langjährigen Erfahrungen in den verschiedenen demokratischen Schulen sind eine echte Herausforderung für das herrschende Bildungswesen, und die Beschäftigung mit ihnen ist außerordentlich bereichernd. Auf der anderen Seite können diese Schulen nur sehr bedingt als Modell dienen, das einfach übernommen oder nachgeahmt werden kann. Der Pesta zum Beispiel ist das Ergebnis eines Entwicklungsprozesses, der in der Familie der Wilds begann und bei dem sich dann ein Schritt aus dem anderen ergab, ohne vorher geplant worden zu sein. Insofern sind der Pesta und seine Grundprinzipien auch stark geprägt von den Personen Rebeca und Mauricio Wild und ihrem ganz individuellen Weg. Aber dieses Projekt kann uns ermutigen und inspirieren, uns selbst auf den Weg zu machen, unserer eigenen Wahrheit zu folgen und mit unseren Kindern zu wachsen. Die Fragestellung ist also nicht so sehr: „Wie sieht der Pesta aus, und wie können wir auch so etwas machen?", sondern vielmehr: „Welche innere Haltung, welche Fragestellungen, welche Beziehungsqualität liegen diesen Schulprojekten zugrunde?" und: „Was waren die Bedingungen, daß es zu einem solchen Ergebnis kommen konnte?"

Wie im ersten Teil dieses Buches ausgeführt, können wir nicht Landkarten aus den Erfahrungen anderer herstellen und sie dann einfach übernehmen. Kein Modell und keine Erziehungsmethode kann den lebendigen Entwicklungsprozessen von Kindern jemals gerecht werden – auch nicht die Grundprinzipien, die die Wilds in ihrer Arbeit entwickelt haben. Ein Zenlehrer sagte einmal: „Man kann den Wind nicht in einer Papiertüte einfangen" – und genauso wenig können wir ein lebendiges Kind in einem Konzept einfangen, ohne daß das Wesentliche verloren geht. Wir kommen nicht darum herum, uns immer wieder voll zuzuwenden, wirklich in Kontakt zu treten, uns einzufühlen, die Leere des Nichtwissens auszuhalten, und unsere eigene Intuition zu entwickeln, mit den Augen der Kinder zu sehen, unsere eigenen „Augen der Liebe" zu öffnen und so unseren eigenen Weg zu finden. Neben der Inspiration durch andere, die einen solchen Weg gegangen sind, sind es vor allem zwei Dinge, die uns auf einem solchen Weg unterstützen können: der Austausch mit Gleichgesinnten und die Praxis der Achtsamkeit.

Teil 3

Achtsamkeit als Weg

Die Praxis der Achtsamkeit in der Familie

Achtsamkeit unterstützt uns in unseren täglichen Bemühungen, mit unseren Kindern bewußt umzugehen. Sie hilft uns, für unsere Kinder zu Quellen bedingungsloser Liebe zu werden, Augenblick für Augenblick, Tag für Tag.

MYLA UND JON KABAT-ZINN

Das Geheimnis, wie wir mit einem Leben reich an Bewußtheit und Sensibilität beginnen können, liegt in unserer Bereitschaft, anwesend zu sein. Unser Wachstum zu bewußten, wachen Menschen hängt nicht so sehr von grandiosen Gesten und sichtbarer Enthaltung als vielmehr von der liebevollen Aufmerksamkeit ab, die wir den kleinsten Details im Leben schenken. Jede Beziehung, jeder Gedanke, jede Geste wird durch die ihnen gewidmete uneingeschränkte Aufmerksamkeit mit Bedeutung gesegnet.
In den komplexen Verschachtelungen unseres Denkens und Lebens vergessen wir leicht die Kraft der Aufmerksamkeit, und ohne Aufmerksamkeit treiben wir nur an der Oberfläche der Existenz dahin. Allein Achtsamkeit ist es, die uns befähigt, ein Vogelgezwitscher wirklich zu hören, aufs tiefste die Herrlichkeit eines Herbstblattes zu sehen, das Herz eines anderen zu berühren oder berührt zu werden. Wir müssen voll dasein, um etwas oder jemanden von ganzem Herzen zu lieben.

JACK KORNFIELD UND CHRISTINA FELDMAN

Kinder bringen uns zwangsläufig immer wieder an unsere Grenzen. Sie erschüttern unser Selbstbild und fördern sowohl unsere besten als auch unsere häßlichsten Seiten ans Tageslicht. Kinder können das Bild, das wir von uns haben, gehörig in Frage stellen, wir können uns immer wieder fühlen, als würden wir durch die Mangel gedreht, und mit seiltänzerischer Sicherheit legen sie die Finger immer wieder auf unsere Schwachstellen, die wir sicher verborgen glaubten. Diese Erfahrung ist nicht immer leicht auszuhalten, aber sie bietet eine unvergleichliche Chance, uns wirklich kennenzulernen und innerlich zu wachsen. Auf diesem Weg können andere Ansätze oder Modelle durchaus sehr inspirierend sein und uns Mut machen, aber unseren Weg mit unserem Kind oder unseren Kindern müssen wir selbst finden und gehen. Dabei werden wir immer wieder an Punkte kommen, wo wir nicht weiterwissen, wo es darum geht, das „Ich-weiß-Nicht" auszuhalten, uns unserem Kind oder einer Situation voll und ganz zuzuwenden und nicht aus der Situation auszusteigen und außen nach der „richtigen" Lösung zu suchen. An diesem Punkt – an diesem „Engpaß" – öffnet sich die eigentliche Chance, mit den Kindern zu wachsen. Wir begeben uns tatsächlich auf Neuland, und vielleicht kann es helfen, die Augen hin und wieder von unseren bekannten Landkarten zu lösen und unsere eigene Sehkraft und Wahrnehmungsfähigkeit zu entwickeln – so unzulänglich sie uns anfangs auch erscheinen mag.

Natürlich ist es nicht leicht, auf eigenen Beinen zu stehen. Die Angst, etwas falsch zu machen, alte Verhaltensmuster, automatische Reaktionsweisen und manchmal vielleicht einfach unsere Erschöpfung hindern uns daran, die Liebe, Gegenwärtigkeit und Aufmerksamkeit zu bewahren, die wir Kindern eigentlich gern entgegenbringen würden.

In dieser Situation kann die Praxis der Achtsamkeit eine große Hilfe sein. Achtsamkeit ist eine wesentliche Voraussetzung dafür, daß wir lernen können, im Kontakt mit Kindern wirklich anwesend zu sein. Sie kann uns davor bewahren, daß wir einen Großteil unseres Alltags dem „automatischen Piloten" überlassen und so den wirklichen Kontakt zu unseren Kindern sowie zu uns selbst und unserer eigenen Lebensfreude verlieren. Darüber hinaus kann sie uns helfen, immer wieder mit neuen Augen hinzuschauen, was eine Situation zum Besten aller erfordert oder was ein Kind von uns benötigt.

Was aber genau ist nun Achtsamkeit? Vielleicht können wir sie am ehesten als die Entwicklung eines liebevollen, annehmenden Gewahrseins bezeichnen – einer Form der stetigen Aufmerksamkeit, die nicht urteilt, sondern sich mit echtem Interesse unserer inneren und äußeren Welt zuwendet. Diese Art des kontinuierlichen Gewahrseins zu entwickeln ist natürlich alles andere als leicht. Unser Alltag erfordert von uns häufig, an viele Dinge gleichzeitig zu denken. In einer solchen Situation bei sich und in Kontakt mit den Kindern zu bleiben, bedeutet eine echte Herausforderung. Für viele ist daher eine formale Praxis der Achtsamkeit von großem Wert, da diese uns helfen kann, immer wieder zu uns zurückzukommen, wenn wir den Kontakt zu uns und unserem Inneren verloren haben, oder um überhaupt erst mal eine Basis für mehr Anwesenheit und Präsenz zu entwickeln. Entscheidend ist letztendlich, wieviel Achtsamkeit wir in unser alltägliches Leben tragen können.

Achtsamkeit ist auch eine wesentliche Voraussetzung dafür, unsere Liebe für unsere Kinder zur täglichen Erfahrung werden zu lassen. Wenn wir zum Beispiel im Kontakt mit unserem Baby ungeduldig oder unachtsam sind, wenn unsere Hände fest und unsere Bewegungen hastig werden, so wird sich unser Kind nicht als wertvolles Wesen erfahren, sondern als Objekt, mit dem etwas gemacht wird. Gleichzeitig ist Achtsamkeit eine wertvolle Hilfe, daß unsere Liebe nicht in den Anforderungen des Alltags verlorengeht. Anna Tardos sagt, sie kann von den Pflegerinnen im Lóczy nicht verlangen, daß sie die Säuglinge lieben. Aber ihnen wird vermittelt, jeden Handgriff mit äußerster Sorgfalt auszuführen, nicht in eine Routine zu verfallen und immer für die Antwort des Babys offen zu sein und diese in ihr Tun einzubeziehen. Wenn sie auf diese Art und Weise zu ständiger Achtsamkeit angehalten werden, können sie nicht anders, als jedes Kind lieben und schätzen zu lernen. Liebe folgt der Achtsamkeit – sie ist eine natürliche Antwort unseres Herzens, wenn wir wirklich in Kontakt sind.

Mit den Augen des Kindes

Uns und die Welt unserer Kinder immer wieder auch aus ihrer Perspektive zu sehen, ist ein weiterer wesentlicher Faktor, Achtsamkeit ins tägliche Familienleben zu integrieren. „Kinder sind anders“ nannte Maria Montessori eines ihrer Bücher, und wenn wir diese Grundwahrheit annehmen, eröffnet sich uns eine völlig neue Perspektive für unser Leben mit Kindern. Die Art und Weise, wie wir auf Kinder und ihr Verhalten reagieren, ist stark geprägt durch unsere eigene Geschichte und unsere ganz persönliche Sichtweise. Nicht immer hat unsere Reaktion etwas mit dem wirklichen Erleben des Kindes zu tun, und so kommt es häufig zu Fehldeutungen und unangemessenem Verhalten, was die Beziehung zu einem Kind mit der Zeit belasten kann. Kinder leben vollkommen im Hier und Jetzt. Ihre Welt ist noch voll von Wundern und Magie, und sie haben die wunderbare Fähigkeit, der Welt mit unschuldigen Augen, mit Staunen und Neugier zu begegnen, noch nicht verloren. Manchmal muß es für sie sein, als würden sie in einer Welt von Riesen leben, die mit ihren Gedanken in weiter Ferne sind. Dieser Mangel an Einfühlungsvermögen macht es uns häufig schwer, Kinder wirklich wahrzunehmen und angemessen auf sie einzugehen. Ich möchte das an einigen Beispielen illustrieren, wobei diese nicht als Modell anzusehen sind, wie man in ähnlichen Situationen vorgehen könnte oder sollte. Sie sollen vielmehr veranschaulichen, wie es möglich wird, neue Wege im Umgang mit Kindern zu finden, wenn wir uns eine Situation genauer ansehen und sie auch aus der Perspektive des Kindes betrachten.

Bei einem Seminar zum Thema Freiheit und Grenzen brachte eine junge Mutter das Problem vor, daß ihr Sohn (circa zweieinhalb Jahre alt) ständig versuchen würde, in der Toilette zu spielen. Sie hätte schon so ziemlich alles versucht, um ihn davon abzubringen und bat nun um einen Ratschlag, wie sie hier eine Grenze setzen könnte. Nun machen ja Grenzen nur dann einen Sinn, wenn sie mit einer entsprechenden vorbereiteten Umgebung in Verbindung stehen – das heißt wenn die Kinder innerhalb dieser Grenzen ihre wirklichen Entwicklungsbedürfnisse befriedigen können. Für das Alter dieses Jungen bedeutet dies, daß das Spielen mit Wasser ein absolut grundlegendes Bedürfnis ist. Da diese Familie aber in einer Stadtwohnung lebte, hatte das Kind so gut wie keinen Zugang zur Natur – zu Sand, Wasser Erde ... Insofern war es aus der Sicht des Kindes vollkommen natürlich und angemessen, daß es den einzigen Ort in seinem Zuhause aufsuchte, an dem es diesem inneren Bedürfnis nachkommen konnte – die Toilette.

Als der Mutter diese Zusammenhänge deutlich wurden, ging es nicht mehr um die Frage der Disziplin, des Grenzensetzens oder des Gehorsams, sondern darum, Wege zu finden, wie sie den echten Entwicklungsbedürfnissen ihres Sohnes gerecht werden könnte. Wie sie bei unserem nächsten Gruppentreffen berichtete, hatte sie auf dem Balkon und in der Gästedusche Möglichkeiten geschaffen, wo ihr Kind ungestört mit Sand und Wasser spielen und experimentieren konnte. Sie war sehr erstaunt und erfreut über die friedliche Atmosphäre, die sich plötzlich einstellte. Der ständige Kampf hörte fast unmittelbar auf, und das Kind war manchmal über sehr lange Zeit so intensiv ins Spiel versunken, daß sie nachsehen kam, ob er überhaupt noch da war.

Eine andere Mutter erzählte von ihrem knapp vierjährigen Sohn, der seine um etwa zwei Jahre jüngere Schwester oft versuchen würde zu schlagen, sie nicht mit seinen Sachen spielen lasse und grundsätzlich nichts mit ihr teilen wolle. Sie vermute, er sei eifersüchtig, und sie wisse einfach nicht, wie sie damit umgehen solle. Alle Versuche, ihn zu überzeugen, würden die Sache eher schlimmer machen.

Auch in diesem Fall haben wir versucht, die Situation aus den Augen ihres Sohnes zu sehen. Zunächst einmal wurde deutlich, welch existentielle Krise das Eintreffen seiner Schwester für ihn bedeutete. Plötzlich wurde ein Großteil der Aufmerksamkeit von ihm abgezogen – er war nicht mehr der Mittelpunkt der Zuwendung seiner Mutter, sondern nun war er der „Ältere". Von ihm wurde erwartet, daß er sich entsprechend benimmt, daß er Rücksicht nimmt – er ist schließlich der „Große"! Gleichzeitig muß er miterleben, wie selbstverständlich die ganze Liebe und Fürsorge seiner Mutter nun der kleinen Schwester gilt. Sie ist die ganze Freude ihrer Eltern, und er hat das Gefühl, plötzlich „draußen" zu sein.

Um ihr die Schwierigkeit ihres Sohnes noch verständlicher zu machen, griff ich auf ein Bild zurück, daß wir in diesem Zusammenhang immer wieder verwenden. Ich bat sie, sich folgende Situation vorzustellen: Ihr Mann kommt plötzlich mit einer zweiten Frau nach Hause, die er offensichtlich sehr liebt, und teilt ihr freudestrahlend mit, daß diese Frau nun auch bei ihnen wohnen würde. Und sollte sie Anzeichen des Unmuts äußern, käme vielleicht nur die erstaunte Frage, ob sie sich nicht auch freuen würde – sie solle jetzt bloß nicht eifersüchtig sein.

Im Verlauf der folgenden Diskussion wurde deutlich, daß die Situation ihres Sohnes sogar noch weit bedrohlicher ist, denn er ist in diesem Alter voll und ganz auf seine Eltern angewiesen. Er kann nicht türknallend ausziehen – er ist der Situation voll und ganz ausgeliefert. Sein Gefühl, plötzlich aus der Liebe gefallen zu sein, wird meist noch dadurch bestätigt und verstärkt, daß er nun immer Rücksicht nehmen soll – auf die gestreßten Eltern und auf das kleine Geschwisterchen. Vielleicht gerät der Junge sogar unter den Erwartungsdruck, nun möglichst schnell selbständiger zu sein, die Eltern werden häufiger ungeduldig mit ihm, und auch wenn das Geschwisterchen älter wird, soll er Rücksicht nehmen, großzügig sein, teilen …

Die Eltern waren sich der inneren Situation ihres Sohnes in keiner Weise bewußt. Als er einmal äußerte, daß sie ihn weniger liebten als seine kleine Schwester, beteuerten sie, dies sei nicht so, sie hätten ihn nach wie vor genauso gern wie seine Schwester (wenn er sich seiner Schwester gegenüber nur nicht so schlecht benehmen würde!). Das war im Prinzip ehrlich gemeint, machte die Situation für den Jungen aber nicht leichter – im Gegenteil. Wahrscheinlich glaubte er seinen Eltern sogar. Da ein Kind in dieser Lebenslage die Liebe seiner Eltern aber nicht erleben, nicht spüren kann, verstärkt sich sein Gefühl noch, daß etwas mit ihm nicht stimmt.

Dadurch, daß die Mutter nun versuchte, ihren Sohn wirklich zu verstehen, wurde ihr deutlich, daß diese Situation nicht durch Grenzensetzen oder andere disziplinäre Maßnahmen zu lösen war. Ihr Sohn war in eine existentiell bedrohliche Lage geraten und dies vor allem dadurch, daß er sich in seiner Not nicht gesehen, nicht verstanden fühlte und so die Liebe seiner Eltern nicht mehr erleben konnte. Seine Unmutsäußerungen und „Aggressionen“ auf seine Schwester waren ein Signal – eine Art Hilferuf.

Zunächst war die Mutter sehr betroffen. Aber indem sie ihren Sohn nun „sah“, wurde sie sich auch ihrer großen Liebe für ihn wieder bewußt. Statt auf seinem Verhalten herumzureiten, versuchten sie und ihr Mann bewußt Situationen zu schaffen, in denen ihr Sohn spüren konnte, daß seine Eltern ihn immer noch liebten, auch wenn er nun nicht mehr das einzige Kind war. Der Schlüssel zur Heilung lag schließlich im Erleben gemeinsamer Freude. Indem sie sich ihrem Sohn wieder mit offenem Herzen zuwandten, sich einfühlten und seine Lage so besser verstehen konnten, fanden sich plötzlich zahlreiche Gelegenheiten für ein freudiges, harmonisches Beisammensein. Sie begaben sich ein Stück weit in seine Welt und begegneten ihm dort, statt nur von ihm zu erwarten, sich an ihre Welt anzupassen.

Wie leicht ist es möglich, unter dem Druck unserer alltäglichen Pflichten den Kontakt zu unseren Kindern zu verlieren. Nicht, daß wir sie nicht lieben würden, aber der Streß, den das Leben mit Kindern und das Managen eines Haushalts mit sich bringt, führt leicht dazu, daß wir ungeduldig werden und unsere Kinder und ihre Bedürfnisse nicht mehr richtig wahrnehmen. Wenn sie nicht so funktionieren, wie wir es erwarten, werden sie uns leicht lästig, und wir reagieren dann oft ungeduldig und barsch. Eine gute Erziehung bedeutet in unserer Gesellschaft meist, daß uns Kinder so wenig wie möglich in unserem alltäglichen Trott stören sollten.

Dies geschieht in unserer heutigen hektischen und auf reibungsloses Funktionieren ausgerichteten Welt nur allzu leicht, aber ebenso unvermeidlich ist es, daß Kinder in irgendeiner Weise versuchen werden, unsere Zuwendung oder zumindest unsere Aufmerksamkeit zurückzugewinnen. Diese Signale oder Hilferufe werden oft als inadäquates oder ungezogenes Verhalten interpretiert, und als Eltern begegnen wir ihnen dann allzu leicht genervt, mit Autorität oder versuchen auf andere Weise, der Situation zu entgehen.

Wenn es uns aber gelingt, innezuhalten und aus unserem alltäglichen Trott für einen Moment auszusteigen, können wir den Kontakt zur inneren Wirklichkeit unseres Kindes wiederherstellen. Besonders hilfreich ist es dabei, sich in seine Situation wirklich einzufühlen – zu versuchen, sie mit den Augen des Kindes zu sehen. Sobald es uns gelingt, das Kind wirklich zu sehen, wird unausweichlich auch unsere Liebe zu ihm wieder erwachen – und wir werden einen Weg finden, dieser Liebe Ausdruck zu verleihen und die Beziehung zu unserem Kind wiederherzustellen.

Übung *Mit den Augen des Kindes sehen*

Nehmen Sie sich immer mal wieder ein wenig Zeit, um sich eine Situation oder sich selbst aus der Sicht Ihres Kindes oder eines Ihrer Kinder anzusehen. Auch hier geht es nicht darum, sich oder ein Kind zu beurteilen. Vielmehr geht es darum, sich einzufühlen, eine neue Perspektive und so vielleicht einen weiteren Blick zu gewinnen. Wenn es für Sie eine Hilfe ist, können Sie das Kind auch spielen und es so zu sich selbst sprechen lassen. Versuchen Sie dabei nicht so sehr von dem auszugehen, was Sie denken, sondern fühlen Sie sich ein und lassen Sie die Worte einfach kommen. Wenn Sie das Gefühl haben, daß auf diese Weise eine wirkliche Verbindung zu Ihrem Kind entsteht, können Sie mit ihm auch in einen Dialog treten und es fragen, was es sich von Ihnen wünscht.

In der Gestalt-Arbeit, wie sie Katharina Martin lehrt, erlebte ich immer wieder, wie Eltern auf diese Weise unvermutet in eine tiefe Verbindung zu ihren Kindern treten konnten und zu unerwarteten Einsichten kamen. Aber auch wenn wir nicht gleich etwas Besonderes wahrnehmen, hilft uns diese Übung, aus unserer üblichen Sichtweise auszusteigen, unsere Intuition zu entwickeln und so mit der Zeit zu einer tieferen Wahrnehmungsfähigkeit zu gelangen.

Eine Variante dieser Übung

Stellen Sie sich vor, Sie wären ein Kind und hätten die Möglichkeit, sich Ihre Eltern (oder Ihren Kindergarten und Ihre Erzieherinnen oder Ihre Schule und Ihre Lehrer) auszusuchen. Wenn Sie sich wirklich in diese Situation versetzen, nach innen fühlen und Ihrer Phantasie freien Lauf lassen – welche Qualitäten würden Sie sich bei Ihren Eltern wünschen? Was wäre Ihnen wichtig? Wie wünschen Sie sich Ihre Umgebung? Es geht dabei nicht darum, in Ihre eigene Kindheit zurückzugehen und sich damit zu befassen, was Ihre Eltern Ihnen alles nicht gegeben haben, sondern einfach darum, den Ort in sich zu erreichen, an dem Sie intuitiv wissen, was ein Kind sich für sein Leben wünscht. Wir alle waren Kinder, und wir alle haben dieses Wissen. Wenn wir diese Art von Übung immer wieder einmal ausführen, ohne dabei schnelle Ergebnisse zu erwarten, werden wir den Zugang zu diesem inneren Wissen wiederfinden.

Selbstunterstützung – Kennenlernen und Erweitern des inneren Raumes

> *Veränderung geschieht, wenn wir mit dem in Kontakt kommen, was wir sind, und nicht, wenn wir versuchen, etwas zu sein, was wir nicht sind.*
>
> Fritz Perls

Kinder zu haben ist nicht nur bereichernd und eine der wertvollsten Gelegenheiten, innerlich zu wachsen, sondern auch eine der größten Herausforderungen, denen wir uns gegenübergestellt sehen. Wenn wir, bevor wir Eltern wurden, bestimmte Vorstellungen darüber hatten, wieviel Schlaf wir brauchen und was wir leisten können, so werden wir diese sehr bald revidieren müssen. Kinder werden uns mit Sicherheit immer wieder an unsere Grenzen bringen, und wenn wir uns entschieden haben, mit ihnen neue Wege zu gehen, werden wir immer wieder aufgefordert sein, über diese Grenzen hinauszuwachsen. Wie es Myla und Jon Kabat-Zinn ausdrücken: Wir begeben uns mit jedem Kind in gewisser Weise auf eine achtzehnjährige Klausur, das heißt, für diesen Zeitraum versuchen wir, unsere eigenen Wünsche und Bedürfnisse soweit wie nötig und möglich zurückzustellen, um es einem werdenden Menschen zu ermöglichen, sich nach seinem eigenen inneren Gesetz zu entfalten, bis wir ihm die Verantwortung für sein Leben ganz in die eigenen Hände geben.

Ob als Eltern, als Erzieherin oder als Lehrer – im Leben mit Kindern sind wir immer wieder großem Streß ausgesetzt. Im ersten Teil dieses Buches haben wir uns schon mit dem Thema befaßt, wie stark unser Verhalten und unsere emotionalen Reaktionen von alten Mustern und Konditionierungen geprägt sind und wie „automatisch" diese Verhaltens- und Reaktionsmuster normalerweise funktionieren. Dies gilt noch verstärkt unter Streß. Wenn wir müde und schon lange über unsere Grenzen gegangen sind – wenn wir unseren inneren Raum verloren haben –, verhalten wir uns meist eher unangemessen: ärgerlich, ungeduldig, genervt oder wie auch immer es unserer Persönlichkeitsstruktur entspricht.

Die daraus resultierenden Schwierigkeiten entstehen häufig aus dem folgenden Grund: Da wir selbst meist nicht unbeschädigt aus unserer Kindheit hervorgegangen sind, tragen wir noch viele alte unerfüllte Wünsche und Bedürfnisse mit uns herum, die vielleicht dazu führen, daß wir nicht bereit sind, die Aufgabe des Elternseins voll anzunehmen. Immer wieder kann sich trotz aller Ideale und guten Vorsätze ein starker Widerwille dagegen einstellen, so viel geben zu müssen. In uns scheint es förmlich zu schreien: „Und wo bleibe ich!?", und so sehen wir manchmal mit Staunen, daß wir uns unseren Kindern gegenüber in einer Weise verhalten, wie wir es eigentlich nie wollten. Eine Kursteilnehmerin sagte einmal treffend, daß sie sich dann selbst fühle wie ein trotziges dreijähriges Kind, das einfach nicht bereit ist, für andere dazusein.

Auf der anderen Seite kann es natürlich auch nicht darum gehen, daß wir uns „aufopfern", kein eigenes Leben mehr haben und uns ständig ausgebrannt fühlen – vielleicht pflichtbewußt von uns erwarten, immer lächelnd, freundlich und jederzeit verfügbar zu sein, dabei aber latent oft ärgerlich auf den „Plagegeist" sind, der uns einfach keine Ruhe gönnen will, obwohl wir uns doch so einsetzen.

„Nur mit den Augen des Herzens sieht man gut", sagte der kleine Prinz, und diese Wahrheit trifft vielleicht nirgendwo so sehr zu wie im Leben mit Kindern. Aus diesem Grund läßt sich auch hier keine Lösung von außen angeben. Wenn wir in dieser Situation herauszufinden versuchen, was „richtig" ist, wird es sehr schwierig, denn es geht nicht so sehr darum, was wir tun, sondern wie wir es tun. Es geht vor allem um unsere innere Haltung. Nur wenn wir lernen, mit den Augen der Liebe zu sehen, wie es Maria Montessori nannte, können wir wahrnehmen, was in einer Situation angemessen ist – wobei die Augen der Liebe natürlich auch uns selbst nicht außer acht lassen dürfen.

Die wertvollste Unterstützung auf diesem Weg waren für mich die Praxis der Achtsamkeit und die Essentielle Gestalt-Arbeit, wie sie von Katharina Martin entwickelt wurde. Obwohl ich mich schon mehr als zehn Jahre mit der Arbeit der Wilds und mehr als fünf Jahre mit der von Emmi Pikler intensiv auseinandergesetzt hatte, mußte ich, als ich selbst Vater wurde, immer wieder feststellen, daß auch ich massive Widerstände dagegen hatte, das zu leben, was ich eigentlich vom Herzen her wollte. Die ständige Anforderung, immer dazusein, wenn unser Sohn uns brauchte, die vollkommene Veränderung unseres Lebensrhythmus und das Gefühl, die Bedürfnisse des Kindes ständig vor die eigenen stellen zu müssen, waren eine echte Herausforderung. „Mit Kindern wachsen – oder untergehen" wurde zum erweiterten Slogan für unseren gemeinsamen Weg.

Im nachhinein sind wir sehr froh darüber, daß wir nicht aufgegeben haben. Immer wenn meine Widerstände am stärksten waren und ich genauer hinsah, mußte ich feststellen, daß ich meist schlichtweg keine Lust mehr hatte. Ich wollte einfach mal meine Ruhe haben, ein Buch lesen, wenn mir danach war, und überhaupt einfach mal wieder tun, wozu ich gerade Lust hatte – also das zurückgewinnen, was man so seine „Freiheit" nennt. Schließlich gelang es mir, in dieser Situation eine andere Perspektive einzunehmen, denn plötzlich fiel mir auf, daß ich dieses Gefühl bereits sehr gut kannte – und zwar aus längeren buddhistischen Meditationskursen, die ich hin und wieder besucht hatte. Auch hier hatte ich dieselbe Art von inneren Widerständen und wäre sicherlich manchmal geflüchtet, hätte ich nicht inmitten einer Gruppe von Meditierenden gesessen. Bei dieser Gelegenheit konnte ich die Erfahrung machen, daß in diesen Widerständen oft ein kostbarer innerer Schatz verborgen ist. Immer wenn es mir in einer solchen Situation gelang, mich an meinen Vorsatz zu erinnern, daß ich diese vorgegebene Zeit voll und ganz der Meditation widmen wollte, und mich wieder auf das stille Sitzen und Gehen einlassen konnte, kam es zu wertvollen Einsichten oder tiefgreifenden Heilungsprozessen.

Die inneren Stimmen, die mir zuriefen, daß dies alles ja purer Unsinn sei und ich die Zeit viel sinnvoller und angenehmer mit einem Urlaub oder sonst etwas verbringen könnte, waren mir also schon vertraut, als sie nun in etwas anderem Gewand auftauchten, wenn unser Sohn mich mal wieder an meine inneren Grenzen brachte. So wurde es mir mehr und mehr möglich, mich mit diesen Stimmen nicht voll und ganz zu identifizieren, sondern einen Raum in mir zu schaffen, der es mir erlaubte, eine andere Perspektive einzunehmen. Vor allem wenn es mir gelang, die Situation mit den Augen unseres Sohnes zu sehen, wurde offensichtlich, daß er mich weder tyrannisieren noch mich meiner Freiheit berauben wollte – sondern einfach meine Zuwendung und Präsenz brauchte – und zwar voll und ganz. So kam es zu einer Öffnung in meinem Inneren. Mein Widerstand schmolz dahin, auch wenn die Situation immer noch schmerzlich für mich war oder zunächst scheinbar übermenschliche Anstrengungen erforderte, und oft zeigten sich Möglichkeiten für eine Lösung, die mir vorher verborgen geblieben waren. Ein wesentlicher Schritt auf diesem Weg bestand für mich darin, daß ich eine solche Situation annahm, so wie sie war, und aufhörte, mich gegen diese Realität zu wehren.

Gleichzeitig änderte sich auch meine innere Haltung mir selbst gegenüber. Auch mir selbst und meinen eigenen wechselnden emotionalen Zuständen begegnete ich mit mehr Akzeptanz, Mitgefühl und Geduld. Das heißt nicht, daß ich nun nie mehr ungeduldig werde, nicht immer wieder einmal zurückfalle in alte Gewohnheiten und mich in einer Weise verhalte, die alles andere als angemessen ist. Das gehört dazu – es ist weder möglich noch nötig, immer „richtig" zu handeln. Aber wir können uns auf einen Prozeß einlassen, in dessen Verlauf wir zunehmend wacher werden – uns nicht in einer Weise in alte Gewohnheiten verrennen, wie es früher der Fall gewesen ist. Heinrich Jacoby hat das in seinem Buch *Jenseits von begabt und unbegabt* so ausgedrückt: Wir „stolpern" mit der Zeit häufiger und schneller über unser unzweckmäßiges oder unheilsames Verhalten. Dann können wir uns daran erinnern, was wir wirklich wollen, und neu beginnen. Immer wieder.

Wenn ich hier beschreibe, daß es oft innere Widerstände waren, die mich daran hinderten, meinem Sohn das zu geben, was er brauchte, so will ich damit nicht sagen, daß wir selbst nichts brauchen und grenzenlos immer nur geben könnten. So wie wir Nahrung und ein gewisses Maß an Schlaf brauchen, benötigen wir auch eine gewisse Form der inneren Nahrung, um der Aufgabe des Elternseins gerecht werden zu können. Ohne diese innere Nahrung ist es meiner Meinung nach kaum möglich, dieser immensen Herausforderung gewachsen zu sein. In der Gestalt-Arbeit nennen wir diese Form der inneren Nahrungsbeschaffung „Selbstunterstützung". Dabei geht es darum, wieder mit unseren inneren Quellen und unserer eigenen inneren Weisheit in Kontakt zu kommen und diese mehr und mehr zu erschließen.

Für mich persönlich ist es dabei immer wichtiger geworden, auch im Umgang mit mir selbst eine nichtdirektive, annehmende innere Haltung zu entwickeln. Wenn wir echte Lebensprozesse respektieren wollen, so gilt dies natürlich auch für uns selbst und nicht nur für das Leben mit Kindern. Dieses überaus wichtige Thema hat in unserer Arbeit mit Eltern im Laufe der Jahre immer mehr an Bedeutung gewonnen.

Wenn ich die Grundbedingungen für eine freie und harmonische Entfaltung von Kindern – bedingungslose Liebe, Respekt und Annahme, Nichtdirektivität, also Entwicklung von innen nach außen – auch auf mich selbst anwende, wie sieht dann die vorbereitete entspannte Umgebung ohne Forderungen und Erwartungen für mich selbst aus?

Anworten zu diesen Fragen fand ich vor allem in der Essentiellen Gestalt-Arbeit und der Achtsamkeitsmeditation, die mir jeweils auf ihre spezifische Art und Weise die Werkzeuge an die Hand geben, die ich brauche, um meine eigenen inneren Quellen zu erschließen und meinen eigenen Weg im Leben mit meiner Familie zu finden.

Die Praxis der Achtsamkeit kann uns vor allem helfen, unseren inneren Raum zu erweitern, so daß wir nicht immer automatisch reagieren müssen, sondern die Möglichkeit bekommen, eine angemessene Antwort auf eine Situation zu finden. Gleichzeitig ist sie ein wertvolles Hilfsmittel, uns zu regenerieren und unser inneres Gleichgewicht wiederzufinden. Sie versetzt uns in die Lage, jeden Augenblick unseres Lebens mit größerer Wachheit, Klarheit und Akzeptanz zu leben. Achtsamkeitspraxis ist ein äußerst wirksames Mittel, um Ruhe und Lebensfreude auch inmitten alltäglicher Streßsituationen und im Angesicht körperlicher oder seelischer Schmerzen zu finden.

Unsere alten automatisierten Reaktionsmuster werden wie alle automatischen Körperfunktionen vom Retikulärsystem gesteuert. Dies ist auch der Grund, warum sie so unbewußt und automatisch ablaufen und warum wir diese Muster nicht so einfach umprogrammieren können, ohne uns wieder neue automatische Muster aufzuhalsen. Entstanden sind diese Reaktionsmuster vor allem in unserer Kindheit. Entweder haben wir sie unbewußt von unseren Eltern übernommen, oder wir haben sie – gemäß unserer jeweiligen Charakterstruktur – entwickelt, um in der Umgebung emotional zu überleben und zurechtzukommen, in die wir geboren wurden. Wir alle konnten uns nur so weit entfalten, wie uns dies in den Lebensumständen, in die wir geboren wurden, möglich war. Ansonsten mußten wir uns anpassen. Manche Pflanzen entwickeln Sporen, die so lange überleben können, bis sich die Umstände ändern. Sobald dies geschieht, beginnen sie sich gemäß ihres inneren Bauplans zu entwickeln. Bei uns Menschen scheint es manchmal so, als würden Teile von uns im Sporenstadium steckenbleiben. Obwohl wir unserer Kindheit entwachsen sind, verhalten wir uns in vielerlei Hinsicht noch so, als wären wir immer noch abhängig von der Zuwendung und Annahme unserer Eltern. Unsere Vergangenheit schleicht sich nur allzu leicht unbemerkt in unser heutiges Leben und beraubt die Gegenwart so ihrer Einzigartigkeit und Frische. Wie ein Schleier schiebt sie sich zwischen uns und unsere Erfahrungen und macht uns blind für das Leben, wie es tatsächlich ist, und die Möglichkeiten, die es für unsere Entfaltung bereithält.

Es hat also seine guten Gründe, daß wir so geworden sind, wie wir sind. Wir alle haben unsere Geschichte, und wenn wir uns einfach umprogrammieren wollten, anders sein wollten, als wir jetzt sind, so wäre daß letztlich ein Akt subtiler Gewalt gegen uns selbst. Auch für uns gilt, daß eine Atmosphäre der liebevollen Annahme und Akzeptanz unserer Entfaltung dienlicher ist als der ständige Versuch, uns zu ändern und einem Idealbild zu entsprechen, das wir vielleicht mit uns herumtragen.

Die Praxis der Achtsamkeit und die Entfaltung unserer Wahrnehmungsfähigkeit, wie sie die Essentielle Gestalt-Arbeit bewirkt, ermöglichen es unter anderem, eine innere Instanz zu entwickeln, die auch „der Zeuge" genannt wird. Diese Instanz ist jenseits unserer Gefühle und Gedanken und nimmt einfach nur wahr, was geschieht – ohne zu urteilen, ohne zu bewerten und somit auch ohne zu reagieren. Sie hilft uns vor allem, unsere unbewußten Reaktionsmuster wahrzunehmen und den inneren Raum zu entwickeln, nicht mehr umbedingt so automatisch zu reagieren. Indem wir wirklich klar sehen, was geschieht, ändert sich alles. Mit der Zeit wächst unsere innere Freiheit – die automatischen Gefühlsreaktionen und damit verbundenen Gedankenketten mögen immer noch ablaufen, aber wir sind ihnen nicht mehr ausgeliefert, und wir müssen sie nicht ausagieren. Wir können sie als das erkennen, was sie sind – als automatische Reaktionsmuster, die wir irgendwann in der Vergangenheit entwickelt haben, denen wir aber nicht mehr folgen müssen. So wächst unsere innere Kapazität, angemessen auf Situationen zu antworten, statt unbewußt zu reagieren.

Es gibt ein Muster, das uns allen gemein ist – man könnte fast sagen, daß es zur genetischen Grundausstattung eines jeden Lebewesens gehört: Wir wollen an dem festhalten, was angenehm ist, und wir versuchen zu vermeiden oder loszuwerden, was unangenehm ist. So entziehen wir uns einem Teil unserer Erfahrung, oder wir hoffen, wenn wir nur schnell genug eine angenehme Erfahrung an die andere hängen könnten, dann wären wir wirklich glücklich. Wir kämpfen ständig gegen das, was „ist": Wenn wir selbst, das Leben oder unsere Kinder oder unser Partner oder unsere Umstände nur anders wären, dann wäre alles wunderbar. Oder wenn wir nur die richtige Methode hätten und alles richtig machen würden, dann würde endlich alles glatt laufen.

Aber das Leben ist nicht so. Wir sind nicht im Paradies. Es gibt Freude und es gibt Leiden, und wenn wir versuchen, das eine ohne das andere zu haben, schaffen wir nur noch zusätzliches Leid. Wir verschanzen uns hinter Mauern, die uns vor den unangenehmen Erfahrungen schützen sollen, und versuchen uns einzureden, daß, wenn die Welt da draußen nur anders wäre, wir uns öffnen könnten. Dies ist auch die Ursache, daß wir Kindern offen oder unbewußt vermitteln, daß sie nicht in Ordnung sind, wenn sie sich nicht unseren Vorstellungen gemäß verhalten. Wir wollen es einfach nett und gemütlich und schön haben und reagieren äußerst ungehalten, wenn das Leben gerade seine andere Seite zeigt. Besonders prägnant werden diese Reaktionen, wenn Kinder Teile von uns ans Licht bringen, die wir eigentlich nicht sehen wollen – die einfach nicht in das Bild passen, das wir von uns haben.

Sowohl in der Achtsamkeitspraxis als auch in der Essentiellen Gestalt-Arbeit geht es darum, sehen zu lernen. Stehenzubleiben und uns der Wirklichkeit des gegenwärtigen Momentes zuzuwenden – mit großer Ehrlichkeit und großem Mitgefühl. Der tibetische Lehrer Chögyam Trungpa spricht davon, daß es nötig ist, ein „spiritueller Krieger" zu werden. Aber nicht die Art von Krieger, der aggressiv und kämpferisch in die Welt zieht.

Ein spiritueller Krieger zu sein heißt, den Mut aufzubringen, sich der eigenen Erfahrung zu stellen, sich auch den unangenehmen Aspekten unserer Erfahrung mit Klarheit und Liebe zuzuwenden, ohne davonzulaufen oder den Kopf in den Sand zu stecken. Die Angst auszuhalten, die sich einstellt, wenn wir uns in unbekanntes Gebiet vorwagen. Den Forschergeist zu entwickeln, der uns auch in der äußeren Welt die Grenzen unseres Horizonts überschreiten ließ. Den Mut und das Vertrauen zu entwickeln, unser Herz auch angesichts von schwierigen Situationen zu öffnen und wirklich hinzuschauen, hinzuschauen und hinzuschauen. Wir geben die Sicherheit fester Überzeugungen und Prinzipien auf und wenden uns dem Leben zu, wie es sich uns offenbart. Die zunächst unerträgliche Leere der Hilflosigkeit und Ohnmacht wird zur fruchtbaren Leere, zur schöpferischen Leere, in der Neues entstehen kann und wirklicher Kontakt möglich ist. Wir haben nur sehr begrenzten Einfluß darauf, was das Leben uns bringt. Wie Mulla Nasrudin in der an dieses Kapitel anschließenden Geschichte feststellen muß, ist es ebenso schwierig, andere Menschen zu ändern. Aber wir können unseren Lebensumständen gegenüber eine andere innere Haltung entwickeln, wenn wir achtsam sind. Wir können lernen, wirklich hinzuschauen, statt davonzulaufen oder außen nach der Lösung zu suchen.

Wir meditieren also weder, um bessere Menschen oder bessere Eltern zu werden, noch um uns zu entspannen und unseren Streß loszuwerden. Es geht einfach darum, uns die Zeit zu nehmen, wirklich mit uns selbst und unserer inneren Wirklichkeit in Kontakt zu kommen. Wir versuchen, uns uns selbst immer wieder mit liebevollem freundlichem Interesse zuzuwenden, ohne uns um direkte Ergebnisse oder Belohnungen zu kümmern. Wir kümmern uns nur um die Qualität unserer Aufmerksamkeit und Zuwendung und schaffen so die Voraussetzung für echtes inneres Wachstum.

Geschichte

Mulla Nasrudins Geburtstag

Mulla Nasrudin war mittlerweile ein alter Mann geworden. An seinem siebzigjährigen Geburtstag gab er ein Fest, zu dem er all seine Freunde eingeladen hatte. Nachdem sie gegessen hatten und sich gemütlich zusammensetzten, um zu plaudern, fragte ihn sein bester Freund: „Mulla, erzähle uns, wie du das Leben heute siehst. Was hat sich vor allem geändert im Laufe der Jahre?“

Der Mulla dachte eine Weile nach. Dann antwortete er: „Weißt du, als ich noch ein junger Mann war, war ich ein Heißsporn. Ich wollte die Welt verändern. Als ich dann die mittleren Jahre erreichte, wurde ich bescheidener. Ich bat Allah um die Kraft, wenigstens die Menschen um mich herum ändern zu können. Aber auch das hat sich als hoffnungslos herausgestellt. Heute habe ich nur noch ein Gebet. Ich bitte Allah um die Gnade, daß wenigstens ich selbst mich verändern möge."

Reflexion

Die Praxis der Achtsamkeit im Leben mit Kindern

Anstelle einer eigenen Reflexion möchte ich hier Auszüge aus einer Abschlußarbeit mit dem Titel „Das heilende Element in der Heilpädagogik" zitieren. Claudia Villringer, die Autorin dieser Arbeit, war Teilnehmerin an einer unserer Fortbildungen und macht aus ihrer eigenen persönlichen Erfahrung als Erzieherin, Heilpädagogin und Mutter auf besonders anschauliche Weise deutlich, welche Bedeutung die Praxis der Achtsamkeit, die innere Arbeit an sich selbst und die sich daraus ergebende innere Haltung haben, wenn wir mit Kindern wirklich neue Wege gehen wollen.

Das heilende Element in der Heilpädagogik

Von einem höheren Standpunkt aus betrachtet, ist das, was heilend wirkt, die Liebe, die Essenz des Lebens selbst, die Kraft, die alles Leben schafft, erhält und auch wieder vergehen läßt. Das, was mit unserem analytischen Verstand nicht faßbar, nicht greifbar und erklärbar ist. Und dennoch können wir es in lichten oder „heilenden" Momenten erahnen, spüren, erleben, wenn wir die Fähigkeit entwickeln, uns für diese höchste Kraft zu öffnen.

Wie aber können wir diese höchste Kraft in unserem Praxisfeld als Heilpädagogen zur Wirkung bringen? Wie können wir als Heilpädagogen Räume schaffen, in uns und um uns herum, damit „Heilung" geschehen kann? Was bedeutet „Heilung" konkret, auch angesichts zum Beispiel unheilbarer Behinderungen? Diesen Fragen werde ich mich implizit in dieser Diplomarbeit widmen. Auch Paul Moor schreibt in seinem Buch „Heilpädagogik" von der wirkenden Kraft der Liebe: „Wo die vollkommene Liebe wäre, da vollzöge sich Erziehung von selbst. Sie würde gar nicht zur Aufgabe, bedürfte keiner besonderen Bemühung, es gäbe keine erzieherischen Fragen, keine pädagogischen Regeln müßten aufgestellt und befolgt werden, und keine besonderen Erziehungsmittel wären notwendig. In der vollkommenen Liebe wäre alles, wie es sein muß."

Demgegenüber beschreibt er das Versagen der Liebe als „die Ursache aller überhaupt vorkommender Erziehungsschwierigkeiten", und wer dies erkennen könnte, hätte die Kraft, die Schwierigkeiten auszuhalten, weil er wüßte, daß und wie er sie überwinden kann.

Obwohl wir seiner Ansicht nach nie „in" dieser vollkommenen Liebe sind, gesteht er doch zu, daß wir alle aus unserem Erziehungsalltag die Augenblicke kennen, „in welchen alles wie von selber geht, in welchen wir ein Herz und eine Seele sind mit unseren Kindern, in welchen wir an Erziehung überhaupt nicht zu denken brauchen und in welchen doch Wesentlicheres geschieht im Werden des Kindes und es mehr einem erfüllten eigenen Leben entgegenreift durch das, was es aus unserem Sein empfängt, als dort, wo wir etwas tun, weil etwas nicht recht gehen will, wo wir eingreifen, weil das Kind einen falschen Weg eingeschlagen hat. Wir wissen aus solchen Momenten, daß in der Liebe keine vorsätzliche Erziehung notwendig ist, weil sie sich von selber schon vollzieht."

Dies ist ein „Schlüsselzitat" für meine vorliegende Arbeit. Den Zustand der vollkommenen Liebe mögen wir vielleicht wirklich nur selten, eventuell auch gar nie erreichen – jedenfalls nicht unbedingt jetzt und sofort. Wir können aber dennoch an unserer inneren Haltung uns selbst und unseren Mitmenschen gegenüber arbeiten, so daß wir immer öfter in eine echte hilfreiche Beziehung mit unserem Gegenüber gelangen können und gerade in diesen Momenten erleben dürfen, wie Wesentlicheres im Werden des Kindes geschieht, durch das, was es aus unserem Sein empfängt, als aus unserem pädagogischen Tun.

Während meines Praktikums hatte ich das große Glück, in einer Praxisstelle beschäftigt zu sein, in welcher besonderer Wert auf die innere Haltung des Heilpädagogen gelegt wurde. Die Erfahrungen und die damit verbundenen Entwicklungsprozesse sowie die Schlußfolgerungen, welche ich dadurch für mich und meine Arbeit gezogen habe, werde ich im Folgenden ausführlicher beschreiben.

Machen oder Sein

Bereits vor dem Heilpädagogikstudium hatte ich mannigfaltige Begegnungen und Erfahrungen mit verschiedenartig behinderten Menschen aller Altersstufen. Ich bin sozusagen mit behinderten Menschen aufgewachsen, da sich meine Eltern aufgrund meiner eigenen Behinderung schon früh im Behindertensportverein engagierten. Zweimal wöchentliche Schwimm- und Turntreffs, regelmäßige Wochenendfahrten und ein- bis zweimal jährlich Ferienfreizeiten begleiteten für etwa 15 Jahre mein Leben im Kinder- und Jugendalter. Für mich war also der Umgang mit behinderten Menschen ein ganz natürlicher.

Während meines Studiums habe ich dann Einblick in die verschiedenen Theorien, Methoden, Techniken und Ansätze für die heilpädagogische Arbeit bekommen. Rückblickend kann ich sagen, daß ich mich schon damals mehr für die Rolle des Heilpädagogen selbst, seine inneren Voraussetzungen und die daraus resultierende Beziehungsqualität zum „Klienten" interessiert habe als für diverse spezielle heilpädagogische Verfahren.

Rückblickend kann ich sagen, daß für mich während des Studiums ein Entfremdungsprozeß stattgefunden hat. Jedenfalls, was meine Arbeit und meinen unbeschwerten Umgang mit Kindern und behinderten Menschen betraf. Angesichts all der Theorien und Methoden, Fachbegriffe und Verhaltensweisen, die es zu lernen galt, vergaß ich regelrecht, was bereits an Fähigkeiten in mir steckte. So mußte ich mit ansehen, wie ich zum Beispiel unsicher in einer Gruppe von behinderten jungen Erwachsenen mein „Hallo, Hallo"-Lied auf der Gitarre anstimmte oder anfänglich kaum wußte, wie ich in der ersten Begegnung mit meinem HPE-Kind (2 ¼ Jahre) umgehen sollte; obwohl ich zum Beispiel als Neunjährige dem gerade fünfjährigen L. mit Down-Syndrom spielerisch, ohne darüber nachzudenken, in ein paar Stunden geholfen hatte, schwimmen zu lernen, und weitaus schwierigere Situationen im Laufe meines Lebens mit behinderten Menschen gemeistert hatte.

Je mehr ich mich also bemühte, mir die fachlichen Kompetenzen einer Heilpädagogin anzueignen, desto unsicherer und angespannter wurde ich in meinem konkreten Handeln. Ich war immer mehr beeinflußt von dem Anspruch, etwas Besonderes mit dem behinderten Menschen machen zu müssen, um ihm zu helfen, statt wie bisher einfach mit ihm zu sein, woraus sich eine notwendige konkrete Handlung dann meist von selbst ergibt.

Ich habe zwar während des Studiums einerseits viel an Fachwissen dazugelernt, andererseits aber auch etwas verloren, was ich vorher besaß: einen unbeschwerten, spontanen, mehr intuitiven, natürlichen Umgang mit dem behinderten Menschen.

Die Rückbesinnung

Mein Praktikum absolvierte ich in einer integrativen Spielgruppe für zwei- bis vierjährige Kinder des Vereins für Integrative Erziehung e.V.

Die pädagogische Arbeit in der Gesamtgruppe orientierte sich an bestimmten Grundhaltungen und daraus resultierenden Grundumgangsformen den Kindern gegenüber (u.a. von Montessori, Wild und Pikler), vor allem an der Grundannahme der inneren Führung (innerer Bauplan) im Kind.

Diese Grundannahme findet sich deutlich in der Pädagogik Montessoris. Sie geht davon aus, daß jedes Kind Kraft und Willen in sich trägt, seine Entwicklung selbstgesteuert durch eigene

Aktivität zu vollziehen. Ein gesundes Kind weiß also selbst bzw. findet selbst heraus, welche Tätigkeit für sein momentanes Wohlbefinden, sein Gleichgewicht und seine Entfaltung vorrangig ist. Mauricio und Rebeca Wild bestätigen diese Grundannahme durch die Erfahrungen ihrer Arbeit mit den Kindern. Rebeca Wild schreibt: „Was ist es nun, das all dieses Treiben reguliert, und wie gelangt ein kleines Kind zu der Entscheidung, was es tun soll, wie lange es bei einer Tätigkeit bleibt, mit wem es sich anfreundet, ob es Hilfe wünscht oder seine Schwierigkeit lieber alleine löst, oder ob es sogar vorläufig überhaupt nichts unternimmt, sondern lieber die anderen bei ihrem Tun beobachtet? In einer vorbereiteten Umgebung, die zwar viele Anreize bietet, aber in der die Erwachsenen keinen Druck ausüben, tritt erstaunlich klar hervor, daß jedes Kind, das nicht vorher durch falsche Behandlung allzusehr gestört worden ist, eine deutliche innere Führung besitzt …"

Dazu gehört Achtung vor der Eigenaktivität und dem Eigenrhythmus des Kindes. Dies bedeutet, nicht einzugreifen in die selbständige Auseinandersetzung des Kindes mit seiner Umwelt oder mit anderen Kindern, solange die in der Gruppe geltenden Regeln nicht verletzt werden. Dies bedeutet auch, das „Nein" eines Kindes gegenüber einem Angebot, einer Anregung oder Unterstützung zu respektieren.

Nur eine bewußt vorbereitete und entspannte Umgebung bietet den Kindern die Möglichkeit, sich selbständig und frei zu bewegen. Der Spielgruppenraum war in bestimmte Funktionsbereiche eingeteilt. Pädagogische Aufgabe war es, die Interessen, Tätigkeiten und Bedürfnisse der Kinder genau zu beobachten und die Umgebung entsprechend vorzubereiten und zu bereichern.

Damit die Kinder sich sicher und wohl fühlen können, bedarf es der Aufstellung einiger wichtiger Regeln und Grenzen. Die wichtigsten Regeln waren zum Beispiel: daß niemandem weh getan wird und daß andere Kinder im Spiel nicht gestört werden.

Die entspannte Umgebung schließt vor allem auch die Haltung und das Verhalten der Erzieher mit ein. Einer respektvollen, positiv wertschätzenden Grundhaltung dem Kind gegenüber wurde entscheidende Bedeutung beigemessen. Die Erzieherin/Heilpädagogin wurde nicht als Anleiterin, sondern als Begleiterin der Kinder angesehen.

Neben dem Freispiel, welches einen großen Raum einnahm, gab es auch bestimmte Angebote für die Gesamtgruppe, die den Bedürfnissen der Kinder entsprechend erarbeitet und angeboten wurden. Die heilpädagogische Arbeit innerhalb der Gruppe umfaßte darüber hinaus die individuelle Begleitung und Unterstützung einzelner Kinder, welche dies benötigten. Wichtig war allen, daß ein natürlicher Umgang miteinander gepflegt wurde. Auch bei dem behinderten Kind war man bemüht, sein ganzes Wesen wahrzunehmen und nicht seine Beeinträchtigung in den Vordergrund zu stellen.

Die pädagogischen Grundhaltungen galten in gleichem Maße für die heilpädagogische Arbeit mit den Kindern innerhalb der Gruppe. Die therapeutischen Maßnahmen wurden in die pädagogische Arbeit eingebunden und in die übrigen Spielprozesse der Kinder eingebettet.

Je tiefer ich mich mit dem Konzept beschäftigte, desto mehr wurden meine Ängste aktiviert. Was mache ich denn, wenn ich mit den Kindern nichts mehr machen muß? Wenn ich mich nicht mehr als Anleiterin verstehe, sondern als Begleiterin der Kinder, welche ihrer eigenen „inneren Führung" folgen? Entsteht nicht Chaos in der Gruppe, wenn ich die Fäden nicht mehr in der Hand habe, nicht mehr kontrollieren muß? Bei den „gesunden" Kindern hatte ich keine Zweifel in Bezug auf ihre Fähigkeiten, sich den nächsten Entwicklungsschritt selber zu erarbeiten. Aber die behinderten Kinder? Sie brauchen doch Förderung, Anregung von Außen, Motivationsanstöße um zum Beispiel eine verzögerte Entwicklung aufzuholen. Mein ganzes Selbstverständnis als Heilpädagogin war in Frage gestellt.

Auch Kautter beschreibt dieses Stadium zu Beginn einer fünfjährigen Projektarbeit zur Frühförderung entwicklungsverzögerter und entwicklungsgefährdeter Kinder: „Sie möchten sich mit der Idee auseinandersetzen, das Kind sei der Akteur seiner eigenen Entwicklung? Sie wollen prüfen, ob Sie sich das pädagogische

Konzept der Selbstgestaltung für Ihre Arbeit zu eigen machen können? Sie begeben sich möglicherweise auf einen Weg mit Hindernissen! Nein, es sind nicht die Kinder, die sich der Verwirklichung eines solchen Konzepts widersetzen werden. Es sind vielmehr die pädagogischen Einstellungen, die sich viele Erzieher durch die Erziehung, die sie an sich selbst erfahren haben, sowie durch die berufliche Ausbildung und durch berufliche Erfahrungen angeeignet haben, in denen Sie womöglich hängenbleiben werden. Uns, den Projektmitarbeitern, jedenfalls ist es schwergefallen, uns von der Vorstellung zu lösen, wir wüßten, was das Beste für die uns anvertrauten Kinder ist, wir müßten diese Kinder ‚gezielt fördern', es liege ganz an uns, ob sich die Kinder entwickeln oder nicht, an unserer pädagogischen und psychologischen Kunstfertigkeit und an unserem Engagement, wir seien die Akteure der kindlichen Entwicklung. Wir mußten umdenken. Wir wurden in unserer Erzieher-Identität in Frage gestellt. Die Verwirklichung eines pädagogischen Konzepts der Selbstgestaltung ist anstrengend."

Für mich wurde der Prozeß insofern erleichtert, da ich eine Praxisanleiterin hatte, welche mit diesem Konzept schon lange vertraut war und entsprechend arbeitete. Im ersten halben Jahr hatte ich genügend Gelegenheit, sie in ihrem Umgang mit den Kindern zu beobachten und dessen Wirkung zu erleben. Besonders, was das Auflösen von Konfliktsituationen unter den Kindern betraf, war ich immer wieder fasziniert. Durch scheinbar nichts lösten sich die Probleme in „nichts" auf.

Anja (2) und Lena wollen zum Beispiel beide mit der Handtrommel spielen. Anja hat die Trommel bereits in der Hand, Lena versucht, sie ihr wegzureißen. Beide Kinder zerren an dem Instrument und fangen an zu schreien. Mira tritt hinzu und setzt sich erst einmal ruhig daneben. Zu Anja: „Du hast die Trommel" – zu Lena: „und du möchtest sie auch haben." Die Kinder halten inne, sie hören auf, an der Trommel zu ziehen. Nach einer kurzen sprachlichen Auseinandersetzung, in welche sie Mira mit einbeziehen, kommt Lena zu einer Lösung: „Gut! Dann nimmst du erst die Trommel und dann ich." Anja ist einverstanden. Sie spielt ein paar Takte auf dem Instrument und reicht es dann von sich aus Lena. Mira hat während der ganzen Zeit nichts weiter getan, als den Kindern ihre Aufmerksamkeit geschenkt. Sie hat weder eigene Lösungsvorschläge gebracht, noch Partei ergriffen oder sich auf andere Art eingemischt.

Ich hatte nach mehreren Monaten immer noch nicht begriffen, wie sie das machte, denn im Grunde machte sie nichts, als die Situation zu beschreiben.

Ich kann mich an keine Situation erinnern, wo diese „Methode" nicht gewirkt hatte. Daß es sich um keine reine Technik handelte, wurde mir jedesmal deutlich klar, wenn ich mich selbst vergeblich bemühte, ähnliche Konflikte ebenso zu lösen. Ich spürte auch, daß sich das, was sich da abspielte, nicht mit Worten vermitteln ließ.

„Jedes Buch kann eine Technik beschreiben, aber eine innere Haltung kann nur von einer Person vermittelt werden."

Und obwohl ich in meiner Praxisanleiterin natürlich eine Person vor mir hatte, von der ich sehr viel in bezug auf meine innere und äußere Haltung den Kindern gegenüber wieder neu gelernt habe, durfte ich die entscheidende Wandlung in mir erst etwas später in der Begegnung mit einer anderen Person erleben. Vorerst durfte ich erfahren, daß man das pädagogische Konzept der Selbstgestaltung nicht einfach wie eine Arbeitsmethode übernehmen und anwenden kann, sondern es sich in mühevoller und oft krisenhafter Auseinandersetzung aneignen muß.

Darüber hinaus suchte ich mir noch ein Arbeitsfeld in einer öffentlichen Kindertagesstätte, um meinen Anspruch auf eine „richtige Rhythmikgruppe" und auf „richtige Einzelförderungen" zu befriedigen. Vielleicht waren es gerade diese kontrastreichen Arbeitsplätze, welche meinen Blick geschärft und so zu einer bewußten Wandlung meiner Arbeitsweise geführt haben.

In der Kindertagesstätte stand das Machen im Vordergrund. Die Erzieherinnen und auch ich selber standen dort unter dem Druck, etwas mit den Kindern machen zu müssen. Aktivitäten, Projekte, Rhythmik, Einzelförderungen mußten vor-, auf- und nachbereitet werden. Und obwohl natürlich jeder versuchte, den Bedürfnissen der Kinder möglichst gerecht zu werden, war Hauptakteur doch in der Regel die Erzieherin, oder auch ich, die Heilpädagogin. Kein Wunder, daß hierbei viel Energie darauf verwendet werden muß, nicht motivierte Kinder zum Mitmachen zu bewegen; und falls diese dann ausscheren, auch noch drohendes Chaos versuchen zu verhindern, sprich „alles unter Kontrolle" zu behalten. Ich konnte jedenfalls nach einer Weile nicht mehr so weitermachen wie gewohnt. Der achtsame Umgang, den wir in der Spielgruppe miteinander pflegten, hatte seine Wirkung. Hier konnte jeder, Kind und Erzieher, in einer entspannten Atmosphäre einfach „sein", und aus diesem „Da-Sein" heraus zum Tun, zu einer von innen heraus geleiteten Handlung gelangen.

Für mich persönlich hatte dies zur Folge, daß ich innerhalb der Spielgruppe immer weniger das Bedürfnis hatte, mit den behinderten Kindern von mir ausgesuchte oder von mir entwickelte „Übungen" zu machen. Je genauer ich lernte wahrzunehmen, desto mehr nahm ich wahr, was die Kinder eigentlich aus eigenem Antrieb für ihre Entwicklung taten. Daß sie nach Hilfe riefen, wenn sie diese benötigten, aber ansonsten ganz gut allein zurechtkamen. Natürlich war Voraussetzung für dieses selbständige Tun auch die den Kindern entsprechend vorbereitete Umgebung. Sie hatte genügend Anreize, aus denen sich die Kinder selber ihre „Arbeit" wählten. Ich konnte mich immer mehr zurückziehen und auch meine eigenen „aufgesetzten" Ansprüche loslassen. Je wachsamer ich für die wirklichen Bedürfnisse der Kinder wurde, desto weniger konnte ich mit meinen „Übungen" aufwarten. Es erschien mir plötzlich so sinnlos, denn ich erkannte, wie diese Kinder, eben auch die behinderten Kinder, ständig an ihrer Entwicklung und der Ausbildung ihrer Fertigkeiten arbeiteten, auch ohne unser Zutun. Der einzig wirkliche Sinn hätte darin gelegen, daß ich meine „Methoden" in der Praxis hätte erproben können. Also hätte ich das Kind gebraucht, um etwas zu lernen, aber nicht umgekehrt. Angesichts der Erkenntnis dieser „ernüchternden Wahrheit" konnte ich die Kinder nicht mehr für meine Zwecke „benutzen". Ich fing wohl langsam an, wirkliche Achtung zu bekommen und einen echten, respektvollen Umgang zu leben.

Selbsterfahrung in der Gestalt-Arbeit

Nach den Sommerferien hatte ich die Möglichkeit, an einem fünftägigen Einführungsseminar zur „Gestalt-Arbeit mit Kindern" teilzunehmen, von dem ich sagen kann, daß es für mich so etwas wie den „Durchbruch" gebracht hat.

In diesem Seminar bin ich tatsächlich wieder in tiefen Kontakt mit mir selber gekommen. Durch ganz einfache Übungen zur Achtsamkeit und genauen Wahrnehmung und vor allem durch den „Raum", der von den Seminarleitern, Katharina Martin und Lienhard Valentin, geschaffen wurde, kam langsam ein Prozeß in Gang, welcher uns immer mehr zu uns selbst brachte. Es ist, als hätte ich seit dem Seminar eine neue Instanz in mir wiedergefunden, welche wahrnimmt. Es ist wie eine Art „Achtsamkeit". Etwas, was „Kopf und Herz" verbindet und dabei alles, was nicht essentiell ist, entfallen lassen kann.

Hierzu ein Beispiel: In einer Kleingruppenarbeit wurde das Thema „Was macht mir Freude im Umgang mit Kindern?" in rotierenden Rollen besprochen. Es gab die Rolle des Zuhörers, des Erzählers und des Beobachters. Die Aufgabe des Beobachters war es, darauf zu achten, ob der Therapeut in Kontakt mit dem Klienten ist, und anschließend Feedback zu geben. Die erste Übung in der Art war für mich besonders gewinnbringend, da sich zufällig zwei weitere Heilpädagogen sowie eine Sozialpädagogin in der Gruppe befanden. Somit waren wir alle mit dieser Übung bereits von der Ausbildung her vertraut, aber eben auch vorbelastet. Interessant war, daß wir, wie sich in einem der Übung anschließenden Gespräch herausstellte, alle ähnliche Erfahrungen gemacht haben. In der Therapeutenrolle fühlten wir uns alle in die Ausbildungssituation zurückversetzt, wo ein gewisser Druck herrschte, „es jetzt richtig zu machen". Das Richtige zu sagen, gut zu verbalisieren, gezielt zu intervenieren, gezielt zu schweigen, empathisch zu sein etc. Wir alle spürten den kurzen Anflug von Streß bei dem Gedanken, jetzt beweisen zu müssen, daß wir fähig sind, die gelernten Techniken wirkungsvoll einzusetzen, um dem anderen helfen zu können. Aber trotz gleicher Übung lag der Schwerpunkt dieses Mal woanders, und zwar einfach im „Wahrnehmen dessen, was ist“ und im „Ausdrücken dessen, was wir wahrgenommen haben“. Uns gelang es nach diesem kurzen Streßmoment, alle Regeln und Gedanken erst einmal beiseite zu lassen und uns wirklich auf den Kontakt zu konzentrieren, was ja auch die Aufgabenstellung war.

Und diese kleine Fokusänderung brachte uns allen heilende Wirkung. In dem Moment, wo wir uns als „Therapeuten“ von unseren Gedanken und Vorstellungen über die Interventionen, die Situation oder unsere Rolle verabschiedeten und wirklich auf den Kontakt mit dem Menschen, der uns gegenübersaß, einließen, kam etwas in Fluß. Es entstand eine Art Raum in uns, welcher uns ermöglichte, den anderen wahrzunehmen und anzunehmen, wie er ist.

Im Gesprächsverlauf wurde erfahrbar, wie der Erzählende immer mehr zu sich selber bzw. in immer tiefere Schichten seines Seins gelangte, während wir einfach bereit waren, ihm zuzuhören und zu folgen, wohin immer er auch ging. Und wir durften miterleben, wie der gegenübersitzende Mensch selbst seine Lösungen fand. Die Kunst dabei war, sich ganz leer zu machen und sich dem anderen wirklich zur Verfügung zu stellen, dazusein, wirklich präsent zu sein, mit sich und dem anderen fühlbar in Kontakt zu sein.

In der Rolle des Erzählenden haben wir das befreiende Erlebnis gehabt, uns ganz aussprechen zu können und zu erleben, wie dies in sich schon eine große Hilfe ist. Durch die echte Anteilnahme und Aufmerksamkeit des Zuhörenden durften wir erleben, wie schnell wir in uns an die Themen kamen, welche für uns wirklich wichtig sind. Wir kamen immer tiefer an das, was uns tatsächlich gerade bewegte und ausgedrückt werden wollte, damit es „zur Lösung kam“. Wir erfuhren auch, wie schnell eine Frage oder eine Äußerung des Therapeuten, welche seiner Vorstellung und nicht unserem Erleben entsprach, uns von „unserem Kurs“ abbringen konnte. Es war, als wenn wir einen Umweg mit dieser Intervention gehen mußten und erst später, als der Raum wieder für uns frei war, zu unserem eigenen Anliegen zurückkehren konnten. Und in diesem „Immer-tiefer-in-uns-selber-tauchen-Dürfen“ kamen dann nach den aufgetauchten Fragen und Problemen und den damit verbundenen Gefühlen auch die Antworten oder „positiven" Gefühle ans Licht. Die Beobachter vertraten so etwas wie „die Instanz des Gewahrseins an sich". Allein durch ihre Anwesenheit waren wir uns alle unseres Handelns und Seins mehr bewußt.

Uns als Heil- und Sozialpädagogen waren Beratungsgespräche vertraut, nicht aber die entspannte Atmosphäre, die sich nach kurzer Zeit in unseren Übungsgesprächen einstellte. Wir führten dies auf zwei wesentliche Elemente zurück. Der Schwerpunkt unserer Aufmerksamkeit hat sich auf den Kontakt mit dem Gegenüber verlagert statt auf unsere Interventionen. Dadurch konnten wir den anderen und auch uns selbst besser wahrnehmen und in einen Prozeß einsteigen, an dem beide gleichermaßen beteiligt waren und in dem durch das Moment der echten Begegnung eine lebendige Dynamik entstand, welche etwas in Bewegung brachte in Richtung Lösung, Ordnung, Heilung. Unsere Seminarleiterin meinte dazu: „Wenn wir wirklich füreinander da sind, dann kann so etwas wie eine ‚höhere Kraft' hinzutreten, die wirkt."

Dieser Prozeß schien etwas ganz Natürliches zu sein, etwas, bei dem wir uns nicht anzustrengen brauchten, auch wenn ein hohes Maß an Aufmerksamkeit gefordert war. So war die Atmosphäre geprägt von wacher Aufmerksamkeit und gleichzeitiger Entspanntheit, denn wir hatten mehr Vertrauen in den lebendigen, zur Lösung strebenden Prozeß als solches, in unser offensichtlich kompetentes Gegenüber sowie auch in die schlichte Wirkung unserer liebevollen aufmerksamen Anwesenheit.

Das zweite für uns ausschlaggebende Element war, daß wir die entspannte Atmosphäre selber während des Seminars erleben durften. Es wurde ein Raum geschaffen, in dem jeder Teilnehmer das Gefühl bekam, daß er so sein durfte, wie er ist. Durch die nichtdirektive, annehmende Grundhaltung und echte Präsenz der Seminarleiter war es uns möglich, deren Wirkung auf uns selbst zu erfahren und dadurch leichter zu einer ebensolchen Haltung zu gelangen. Wir durften erleben, was an – ich sage hier ruhig – Heilung geschieht, wenn wir wirklich innerlich voll anwesend da sind, präsent sind.

Wie sich dieser innere Haltungswechsel, der im Grunde nur in einer Verlagerung der Aufmerksamkeit bestand, außerhalb des Seminars auswirkte, möchte ich in einem weiteren Beispiel beschreiben: Nach dem ersten Seminartag hatte ich bereits das Gefühl, wieder mehr „in Kontakt" mit mir selber zu sein. Ich kam spät nach Hause, mein Mann hatte gerade unseren Sohn Raphael (3 ½ Jahre) ins Bett gebracht. Ich trat ans Bett, um ihm eine „Gute Nacht" zu wünschen. Raphael begann mir mit strahlendem Gesicht vom Kindergeburtstag zu erzählen, auf dem beide den Nachmittag verbracht hatten. Ich hatte das Gefühl, meinem Sohn seit langem einmal wieder richtig zuhören zu können, seine Freude zu spüren, und ich freute mich innerlich mit ihm. Raphael: „Mama, und die Claude hat immer Jannis zu mir gesagt." (Seit seinem 3. Geburtstag wollte Raphael nur noch bei seinem ersten Namen gerufen werden, worauf sich die dreijährige Claude noch nicht eingestellt hatte.) Ich: „Und das wolltest du nicht." Raphael: „Nein, immer hat sie Jannis gesagt." Mein Mann warf ein, daß Raphael deswegen am Geburtstag fast geweint hätte. Ich: „Und die Claude hat das einfach nicht verstanden, daß du jetzt Raphael heißt?" Raphael: „Nein." Ich stand einfach weiter am Bett und wartete ab, aber ohne auf etwas Bestimmtes zu warten; es war mehr ein Innehalten, eben das, was ich mit einfach „da-sein" bezeichne. Eine wache Aufmerksamkeit gekoppelt mit einer „inneren Leere", die es ermöglicht, daß sich das ICH und das DU in diesem Raum berühren können. Bis dahin waren in Raphaels Äußerungen (Mimik und Tonfall) noch keine Anzeichen von Traurigkeit zu sehen gewesen, er zeigte mehr eine Spur von Entrüstung und Unverständnis über das Geschehene. Plötzlich wandelte sich sein zuvor noch klarer und heller Gesichtsausdruck in abgrundtiefe Schmerzen. Er begann tief zu schluchzen und brachte gerade noch hervor: „Mama, ich bin so traurig." Ich nahm ihn auf den Arm und setzte mich mit ihm hin. Auch ich war von der Plötzlichkeit und Heftigkeit dieses auftauchenden Schmerzes überwältigt. In einem kurzen Anflug von Hilflosigkeit fragte ich: „Warum bist du so traurig?" Aber auch diese Frage konnte den einmal wiederhergestellten tiefen Kontakt nicht mehr erschüttern. „Ich weiß es nicht", war die Antwort und dabei beließ ich es. Während der nächsten fünf bis zehn Minuten, in denen Raphael all seine Trauer herausweinte, wurde ich mir nicht nur seines, sondern auch meines eigenen Schmerzes darüber bewußt, daß ich schon seit langer Zeit keinen echten Kontakt mehr zu ihm gehabt hatte. Wie oft muß er sich wohl auch von mir nicht verstanden gefühlt haben, nicht gesehen und respektiert in seinem eigenen Wesen. Dabei hatte er mir seine Not im Grunde schon lange gezeigt, meist durch aggressives, unkooperatives Verhalten. In diesem Moment konnte jedoch Heilung geschehen in unserer Beziehung. Wir hatten uns endlich wiedergefunden, nur weil ich mich selber wiedergefunden hatte.

Auswirkungen auf die Praxis

Etwas weniger dramatisch, aber ebenso eindrücklich waren für mich die weiteren Arbeitserfahrungen in der Praxisstelle.

Nach den Sommerferien hatten wir ein aufgrund von Frühgeburt entwicklungsverzögertes Kind (Jonas, 3 J.) in der Gruppe. Mit Jonas habe ich von Anfang an anders gearbeitet, das heißt, ich habe ihn hauptsächlich bei der Bewältigung der Anforderungen des Spielgruppenalltags und des Gruppengeschehens in der Gesamtgruppe unterstützt, wenn dies erforderlich war. Dabei habe ich darauf geachtet, daß er soweit wie möglich seine eigenen Fähigkeiten nutzte und auf diese aufbaute, zum Beispiel beim Treppensteigen.

Die Spielgruppe lag im Souterrain, war also nur über eine Treppe zu erreichen. Ebenso mußte diese bestiegen werden, um in den Garten und zurück zu kommen. Jonas war es gewohnt, im festen Griff seiner Mutter, sicher an ihr hängend, die Treppe zu bewältigen, halb gehoben, halb gezogen, je nachdem, ob es hinauf- oder hinabging. Allein auf sich gestellt, hätte er das Gleichgewicht verloren und wäre die Stufen hinabgefallen. Aufgrund dieser Erfahrung hatte er es sich zur Gewohnheit gemacht, vor der Treppe auf einen erwachsenen Helfer zu warten. Er gab mir also zu verstehen, daß er meine Hand wollte. Ich wollte ihn jedoch nicht länger in seiner Abhängigkeit unterstützen, allerdings auch nicht frustrieren, indem ich ihm keine Hilfe anbot. Also gab ich ihm das Minimum: meinen Finger. Jonas hielt sich krampfhaft fest und begann langsam, Stufe für Stufe mit mir die Treppe hinaufzugehen. Er schwankte dabei extrem unsicher hin und her; ich hatte den Eindruck, er bekam das erste Mal ein Gefühl dafür, Höhenunterschiede zu überwinden und dabei auf seinen eigen Füßen zu stehen. Mehrmals blieb er stehen. Nach einer dieser Pausen entdeckte er, daß das Treppengeländer ihm zusätzlich Halt geben konnte. So ging es etwas besser. Am Sandkasten hob ich ihn ebenfalls nicht hinein, sondern ließ ihn umständlich über den Rahmen klettern. Diese Prozedur wiederholte sich mehrmals. Jedesmal mußte ich mit Jonas die Treppe gemeinsam gehen, ein Alleingang wäre zu gefährlich gewesen. Wenn ich allein mit den Kindern war, bedeutete dies für Jonas, daß er jedesmal warten mußte, bis alle Kinder fertig angezogen waren, damit ich Zeit hatte, mit ihm die Treppe hinaufzugehen. Natürlich waren wir so immer die letzten; ich weiß nicht, ob es dieser Umstand war oder ein anderer, der ihn schließlich dazu bewegte, eine eigene Lösung zu finden. Nach ein paar Tagen kam ich an die Treppe und sah, wie Jonas bereits die halbe Höhe hinter sich gebracht hatte, indem er einfach die Treppe hochkrabbelte. Glücklich schloß er sich daraufhin den an der Tür wartenden Kindern an. Von nun an benutzte er diese schnellere Methode, um hinaufzukommen, hinunter bediente er sich immer noch des Geländers und meines Fingers oder nach einer Weile auch der helfenden Hand seiner dreijährigen Kameradin. Auch die Mutter bemühte sich fortan, Jonas selbständiger Hindernisse überwinden zu lassen. Nach einiger Zeit begann Jonas selbständig, wenn auch noch langsam und unsicher, die Treppenstufen hinaufzusteigen. Dabei hielt er sich am Geländer fest. Er krabbelte den Rest weiter, wenn es ihm anscheinend zuviel wurde oder zu langsam ging. Auch wenn man das Krabbeln als Rückschritt bezeichnen könnte, war es doch ein Fortschritt für Jonas. Es befähigte ihn, eigene Erfahrungen mit der Bewegungskoordination und dem Gleichgewicht seines Körpers zu machen. Und er hatte eine eigene Lösung gefunden, wie er seine Hindernisse überwinden konnte. Indem er die Kräfte genutzt und dadurch gestärkt hatte, in denen er sich bereits sicher fühlte, konnte er mehr Vertrauen zu sich und seinen Körperfunktionen bekommen, was ihm wohl auch den Mut gab, vorsichtig neue Fähigkeiten auszuprobieren.

Mit Jonas habe ich auch keine Einzelangebote im herkömmlichen Sinne erprobt. Das heißt ich habe keine direkt auf seine Defizite zugeschnittenen Förderübungen erarbeitet, sondern ihn in seinem Tun und seinen Interessen beobachtet und versucht, über die Erweiterung oder Umgestaltung der vorbereiteten Umgebung die Möglichkeiten für ihn bereitzustellen, die für ihn von Interesse sein könnten. Dabei ließ ich ihn jedoch völlig frei in seinem Erkunden. Meistens entdeckten die anderen Kinder der Gruppe solche neuen Beschäftigungsmöglichkeiten zuerst, und Jonas schloß sich ihnen dann aus Gemeinschaftssinn an. Eines dieser Angebote, welches er immer wieder aufgegriffen hat, war optimal zur Förderung seiner Grob- und Feinmotorik, Auge-Hand-Koordination, Konzentration und vieles mehr:

Auf einem Tablett sind mehrere Gefäße (Glas, Schälchen), ein Löffel und eine Schale mit Linsen. Es war für Jonas schon eine Kunst, das Tablett vom Regal an den Tisch zu bringen. Dort niedergelassen, vertiefte er sich meist sehr konzentriert in das löffelweise Verteilen der Linsen in die übrigen Gefäße. Dann ging es hin und her: mit Löffel, Glas oder Fingern wurden die Linsen umgeschichtet, bis die meisten im Tablett verstreut waren und nur noch wenige in den Gefäßen zurückgeblieben waren. Hier hat Jonas mich regelmäßig um Hilfe gebeten, um die verstreuten Linsen wieder einzusammeln und dann das Spiel zu beenden oder eine erneute Runde einzulegen. Über mehrere Wochen spielte Jonas dieses Spiel jedesmal, wenn er in der Spielgruppe war, und wurde dabei natürlich zunehmend geschickter.

Manchmal ergab sich trotzdem eine Art „Einzelangebot" wie Puzzeln, Bilderbuch anschauen, Kleben, Fingerspiele oder ähnliches; doch hatten diese in der Regel einen direkten Bezug zum Spielprozeß von Jonas oder zum Gruppengeschehen allgemein.

Mit Jonas durfte ich erfahren, wie sehr ein Kind für die Entwicklung seiner Fähigkeiten von einer entsprechend vorbereiteten Umgebung profitieren kann, in der es frei ist in der Wahl seiner Tätigkeiten, in deren Dauer und in gewissem Rahmen auch in der Art und Weise ihrer Ausführung. Ich konnte beobachten, daß er sich selbst die Aufgaben stellte, die für seine Weiterentwicklung förderlich waren. Und wenn er müde war, legte er sich einfach in die Kuschelecke und ruhte sich aus.

Meine Erfahrungen ermutigten mich, auch in der Kindertagesstätte neue Wege auszuprobieren. Ich habe die Planung der Einzelförderungen und der Rhythmik offener gehalten und bin immer mehr den Bedürfnissen und Impulsen der Kinder sowie auch meinen eigenen spontanen Eingebungen gefolgt. Letztere konnten die Kinder aufgreifen, abweisen oder abwandeln, wie es ihnen entsprach. Dabei hatte ich das Gefühl, daß ich sie dank meiner eigenen Seminarerfahrung ehrlicher frei lassen konnte in ihrer Wahl.

Zum einen war mein Vertrauen in die Selbstregulierungstendenzen des Individuums — auch der behinderten Kinder – gewachsen, zum anderen wußte ich mehr um die Wichtigkeit meiner echten authentischen Anwesenheit, der Kunst, mich innerlich leer zu machen, den Kindern und mir Raum zu geben und eine Haltung von Offenheit und einer Art Gewahrsein einzunehmen, welche dazu befähigt, tatsächlich präsent zu sein.

Je mehr es mir gelang, in diesem achtsamen Zustand zu sein, desto lebendiger, kreativer und fruchtbarer habe ich die Arbeit mit den Kindern empfunden. In solchen Zeiten war tatsächlich eine Kraft zu spüren, ein Zustand von Liebe, der das Miteinander entspannter, einfacher und freudvoller gemacht hat. Die Kinder, die sich in ihrem So-Sein gesehen und geachtet fühlten, konnten sich freier entfalten und waren an ihrem Tun innerlich wirklich beteiligt. Diese Erfahrungen brachten mir die Erkenntnis, daß mich die Kinder im Grunde nicht direkt für ihren Entwicklungsprozeß benötigten, sondern eher indirekt, indem ich ihnen in oben beschriebener Grundhaltung begegnete und mich mit meinem ganzen Sein zur Verfügung stellte, für sie da war.

Wichtiger als jede angewandte Methode ist demnach die Haltung und das Sein des Heilpädagogen. Das, was in diesem „Feld" dann heilend wirkt, entzieht sich dem direkten, inhaltlichen Einfluß des Heilpädagogen. Er kann es nicht machen, sondern nur geschehen lassen, im Vertrauen in die immer nach Vollkommenheit strebende Bewegung des Lebens selbst.

Übung *Achtsamkeitsmeditation*

Die formale Praxis der Achtsamkeit ist eine Möglichkeit, aus unseren alltäglichen Mustern auszusteigen, einen Moment innezuhalten und mit uns und unserer inneren Erfahrung in einen direkten, unmittelbaren Kontakt zu treten. Zu Beginn muß eine solche Zeit des Innehaltens nicht lang sein. Zwei bis fünf Minuten sind ein Anfang. Wichtig ist, daß Sie sie sich nicht als zusätzliche lästige Pflicht aufzwängen, sondern sie sich als Zeit für sich selbst gönnen – als Zeit, in der Sie nichts tun, nichts leisten, nichts erreichen müssen – als ein Geschenk an sich selbst. Augenblicke des Nicht-Tuns nähren Körper und Seele, und gerade für Eltern sind diese Momente des Rückzugs mehr als notwendig.

Für den Anfang ist es sehr hilfreich, wenn Sie für die Zeit, die Sie der Übung widmen wollen, alles zurückstellen, was Sie gerade beschäftigt. Sie können sich vorstellen, alle zu erledigenden wichtigen Dinge in eine Schachtel zu tun, die Sie dann nach der Übung wieder öffnen können. Vielleicht hilft Ihnen das, sie zumindest für kurze Zeit beiseite zu lassen.

Lassen Sie sich dann ein wenig Zeit, um erst einmal bei sich und in Ihrem Körper anzukommen. Erinnern Sie sich daran, daß es nichts zu leisten gibt, strengen Sie sich also nicht an. Was sich meldet, das meldet sich, was nicht, das nicht. Es geht nicht darum, irgend etwas zu erreichen, sondern mit unserem Zustand in Kontakt zu kommen, wie er eben gerade ist. Sie können im Liegen oder im Sitzen üben. Wenn Sie sitzen, experimentieren Sie ein wenig mit Ihrer Art zu sitzen. Zwingen Sie sich nicht in eine aufrechte Haltung, sondern orientieren Sie sich daran, wie Sie am meisten Raum für die Atmung haben. Manche Meditationslehrer schlagen vor, eine innere Haltung der Würde einzunehmen – wie ein wahrer König oder eine wahre Königin. Finden Sie einfach eine Art des Sitzens, die Ihnen entspricht und in der Sie sich nichts aufzwängen.

Stellen Sie sich dann darauf ein, wo Sie Ihren Atem am besten wahrnehmen können. Spüren Sie die Bewegung des Bauches beim Ein- und Ausatmen oder der Brust – oder spüren Sie den Luftstrom, wie er aus Ihrer Nase aus- und in sie einströmt? Wählen Sie den Ort aus, an dem Sie Ihren Atem am besten wahrnehmen können, ohne sich anzustrengen, und bleiben Sie dann für die restliche Zeit des Übens bei diesem Ort. Versuchen Sie auch nicht, Ihren Atem zu kontrollieren oder die Atembewegung zu beeinflussen. Lassen Sie ihn so, wie er ist, und begleiten Sie ihn einfach sanft.

Manchen Menschen fällt es anfangs sehr schwer, ihre Aufmerksamkeit auf den Atem zu richten, ohne diesen durch ihren Willen zu beeinflussen. Sollte dies der Fall sein, bleiben Sie einfach bei Ihren Körperempfindungen, die Sie im Kontakt mit Ihrer Unterlage oder Ihres Stuhls oder Sitzkissens wahrnehmen. Die Kunst besteht darin, ähnlich wie beim Stimmen einer Geige, die rechte Aufmerksamkeit zu entwickeln – nicht zu schlaff und nicht zu straff. Lassen Sie sich Zeit, bis sich langsam ein Gleichgewicht einstellt. Es ist keine Frage der willentlichen Anstrengung, sondern der Kunst eines liebevollen, nichtwertenden ständigen Neubeginns.

Wenn Sie feststellen, daß Ihr Geist sich wie eine wilde Affenhorde gebärdet, die mal hierhin, mal dorthin springt, können Sie beruhigt sein – Sie sind sicher nicht der einzige Mensch, dem es so geht. Und machen Sie kein Problem daraus – es ist eine wichtige Selbsterkenntnis und der erste Schritt, uns von unseren automatischen Denk- und Gefühlsmustern zu befreien. Selbst wenn Sie in einer Minute hundertmal von Ihrem Atem oder Ihrem Körper abschweifen, so ist das kein Problem. Bewerten Sie nichts, sondern kehren Sie einfach sanft und freundlich zu Ihrem Atem oder Ihrem Körper zurück.

Und vergessen Sie nicht: Alles ist einfach so, wie es ist. Wir brauchen nichts zu verändern, wir brauchen uns nicht zu ändern – wir können so bleiben, wie wir sind, nur fangen wir an, uns uns selbst mit freundlichem Interesse zuzuwenden. Veränderung geschieht, wenn wir mit dem in Kontakt kommen, was wir sind, nicht wenn wir versuchen, etwas zu werden, was wir nicht sind. Wenn uns langweilig ist, so ist das vollkommen in Ordnung. Wenn wir ungeduldig oder rastlos sind, nehmen Sie das einfach wahr, ohne es zu bewerten oder darauf zu reagieren. Wenn Sie bemerken, daß Sie vom Atem oder von Ihrem Körper abgeschweift sind, registrieren Sie kurz, wo Sie gelandet sind, und kehren Sie dann sanft zum Atem zurück. So lernen Sie sich langsam kennen und sammeln Daten, wie Ihr Geist funktioniert, was in ihm vor sich geht, wie er auf angenehme oder unangenehme Erfahrungen reagiert.

Registrieren Sie auch Ihre Reaktionen auf das „Nicht-Tun". Wie reagiert Ihr Geist auf Leere? Was geht in Ihnen vor, wenn es nichts zu tun, nichts zu erreichen gibt?

Experimentieren Sie ein wenig mit dieser Übung, wenn Sie möchten. Es gibt natürlich auch andere Formen der Achtsamkeitspraxis. Hier noch einige Buchtips, wenn Sie mehr über diese Form der Meditation erfahren möchten:

- Jon Kabat-Zinn: *Die heilende Kraft der Achtsamkeit* (Buch & CD)
- Jon Kabat-Zinn: *Streßbewältigung durch die Praxis der Achtsamkeit* (Buch & CD)
- Jack Kornfield: *Frag den Buddha und geh den Weg des Herzens*
- Saki Santorelli: *Zerbrochen und doch ganz – Die heilende Kraft der Achtsamkeit*

Und zur Inspiration:

- Jack Kornfield & Christina Feldman: *Geschichten des Herzens*

Übung *Mit Gefühlen der Angst, Hilflosigkeit und Ohnmacht arbeiten*

Mit zunehmender Achtsamkeitspraxis gewinnen wir an innerer Stabilität, und mit der Zeit wird es uns möglich, auch inmitten von Unsicherheit, Angst und Chaos wachsam und stabil zu bleiben. Nomalerweise werden wir von solchen Emotionen leicht hinweggefegt und fühlen einen unwiderstehlichen Drang zu reagieren. Meine Erfahrung ist, daß sich völlig neue Möglichkeiten auftun, wenn wir den inneren Raum finden, mit solch drängenden Impulsen zu arbeiten. Statt uns von unseren Emotionen mitreißen zu lassen, können wir innehalten, ruhig durchatmen und uns auf die scheinbar unerträgliche Spannung einlassen, keine Lösung, keine rettende Idee und keinen Plan parat zu haben.

Wenn es mit tatsächlich gelingt, mit meinen Emotionen auf diese Weise zu arbeiten, bemerke ich manchmal, daß sich ein innerer Raum öffnet, auch wenn sich vielleicht gleichzeitig Gefühle von Unbeholfenheit und Inkompetenz einstellen. Dieser innere Raum ermöglicht es, die Emotionen in mir zuzulassen, ohne daß sie mich aus meiner Mitte werfen und zu vorschnellen Aktivitäten verleiten.

Wenn in Ihnen das nächste Mal ein Gefühl der Angst, Unsicherheit oder Ohnmacht auftaucht, könnten Sie versuchen, mit dem „Nicht-Handeln" zu experimentieren. Versuchen Sie, innezuhalten und die aufsteigenden Emotionen durch Sie hindurch und über Sie hinwegzuspülen zu lassen. Versuchen Sie, nicht zu reagieren, sich nicht gegen diese Wellen zu stemmen, sondern einfach mit ihnen zu sein. Wie ein Felsen in der Brandung, wie ein Berg, der inmitten von Stürmen und sich ständig verändernden Bedingungen einfach in sich ruht – unerschütterlich.

Wenn wir geduldig sind und auch dann nicht resignieren, wenn wir immer wieder einmal mitgerissen werden, werden unser Atem und unsere Bereitschaft, unseren inneren Raum zu bewahren, zu äußerst hilfreichen Verbündeten. Sie helfen uns, uns im gegenwärtigen Moment zu verankern, und mit der Zeit kann sich in diesem Raum unsere Intuition entfalten, die uns zu neuen Antworten, auch in angespannten und emotionsgeladenen Situationen, führen kann.

Gewaltanwendung gegen Kinder entsteht meist aus einem Gefühl der eigenen Ohnmacht. Wenn wir uns machtlos – „ohnmächtig" – fühlen, geschieht es am ehesten, daß wir ausrasten und unsere Macht gewaltsam einsetzen. Nicht zuletzt deshalb ist es sehr heilsam, wenn es uns gelingt, diesen Teufelskreis von Ohnmacht und Gewaltanwendung zu durchbrechen und unser Handeln nicht ausschließlich von unseren emotionalen Reaktionen bestimmen zu lassen.

Übung *Bergmeditation*

Diese Übung ist besonders geeignet, um unsere innere Stabilität zu entwickeln und zu stärken. Der Berg ist ein kraftvolles Symbol für unerschütterliches Verweilen in Gegenwärtigkeit und Stille – in einem inneren Raum jenseits von Gedanken und Emotionen. Ich habe sie durch Jon Kabat-Zinn kennengelernt und gebe sie hier in leicht veränderter Form wieder.* Am leichtesten kommen Sie mit diesem Gefühl der Unerschütterlichkeit in Kontakt, wenn Sie zu dieser Meditation mit gekreuzten Beinen auf dem Boden sitzen. Wenn Ihnen dies nur unter größeren Schwierigkeiten möglich ist, können Sie aber auch eine andere Meditationshaltung einnehmen. Beim Meditieren ist es wichtig, sich um sich selbst zu kümmern und sich nichts aufzuzwängen, was vielleicht „ideal" sein mag, aber unserer Wirklichkeit im Moment nicht entspricht.

Lassen Sie sich zunächst ein wenig Zeit, im Sitzen anzukommen, und wenn Sie dann bereit sind, lassen Sie das Bild eines Berges vor Ihrem inneren Auge auftauchen, der Sie besonders

* Eine Anleitung zur Bergmeditation ist auch auf der Begleit-CD des Buches *Die heilende Kraft der Achtsamkeit* enthalten.

anspricht. Warten Sie einfach ab, was für ein Bild sich einstellt. Es kann ein Berg sein, den Sie kennen und zu dem Sie vielleicht eine besondere Beziehung haben, oder auch ein Berg, der nur in Ihrer inneren Welt existiert. Auch wenn sich kein klares Bild eines Berges einstellt, lassen Sie sich nicht entmutigen – vielleicht gehören Sie zu den Menschen, die eher das Gefühl, ein Berg zu sein, in sich wachrufen können, als einen solchen zu visualisieren.

Wenn ein Berg auftaucht, lassen Sie diesem Bild Zeit, deutlicher zu werden. Nehmen Sie seine Form wahr, wie er tief in der Erdkruste ruht und sich dann bis zu seinem Gipfel erhebt. Nehmen Sie seine Schönheit wahr, seine Stabilität und Unerschütterlichkeit.

Sitzen Sie und atmen Sie mit diesem Berg. Wenn Sie sich bereit fühlen, versuchen Sie, den Berg in Ihren eigenen Körper hineinzuversetzen, so daß Ihr sitzender Körper und der Berg vor Ihrem inneren Auge eins werden. Ihr Kopf wird zum Gipfel, Ihre Schultern und Arme zu den Flanken des Berges und Ihr Gesäß und Ihre Beine zur Basis, die tief im Boden verwurzelt ist. Lassen Sie sich zu einem atmenden Berg werden, unerschütterlich in Ihrer Stille ruhend.

Die Jahreszeiten kommen und gehen, milde Sonnentage und starke Stürme wechseln sich ab, doch der Berg läßt sich davon nicht stören. Unerschütterlich ruht er in sich.

Indem wir in der Meditation zum Berg werden, verbinden wir uns mit der Stabilität und Unerschütterlichkeit des Berges. Unsere Gedanken und emotionalen Stürme ähneln dem Wetter auf dem Berg. Wie Jon Kabat-Zinn sagt, neigen wir dazu, das Wetter unseres Lebens allzu persönlich zu nehmen. Wir können es nicht ignorieren oder leugnen, wir müssen uns aber auch nicht von ihm herumwirbeln lassen. Wenn wir es als das wahrnehmen und anerkennen, was es ist, und ihm mit Gewahrsein begegnen, gewinnen wir ein hohes Maß an innerer Freiheit, Ruhe und Stabilität.

Wenn Sie mit dieser Art der Meditation etwas anfangen können, versuchen Sie sich auch im Alltag, angesichts von Widrigkeiten, Schwierigkeiten oder Stürmen, die durch Ihren Geist ziehen, an Ihren Berg zu erinnern.

Selbstzweifel, Schuldgefühle und ein Weg, mit sich selbst Freundschaft zu schließen

> *Wenn du auch nicht die ganze Welt glücklich machen kannst, so gibt es doch einen Weg, dich selbst glücklich zu machen, wenn du Herzensfrieden findest. Alle, mit denen du umgehst, werden glücklich, wenn du zum wahren Glück gefunden hast. So wirst du selber – wohin du auch gehst – zu einer wandernden Einrichtung zur Förderung des Friedens.*
>
> BUDDHISTISCH

In unseren Seminaren und Treffen stellen wir immer wieder fest, daß viele Eltern denken, sie machen etwas falsch, wenn sie Schwierigkeiten haben. Vielfach wird von Müttern erwartet, daß sie Kinder und Haushalt mit „links" managen müßten, am besten einen Beruf auch noch dazu und dann auch noch ständig mit einem glücklichen Gesicht herumlaufen, wie es die Werbung verspricht – Mutter lächelt, Kind lächelt, alles in Butter. Ich habe noch keine Familie gesehen, bei der dies so wunderbar funktioniert – aber viele Mütter mit einem schlechten Gewissen und Schuldgefühlen, weil es bei ihnen nicht so recht laufen will. Besonders leiden diejenigen Mütter, die hohe Ideale haben und sich alle Mühe geben und trotzdem immer wieder an ihre Grenzen stoßen und einfach keinen Weg finden, das im täglichen Leben zu verwirklichen, was sie eigentlich gern würden und als „richtig" ansehen.

Die Vorstellung, daß es im Leben mit Kindern einen Weg geben könnte, alle Schwierigkeiten und Konflikte zu vermeiden, ist vollkommen lebensfremd und setzt uns unter einen solch enormen inneren Druck, daß es sehr schwierig wird, wirklich mit ihnen in Kontakt zu sein. Die Augen der Liebe und Achtsamkeit kennen kein „richtig" und „falsch" – sie sehen tiefer. Wenn wir uns und unser Tun ständig bewerten, verlieren wir den inneren Raum, der notwendig ist, um wahrzunehmen, was wirklich geschieht – unsere Augen des Herzens bleiben uns so verschlossen.

Wie schon mehrfach erwähnt, haben nur die wenigsten Menschen in ihrer Kindheit bedingungslose Liebe erfahren dürfen. Die meisten Erwachsenen haben das Gefühl, daß sie nicht „grundsätzlich" liebenswert sind, sondern nur, wenn sie bestimmte Bedingungen erfüllen – wie auch immer diese aussehen mögen. Die traditionelle Erziehung – früher und meist noch heute – vermittelt Kindern das Gefühl, daß sie nicht in Ordnung sind, wenn sie sich nicht den Vorstellungen ihrer Eltern gemäß verhalten. Dieses Bewertungsschema und das Bild, daß sich unsere Eltern von uns gemacht haben, haben wir tief verinnerlicht und es beeinflußt uns auch heute noch in allem, was wir tun. Wir tragen die Stimmen unserer Eltern immer noch mit uns herum und versuchen, ihnen zu genügen – ein braver Junge oder ein braves Mädchen zu sein –, oder wir begehren immer noch gegen sie auf. Aus dieser Zeit stammt auch die Angst, etwas falsch zu machen, nicht zu genügen, und wo könnte dies schlimmer sein als bei der Erziehung der eigenen Kinder. Damit dies nicht geschieht, versuchen wir eine Methode, einen Experten zu finden, der uns das Gefühl gibt, daß wir es richtig machen. Auf diese Weise glauben wir, Boden unter die Füße und Orientierung zu bekommen. Aber diese Sicherheit verdeckt nur die Selbstzweifel, die weiter unter der Oberfläche lauern.

Die Vorstellung, daß alles wunderbar liefe, würden wir nur alles richtig machen, ist außerordentlich schädlich. Wenn es Konflikte gibt, stimmt entweder mit den Kindern etwas nicht, oder wir haben als Eltern versagt. Das führt dann wieder zu Selbstzweifeln und zu Schuldgefühlen. Dieser Mechanismus sitzt sehr tief und löst sofort eine große Unruhe in uns aus, wenn sich irgendwo ein Konflikt anbahnt, wenn etwas nicht zu stimmen scheint oder wenn es einfach nicht so läuft, wie wir uns das vorstellen. „Wahrscheinlich hat er nicht genug Liebe bekommen, wenn er sich jetzt so benimmt!" „Wir hätten doch mehr Grenzen setzen sollen, wenn sie jetzt nicht tut, was wir wollen!" „Was haben wir nur falsch gemacht?"

Im Leben mit Kindern wird diese Art von Selbstzweifel besonders offenkundig. Wenn wir sehen, daß andere Eltern auf ganz andere Weise mit ihren Kindern umgehen, werden wir häufig entweder unsicher, oder wir versuchen sie von unserer Sichtweise zu überzeugen, denn dieses „Anderssein" fördert unsere eigene Unsicherheit und unsere Selbstzweifel unmittelbar zutage.

Nehmen wir an, eine Mutter hat ihr Kind mit acht Monaten abgestillt. Sie trifft eine Freundin mit einem vier Monate alten Baby und fragt sie: „Stillst du sie noch?" „Ja, natürlich", ist die Antwort, und beide fühlen sich verbunden und tauschen sich darüber aus, wie wenig Verständnis dem Stillen immer noch entgegengebracht wird. Ein halbes Jahr später treffen sie sich wieder, und wie so häufig kommen sie bald auf ihre Kinder zu sprechen. Als ihre Freundin erzählt, wieviel Freude ihre Tochter noch immer am Trinken an der Brust hat, wird die Mutter, die ihr Baby mit acht Monaten abgestillt hat, sofort unsicher. Je nach Veranlagung werden die Selbstzweifel offensichtlich und sie fragt sich, ob sie ihrem Kind wohl geschadet hat, oder sie wird versuchen, ihre Freundin davon zu überzeugen, nun doch endlich abzustillen, sonst würde sie ihr Kind nie mehr loslassen.

Wenn wir mit Kindern neue Wege gehen und uns nicht in erster Linie an Methoden oder Modellen orientieren, werden wir dies immer wieder zu spüren bekommen. Andere Eltern und viele sogenannte Experten werden aus ihrer eigenen Unsicherheit heraus mit allen möglichen Mitteln versuchen, uns wieder ins Boot zu bekommen – schon allein, damit sie in Ruhe so weitermachen können wie bisher.

Es mag leicht klingen, aber es ist außerordentlich schwierig, Methoden, Landkarten und Ratgeber loszulassen – wir brauchen viel Mut und Unterstützung, um die innere Kraft zu gewinnen, unsere Unsicherheit auszuhalten. Es ist alles andere als angenehm, wenn uns der Boden unter den Füßen weggezogen wird, und Kinder tun genau das. Wie nichts und niemand anders stoßen sie uns auf unsere wunden Punkte, zwingen sie uns, unserer Realität ins Auge zu blicken. Sie kratzen ständig an unserem Selbstbild, und nicht zuletzt aus diesem Grund sind sie eine solch große Chance für unser eigenes inneres Wachstum.

Wir können lernen, uns mit der Unsicherheit vertraut zu machen und uns mit ihr anzufreunden – uns langsam zu entspannen, statt gewohnheitsmäßig auszurasten. Die Angst davor, ins Offene zu gehen, ist zu einem großen Teil auch eine Folge unserer eigenen Erziehung. Wir konnten als Kinder kein „Urvertrauen" entwickeln, und so reagieren wir panisch oder gewaltsam, wenn wir die Orientierung verlieren und nicht mehr wissen, wo es langgeht – wenn wir uns hilflos oder ohnmächtig fühlen. Der innere Raum, der sich durch die Praxis der Achtsamkeit langsam entwickelt, gibt uns die Möglichkeit, uns und unsere Reaktionsmuster klarer zu sehen. Statt panisch zu werden und außen nach einer Lösung zu suchen oder die Situation durch Gewalt unter Kontrolle zu bekommen, können wir innehalten und unsere Augen des Herzens befragen. Das ist es, was mit dem „Anfänger-Geist" oder dem „Don't know mind" letztlich gemeint ist – zu versuchen, jeder Situation so weit wie möglich mit offenem Herzen und neuen Augen zu begegnen.

Schuldgefühle und Selbstzweifel sind ein Hinweis, daß wir an einem Mangel an Selbstwertgefühl leiden. Wenn wir uns mit Schuldgefühlen quälen, ist dies wie eine Art Moralpredigt oder Strafe, die vielleicht immer noch leichter zu ertragen ist, als uns selbst – mit unseren Schwächen und unserer Unvollkommenheit – so anzunehmen, wie wir sind, und wirklich hinzuschauen. Wir haben unsere Strafe erhalten, können nun aber so weitermachen wie bisher. Schuldgefühle sind nicht angenehm, aber sie sind vertraut, und sie haben noch nie etwas wirklich verändert. Sie halten uns in dem alten Muster gefangen, daß wir nicht genügen und nun auch noch die Schuld auf uns nehmen müssen, daß wir als Eltern versagt und unseren Kindern geschadet haben.

Auch Selbstzweifel halten uns im Althergebrachten fest. Sie lassen uns eher in den anscheinend sicheren Hafen einer Methode oder eines Rezepts einlaufen, als den Mut aufzubringen, wirklich der eigenen Wahrheit zu folgen. Da die Sicherheit, die aus einer festen Überzeugung, festgefügten Grundprinzipien oder einer äußeren Autorität herrührt, nicht sehr tragfähig ist, verteidigen wir unsere Überzeugungen schon deshalb, um nicht wieder mit unserem Selbstzweifel in Kontakt kommen zu müssen, vor dem wir panische Angst haben. Durch unsere eigene Erziehung haben wir den Kontakt zu unserer inneren Weisheit verloren. Als Kind war es vielleicht wirklich bedrohlich, die eigene Wahrheit auszusprechen, und so wurde der Zugang zu ihr verschüttet. Vielleicht wurden wir erniedrigt, belächelt oder unser Selbstwertgefühl auf andere Weise untergraben. Aber es ist nie zu spät. So sehr wir unter unserer Kindheit auch gelitten haben und so wertlos und unsicher wir uns auch fühlen mögen – wenn wir mit unserer eigenen inneren Natur wirklich in Kontakt kommen, sehen wir, daß wir ebenso kompetent und wertvoll sind wie alle anderen Menschen auch.

Buddha sagte: „Durchsuche das Universum nach einem Wesen, das deine Liebe und Zuneigung mehr verdient als du, du wirst es nirgends finden. Du selbst verdienst deine Liebe und Zuneigung ebensosehr wie jedes andere Wesen im gesamten Universum."

Vielleicht haben wir diese Wirklichkeit in bezug auf unsere eigenen Kinder schon aufblitzen sehen – bei der Geburt, beim Stillen oder in anderen Momenten, in denen in uns ein spontanes Gefühl der Liebe aufsteigt, eine tiefe Freude, daß dieses Wesen da ist. Diese Freude ist absolut und bedingungslos. Oft entsteht sie spontan – einfach nur, wenn wir wirklich in Kontakt sind. Es sind Momente, in denen wir mit der inneren Natur des Kindes und unserer eigenen inneren Natur in Berührung kommen – in denen wir das entdecken können, was auch das „grundlegende Gutsein" genannt wird.

Um mit unserem eigenen grundlegenden Gutsein in Kontakt zu kommen, unseren eigenen inneren Wert zu entdecken, ist es notwendig, mit uns selbst Freundschaft zu schließen – auch uns selbst gegenüber Liebe und Mitgefühl zu entwickeln. In der buddhistischen Tradition gibt es auch hierfür ein spezielles Mittel – die Metta-Meditation. Metta heißt soviel wie „liebende Güte", und diese Art der Meditation ist vor allem für uns „Westler" eine wesentliche Ergänzung zur klassischen Achtsamkeitsmeditation. Sie hilft uns, uns selbst mit der Zeit so anzunehmen, wie wir sind – mit all unseren Fehlern und Unzulänglichkeiten. Die innere Haltung, die hier praktiziert wird, widerspricht fast allem, was an sogenannter Lebenshilfe auf dem Markt ist. Es geht nicht darum, bessere Menschen zu werden oder unliebsame Eigenschaften loszuwerden, sondern darum, ein umfassendes annehmendes und liebevolles Gewahrsein zu entwickeln. Wir brauchen uns nicht umzuprogrammieren, wir brauchen uns nicht umzukrempeln oder in anderer Weise an uns herumzudoktern.

Weder in der Achtsamkeits- noch in der Metta-Meditation versuchen wir in irgendeiner Weise anders zu sein, als wir gerade sind. Hinter unseren sogenannten Schwächen, mitten in den Erfahrungen, die wir loswerden wollen, liegen meist auch unsere inneren Schätze verborgen. Werfen wir alles über Bord, was wir nicht an uns mögen, verpassen wir auch unsere eigene wahre Natur – unsere Essenz. Durch die Praxis der Metta-Meditation entwickelt sich ein Feld liebevoller Zuwendung, die alles mit einschließt. Diese Art der Zuwendung ermöglicht uns tiefe Einsichten in unsere Reaktionsweisen und unsere Persönlichkeitsstruktur. Gleichzeitig stellt sie eine gewisse Form der inneren Nahrung dar und bringt uns in Kontakt mit unserer wahren Natur, mit nicht an äußere Bedingungen geknüpfter Gelassenheit, mit bedingungsloser innerer Freude. Wenn die ständige Selbstkritik und Selbstbewertung in unserem Kopf zur Ruhe kommt und einem annehmenden Gewahrsein weicht, hat dies ähnliche Folgen wie die liebevolle, entspannte vorbereitete Umgebung für Kinder. Unsere Essenz, unser ureigenstes Wesen, bekommt Nahrung, und ein tiefgehender Heilungsprozeß kann beginnen – in seinem eigenen Rhythmus und in seiner eigenen Zeit.

Das menschliche Dasein ist ein Gasthaus.
Jeden Morgen ein neuer Gast.

Freude, Depression und Niedertracht –
auch ein kurzer Moment von Achtsamkeit
kommt als unverhoffter Besucher.

Begrüße und bewirte sie alle!
Selbst wenn es eine Schar von Sorgen ist,
die gewaltsam dein Haus
seiner Möbel entledigt,

selbst dann behandle jeden Gast ehrenvoll.
Vielleicht reinigt er dich ja
für neue Wonnen.

Dem dunklen Gedanken, der Scham, der Bosheit –
begegne ihnen lachend an der Tür
und lade sie zu dir ein.

Sei dankbar für jeden, der kommt,
denn alle sind zu deiner Führung
geschickt worden aus einer anderen Welt.

RUMI
DAS GASTHAUS

Liebe, Mitgefühl und Achtsamkeit sind der Nährboden, auf dem sowohl Kinder als auch wir selbst unser inneres Potential entfalten und Zugang zu unserer eigenen inneren Weisheit gewinnen können. Wenn gesagt wird, daß wir nichts zurückweisen und alles so annehmen, wie es ist, heißt das natürlich nicht, daß wir jeden Impuls einfach ausagieren dürfen – daß sozusagen alles erlaubt ist. In der buddhistischen Psychologie ist das Ausagieren nach dem Verdrängen oder Ignorieren die zweitbeste Möglichkeit, vor uns selbst davonzulaufen. In der meditativen Praxis wird uns ein neuer Weg gezeigt: Weder verdrängen wir unsere sogenannten negativen Gefühle, noch agieren wir sie aus. Wir geben ihnen innerlich Raum und berühren sie mit einem annehmenden, liebevollen Gewahrsein. Indem wir auf diese Weise praktizieren, werden wir transformiert – unser innerer Raum erweitert sich, wir nehmen uns selbst und unsere Kinder auf tiefere Weise wahr, und langsam befreien wir uns aus der Zwangsjacke unserer alten Konditionierungen und finden einen Weg, gemeinsam mit unseren Kindern zu wachsen. Gleichzeitig mit der Erweiterung unseres inneren Raumes hören wir auf, uns ständig Sorgen zu machen. Unser innerer Kritiker, der uns früher das Leben so schwergemacht hat, verliert seine Macht über uns. Seine Stimme wird zu einer Art Hintergrundmusik, die uns vielleicht noch immer begleitet, aber sie bestimmt nicht mehr unser Leben und Handeln. So entwickelt sich eine Art innere Leichtigkeit. Statt uns ständig unter Druck zu setzen und zu beurteilen, entwickeln wir einen gewissen Humor uns selbst gegenüber. Wir nehmen das Leben nicht leicht, aber wir nehmen uns selbst nicht mehr ganz so wichtig und machen es uns nicht unnötig schwer. Statt an unseren Vorstellungen festzuhalten und uns gegen das Leben zu wehren und es immer anders haben zu wollen, als es sich uns gerade zeigt, lernen wir, mehr und mehr loszulassen und mit dem Leben zu fließen – auf seinen Wellen zu reiten, statt es unter Kontrolle bringen zu wollen. So können wir auch aufhören, unsere Kinder und ihr Leben bestimmen zu wollen. Und indem wir zu ihnen in eine echte, gleichwürdige Beziehung treten, finden wir zurück zu der Lebendigkeit und Lebensfreude, die in allen von uns nur darauf wartet, sich zu zeigen.

Übung *Metta-Meditation*

Die Metta-Meditation stammt wie die Achtsamkeitsmeditation aus der buddhistischen Tradition, ist aber wie diese unabhängig von unserem Glauben oder unserer Weltanschauung. Im Zusammenhang mit diesem Buch werden wir uns nur mit der Grundübung befassen, die dazu dient, liebende Güte uns selbst gegenüber zu entwickeln. Tatsächlich ist die Metta-Meditation eine sehr umfassende und tiefgehende Praxis, die sehr viel weiter reicht. Vereinfacht könnte man sagen, daß sie dazu dient, unser Herz zu öffnen und alles und jeden in unsere liebevolle Zuwendung mit einzuschließen, während die Achtsamkeitsmeditation die Klarsicht und Stabilität in uns entwickelt, die notwendig sind, mit einem offenen Herzen leben zu können, ohne von unserem persönlichen oder dem Leiden der Welt überflutet zu werden. Es geht darum, sich auch dem Leiden in uns und in der Welt zuwenden zu können, ohne unser Herz zu verschließen. Nur so ist es uns möglich, eine angemessene Antwort auf die Fragen zu finden, die das Leben uns stellt.

Wenn wir vor dem Leid zurückschrecken, uns innerlich verschließen, sehen wir nicht mehr, was eine Situation von uns erfordert, sondern reagieren je nach unserer Persönlichkeitsstruktur automatisch mit Angriff oder Flucht. Nur wenn wir uns nicht verschließen, wenn wir die Augen des Herzens auch angesichts von Leiden und Schmerz offenhalten können, ist es möglich zu sehen, was eine Situation vielleicht von uns erfordert. Nur ein Handeln, das wirklichem Sehen, einem wirklichen Kontakt mit einer Situation entspringt, ist wahrhaft kreativ, schöpferisch und angemessen.

Insofern kann es auch in der Metta-Meditation nicht darum gehen, einen bestimmten inneren Zustand in uns zu erzeugen oder ein bestimmtes Gefühl von uns selbst herzustellen. Auch hier geht es darum, uns uns selbst mit liebender Güte zuzuwenden und mit echtem Interesse wahrzunehmen, welche Reaktionen dies in uns hervorruft – ohne diese zu bewerten. Es ist nicht umbedingt so, daß wir uns gleich geliebt und angenommen fühlen. Oft ist sogar genau das Gegenteil der Fall. Die Stimmen in uns, die uns erniedrigen, unser Selbstwertgefühl untergraben und uns einreden wollen, daß wir wertlos und alles andere als liebenswert sind, werden erst jetzt richtig offensichtlich. Manchmal scheint alles zunächst schlimmer zu werden als vorher, wenn wir uns dieser verinnerlichten Stimmen und Botschaften bewußt werden. Aber nur, wenn wir sie wahrnehmen, können wir sie als das sehen, was sie sind – als verinnerlichte Botschaften aus dem Umfeld, in dem wir aufgewachsen sind. Sie sind einfach nur Gedanken, die nichts mit unserer inneren Wirklichkeit zu tun haben. Indem wir sie als solche erkennen und ihnen nicht mehr so hilflos ausgeliefert sind, können wir in Kontakt mit unserem grundlegenden Gutsein kommen – mit unserem wahren Wert.

Wenn wir Metta praktizieren, kümmern wir uns nicht um das Ergebnis – wir säen einfach liebende Güte, in dem Vertrauen, daß es in seiner Zeit seine Früchte tragen wird. Egal, was sich in unserem Bewußtsein zeigt, wir betrachten es mit Anteilnahme und echtem Interesse, ohne uns von unseren Reaktionen mitreißen zu lassen. Wenn wir merken, daß wir abgeschweift sind, kommen wir einfach freundlich wieder zurück zur Übung.

Für diese suchen Sie sich zunächst einmal einen Ort und eine Zeit, wo Sie ganz ungestört sind. Finden Sie eine Art des Sitzens, die gelassen, aber doch aufrecht ist, ohne sich irgendeinen Zwang anzutun oder zu versuchen, einer äußeren Form zu entsprechen. Lassen Sie sich einfach ein wenig Zeit, um auf Ihrem Platz anzukommen, fühlen Sie nach innen zu Ihrem Körper und richten Sie sich so ein, wie es Ihnen im Moment entspricht.

Klassischerweise gibt es nun einige Sätze, die Sie immer wieder zu sich selbst sagen. Dann warten Sie ab, um sie nachklingen zu lassen und zu schauen, was für Reaktionen sich zeigen. Hier einige Beispiele für solche Sätze: „Mögest du glücklich sein." „Mögest du inneren Frieden finden." „Mögest du zu deiner inneren Kraft finden." „Mögest du leicht und unbeschwert durch dein Leben gehen." „Möge sich dein Herz öffnen."

Probieren Sie einige Sätze aus und versuchen Sie zu spüren, wovon Sie sich im Moment besonders angesprochen fühlen. Suchen Sie sich zwei oder drei Sätze aus – vielleicht finden Sie auch andere, die für Sie noch besser passen.

Da viele Menschen Schwierigkeiten haben, sich selbst diese Art von Zuwendung zu geben, existieren noch zwei Varianten, die Sie ausprobieren können, wenn Sie möchten. Einmal können Sie sich vorstellen, daß nicht Sie selbst diese Sätze sagen, sondern ein Mensch oder ein Wesen, zu dem Sie eine innere Beziehung haben und dem Sie vertrauen können, daß es meint, was es sagt. Das kann ein Heiliger oder eine Heilige sein, Gandhi, der Buddha, Jesus, Mutter Teresa, der Dalai Lama, ein Engel oder wer immer Ihnen das Gefühl vermitteln kann, wirklich gesehen und angenommen zu sein. Lassen Sie den Menschen oder die Wesenheit, die Sie gewählt haben, einfach vor Ihrem inneren Auge auftauchen und die Sätze an Sie richten, und nehmen Sie wahr, was dies in Ihnen auslöst.

Die andere Variante ist, daß Sie sich vorstellen, Sie würden sich selbst als Baby oder als kleines Kind im Arm halten. Dann sagen Sie die Sätze, die Ihnen passend erscheinen, zu sich selbst. Sie werden für sich selbst die Eltern, die Sie gebraucht hätten. Dabei ist es wichtig, daß Sie die innere Haltung des Erwachsenen, der sich liebevoll zuwendet, nicht aufgeben – daß Sie nicht wieder zu dem Kind werden, das Sie waren. Es geht nicht darum, wieder in Ihr altes Leid einzutauchen. Wenn es Ihnen zuviel wird, brechen Sie die Übung einfach ab. Sehen Sie einfach auf sich selbst als Baby oder kleines Kind und vermitteln Sie ihm, daß es, was immer auch geschehen ist, überleben wird, daß Sie der Erwachsene sind, zu dem es einmal werden wird, und daß Sie nun für es da sind. Auf diese Weise können Sie sich selbst die bedingungslose Liebe entgegenbringen, die Sie gebraucht hätten, und dies kann eine tiefe innere Heilung einleiten.

Aber erwarten Sie keine Wunder, wählen Sie einfach eine Form der Übung, die Ihnen zusagt. Säen Sie liebende Güte, lehnen Sie sich zurück und warten Sie ab, was geschehen wird. Diese Art der Meditation hat nichts zu tun mit Methoden wie dem Positiven Denken. Es geht nicht darum, sich einzureden, daß Sie liebenswert oder glücklich sind. Es geht einfach darum, sich uns selbst mit liebevoller Güte zuzuwenden und dann abzuwarten, welche Reaktionen in unserem Inneren auftauchen.

Wenn Sie die Übung abgeschlossen haben, lassen Sie sich einfach Zeit, wieder zu sich selbst und zu Ihrem Körper zurückzukommen und langsam wieder zu Ihrem Alltag zurückzukehren.

Es ist sicher nicht ohne weiteres möglich, diese Art von Meditation aus einem Buch zu lernen. Aber meine Hoffnung ist, daß Sie zumindest einen Geschmack davon bekommen, worum es bei der Metta-Meditation geht und sich gegebenenfalls selbst auf den Weg machen, um die nötige Unterstützung zu finden.

Wenn Sie zu dieser Art von innerer Übung einen Zugang haben, können Sie sich auch Ihr Kind oder eines Ihrer Kinder vor Ihr inneres Auge rufen und die Sätze an dieses Kind richten. Das ist eine wunderbare Möglichkeit, die innere Verbindung zu Ihrem Kind zu vertiefen oder wiederherzustellen, wenn Sie sie verloren haben.

Buchtips:

- Sharon Salzberg: *Ein Herz so weit wie die Welt*
- Sharon Salzberg: *Metta Meditation*
- Pema Chödrön: *Tonglen*

Ein Ausblick

Eltern sein ist eine der anstrengendsten, schwierigsten, aber auch bereicherndsten und wichtigsten Aufgaben auf dieser Erde. Zur Bewältigung dieser Aufgaben kann es keine Kochrezepte geben. Rezepte berücksichtigen nicht die konkrete Gesamtsituation. Fragen wie „Was mache ich mit einem fünfjährigen Mädchen, das nicht aufräumen will?“ können nicht angemessen beantwortet werden. Wir müßten die Gesamtsituation vor uns ausbreiten, uns einfühlen in das Kind, in die Eltern und dann die Eltern darin unterstützen, ihre eigene Antwort zu finden. Es geht darum, eine neue Beziehungsqualität zu entwickeln, uns wirklich zuzuwenden, in Kontakt zu treten, uns einzufühlen und zu versuchen, wahrzunehmen, was die jeweilige Situation von uns erfordert. Die Entfaltung eines menschlichen Wesens ist ein äußerst komplexer Vorgang und dem inneren Bauplan, der die Entwicklung eines jeden Kindes von innen her leitet, können wir nur gerecht werden, wenn wir uns einfühlen und einlassen können. Kinder sind noch verbunden mit ihrem inneren Wesen, ihrem inneren Leuchten, wie es meine wichtigste Lehrerin Katharina Martin nennt. Sie haben noch nicht die verhärteten Strukturen entwikkelt, in denen wir selbst als Folge unserer eigenen Geschichte stecken. Ihre Gegenwart kann uns unmittelbar berühren, und wenn wir offen genug sind, uns innerlich anrühren zu lassen, verwandelt sie uns.

Insofern ist das Leben mit Kindern nicht nur schwierig, es kann auch eine Quelle der Freude und des tiefen Glücks sein. Indem wir lernen, dem Leben zu vertrauen, mit den Kindern wirklich in Kontakt treten und ihnen zu geben versuchen, was sie für ihre Entfaltung von uns brauchen, haben auch wir Anteil am Fluß des Lebens. Indem wir uns auf diese Art und Weise dem Leben zuwenden, ihm dienen und uns auf das Leben, wie es sich uns offenbart, einlassen, werden auch wir verwandelt. Wir werden innerlich weiter, leichter, und wir bekommen mehr und mehr Zugang zu unserer Intuition, unserer eigenen inneren Weisheit.

Diesen Prozeß des Lernens und Wachsens zu begleiten und zu unterstützen ist eine der Hauptaufgaben, die wir uns im Verein *Mit Kindern wachsen* gestellt haben. Unsere alten Konditionierungen sitzen tief. Und auch wenn das Leben mit Kindern eine unvergleichliche Chance ist, innerlich zu wachsen, kommen wir immer wieder an Punkte, wo wir Unterstützung brauchen. Wir leben nicht gerade in einem gesellschaftlichen Umfeld, das echte Lebensprozesse respektiert oder dies anstrebt. Das gilt für das Leben in der Familie ebenso wie in Kindergärten oder in der Schule. Insofern kann es eine große Hilfe sein, wenn wir uns mit anderen austauschen können, die sich ebenfalls auf den Weg gemacht haben. Wir alle haben unsere blinden Flecken, und von daher ist es von großem Nutzen, wenn wir den Weg gemeinsam mit anderen gehen können – wenn wir gemeinsam daran arbeiten und uns gegenseitig unterstützen können, unseren eigenen Weg zu finden.

Dabei kann es nicht darum gehen, anderen unsere Vorstellungen aufzudrängen oder eine neue Art der Autorität, eine neue Erziehungsmethode zu entwickeln. Es geht darum, Schüler des Lebens zu werden, unsere eigene innere Weisheit zu entdecken, unsere eigenen Quellen zu erschließen und gleichzeitig unsere Kinder so leben zu lassen, wie sie sind – ihnen die innere und äußere Nahrung zur Verfügung zu stellen, die sie für ihre Entfaltung brauchen.

Die kommenden Aufgaben erfordern neue Wege. Jedes Kind braucht individuelle Antworten, und das bringt große Anforderungen für Eltern und andere Menschen, die mit Kindern arbeiten mit sich. Diese Aufgabe braucht aber keine schwere Bürde zu sein. In den Gruppen mit Katharina Martin bin ich immer wieder berührt und erstaunt über die innere Weisheit, die Freude, die Liebe und das Mitgefühl, die sich in allen Menschen offenbaren, wenn sie wirklich in Kontakt sind. Das Leben trägt uns, wenn wir uns einlassen – diese Erfahrung habe ich immer wieder gemacht. Nicht, daß dann alles leicht wäre, daß es keine Probleme mehr gäbe, daß wir nicht immer wieder einmal ratlos wären und glauben, den Weg vollkommen verloren zu haben. Das Lernen hört nie auf. Aber die Qualität unseres Lebens wird eine vollkommen andere. Wir lernen, was es heißt, wirklich lebendig zu sein – wie die Kinder. Es geht darum, unser wahres Menschsein zu entdecken und zu verwirklichen. Kinder wollen keine perfekten Eltern, die immer alles richtig machen. Wenn ich mich in die Lage eines Kindes versetze, wäre das eines der letzten Dinge, die mir wichtig wären. Aber sie wollen wirkliche Menschen, die sich ihnen zuwenden, sie leben lassen und ihnen die Möglichkeit geben, ihr eigenes inneres Wesen in der Welt zu verwirklichen. Ein Weg, den zu gehen sich lohnt.

Anhang

Wenn Kinder festgehalten werden

Die Auswirkungen der Festhaltetherapie auf die innere Entwicklung des Kindes

Nachdem wir in unseren Seminaren und auch Einzelberatungen immer wieder mit den sehr bedenklichen Folgen des „Festhaltens" von Kindern zu tun haben, möchte ich an dieser Stelle kurz auf dieses Thema eingehen. Bisher haben wir uns eigentlich immer sehr zurückgehalten in der offenen Kritik von irgendwelchen pädagogischen Methoden, aber in diesem Fall fühle ich mich doch verpflichtet, mich zu äußern, zumal das Festhalten allen anderen Ansätzen zuwiderläuft, die wir in unserer Zeitschrift vertreten.

Die sogenannte Festhaltetherapie entstand eigentlich aus der Behandlung von behinderten, insbesondere von autistischen Kindern. Dort war sie schon kurz nach ihrem Auftauchen sehr umstritten, und wie ich von verschiedenen Seiten gehört habe, spielt sie in diesem Bereich keine bedeutende Rolle mehr. Um so mehr Popularität genießt sie als Methode für Eltern, die ihre Kinder als „kleine Tyrannen" erleben oder einfach nicht mehr weiterwissen und in ihrer Ratlosigkeit steckengeblieben sind. Aber inzwischen wird sie nicht nur für schwierige Kinder, sondern ganz grundsätzlich empfohlen, um Kindern von Anfang an „Halt zu geben" und sie unsere „Liebe spüren zu lassen". Auch in Paarbeziehungen wird das Festhalten als Grundlage einer neuen Lebensform gesehen und propagiert.

In einem Interview in einer Zeitschrift für Naturheilkunde* spricht Jirina Prekop unter anderem von der spirituellen Dimension ihres Ansatzes und stellt fest, daß es im „Namen der Liebe" durchaus sinnvoll sei, Kinder auch gegen ihren Willen festzuhalten. Der Widerstand und die Abwehr seien einfach eine automatische Reaktion, bedingt durch den Fluchttrieb des Menschen, den er noch mit den Tieren gemeinsam habe (was eine grobe Fehldeutung der kindlichen Verhaltensweisen ist). Insofern sei es wichtig, diesen Widerstand zu ignorieren und so lange durchzuhalten, bis es zu einem emotionalen Durchbruch komme, der durch Liebe und Nähe gekennzeichnet sei und der schließlich zu einer tragenden Bindung führe. Weise Mütter würden sich von Tränen, Wut und Fluchtversuchen nicht irritieren lassen und durchhalten, bis sich der Prozess in Liebe, Zärtlichkeit und Liebkosungen wandle. Weiter führt sie aus, daß wir uns bewußt sein sollten, daß sich der Mensch nicht nur nach seinen Instinkten richten sollte, denn er verfüge über Höheres, nämlich über das Gewissen und über die Verantwortung, mit der er die Bindungen innerhalb der Familie zu tragen hat.

Was hiermit unterstellt wird, ist natürlich, daß Eltern, die es nicht übers Herz bringen, ihre Kinder gegen deren Willen festzuhalten, hilflos ihren primitiven Instinkten ausgeliefert sind und nicht reif, die volle Verantwortung innerhalb ihrer Familie zu übernehmen. Tatsächlich beruht die Festhaltetherapie selbst auf primitiven Instinkten, da das Prinzip, daß der Stärkere dem Schwächeren seinen Willen aufzwingen kann, dem Tierreich entspringt. Dort dient es dem Erhalt der Evolution, ist aber mit wahrer Menschlichkeit nicht vereinbar. Mensch zu sein ist eine andere Dimension, die bespielsweise Dina Rees auf wunderbare Weise deutlich macht: „Wenn man Mensch ist, dann gibt es nicht mehr stark oder schwach, sondern es gibt Mitgefühl und Barmherzigkeit. Das ist der Mensch!“

Da das Leben mit Kindern gerade heute mit vielen Fragezeichen versehen ist, erscheint die Festhaltetherapie für manche Eltern ein schneller und wirksamer Weg zum Glück zu sein. In der Tat ist es nicht leicht, die grundlegenden Irrtümer dieses

* *Naturheilverfahren & Lebensthemen*, Nr. 3, September 2000, erschienen im Dagmar Fischer Verlag, Zwiesele 85 1/4, 88178 Heimenkirch

Ansatzes aufzuzeigen, vor allem, wenn sie mit so großer Überzeugung vorgetragen werden. Aber ich möchte doch zumindest auf einige dieser Irrtümer hinweisen.

Am Schluß des bereits erwähnten Interviews stellt Jirina Prekop fest: „Ist das Prinzip des Festhaltens nicht eigenartig? Ich halte dich fest, damit du frei bist!" Wenn dies tatsächlich so wäre, wäre das wirklich mehr als eigenartig. Aber wenn wir genauer hinschauen, ist dies natürlich überhaupt nicht so – im Gegenteil. Die Festhaltetherapie verwechselt echtes „Bonding" mit einer Bindung, die letztlich durch einen Akt der Gewalt emotionale Abhängigkeit erzeugt. Natürlich brauchen Kinder „Halt", aber dieser entsteht durch einfühlsames Antworten auf die echten Bedürfnisse der Kinder, durch Achtsamkeit und Respekt vor der Integrität und Souveränität des Kindes und nicht durch Festhalten.

An dieser Stelle möchte ich Prof. Dr. Georg Feuser zu Wort kommen lassen, der sich im Rahmen seines Lehrstuhls für Behindertenpädagogik in Bremen intensiv mit der Festhaltetherapie auseinandergesetzt hat. Diese Auseinandersetzung mündete in acht Thesen und einen Aufruf* gegen das „Erzwungene Halten". Es würde hier zu weit führen, alle Thesen ausführlich wiederzugeben, aber das Ergebnis der wissenschaftlichen Analyse ist, „... daß die Festhaltetherapie weder pädagogisch noch therapeutisch genannt werden kann, sondern vielmehr als die weitere Persönlichkeitsentwicklung (in Richtung Psychose) gefährdend angesehen werden muß, und alle Elemente einer Folter (!!!) in sich vereint".

Das erzwungene Halten sei auch in seinen abgewandelten Formen nur Halt für ohnmächtige Menschen, weil man Macht spüre und etwas erreichen könne, wo man zuvor ohnmächtig war und sich nur versagend erlebte. Sie wirke vor allem durch Brechung des Willens und des sogenannten „Double-Bind" mit dem Ergebnis des Zusammenbruchs der psychischen Organisation (als Entspannung fehlinterpretiert) und der Zerstörung des Ichs. Das

* Erschienen in der Zeitschrift „Behindertenpädagogik", 27. Jg., Heft 2/1988, Seite 222–224

Double-Bind gilt in der Psychotherapie als besonders schwer aufzulösende Ursache der verschiedensten psychischen Störungen, da hier Gewaltanwendung mit emotionaler Zuwendung gekoppelt auftritt. Dies ist auch der Grund, warum es nach dem Festhalten zu sehr intensiven emotionalen Zuständen kommen kann, die dann als Liebe bezeichnet werden – tatsächlich aber das Steckenbleiben in alten unaufgelösten Abhängigkeiten widerspiegeln.

Die wissenschaftliche Analyse von Prof. Dr. Feuser kommt unter anderem zu dem Schluß, „... daß wir lernen müßten, die Komplexität und Differenziertheit menschlicher Entwicklung und Psyche zu achten und seien sie auch noch so extrem verhaltensauffällig, daß wir lernen müßten, mit den Kindern zu handeln, anstatt sie zu be-handeln".

Dem kann ich nur zustimmen. Man kann es noch so sehr beschönigen – Kinder gegen ihren Willen festzuhalten ist Gewalt, und diese wird niemals etwas Positives in der Psyche eines Menschen bewirken können, wie auch Katharina Martin in ihrem nachfolgenden Beitrag betont. Tatsächlich werden nicht nur das „Ich" und seine Funktionen, sondern auch die innere Struktur des Kindes zerstört. Aus Sicht der spirituellen Psychologie hat ein labiles oder beschädigtes Ich besonders gravierende Folgen. Nicht umsonst kommt es immer wieder vor, daß Menschen als Folge spiritueller Praxis psychisch auseinanderbrechen. Aus diesem Grund betonen immer mehr spirituelle Lehrer, daß es ein weitestgehend gesundes und stabiles Ich braucht, um einen inneren Weg gehen zu können – selbst wenn es dessen Ziel ist, dieses letztlich zu transzendieren. Dieses gesunde Ich muß in der Lage sein, in der Welt zu leben und dort adäquat zu funktionieren und gleichzeitig die hohen Energien halten können, die sich in einer spirituellen Praxis entwickeln. Wenn also die Abgrenzung oder das deutliche „Nein" von Kindern als Fehlentwicklung interpretiert und sie zum Beispiel durch Festhalten gebrochen werden, kann sich ein gesundes Ich nicht bilden.

Eine markante Etappe in der Kindesentwicklung ist die sogenannte Trotzphase von Kleinkindern. Aus innerer Sicht kann man sagen, daß Kinder in diesem Alter beginnen, selbständig zu werden, daß sie anfangen, „Ichfunktionen“ auszubilden – und das führt dann leicht dazu, daß die Eltern dies als Ungehorsam ansehen. Auf diese Weise entsteht dann ein Machtkampf, der letztlich vollkommen unnötig ist – auch wenn es zugegebenermaßen durchaus anstrengend sein kann, einen Weg jenseits der „Machtanwendung“ zu finden. Viele Eltern fühlen sich durch das „Nein“ des Kindes vielleicht zurückgewiesen oder bekommen Angst, die Kontrolle zu verlieren. Kinder bringen uns immer wieder an unsere eigenen Grenzen, was dann häufig Gefühle der Hilflosigkeit und Ohnmacht in uns auslöst. Dies ist bedingt durch unsere eigene Geschichte, denn auch wir wurden in unserem Wesen selten wirklich wahrgenommen und durften nicht wirklich leben und uns unserer wahren Natur gemäß entfalten. Und nun fühlen wir uns von der Lebendigkeit und ungebrochenen Kraft unserer Kinder selbst bedroht. So entsteht leicht ein Teufelskreis der Gewaltanwendung, wenn es uns nicht gelingt, diesen zu unterbrechen.

Es geht also darum, Kinder auf eine Weise ins Leben zu begleiten, daß ihre innere Natur möglichst wenig verbogen wird, so daß sie ein gesundes Ich entwickeln und sich so frei wie möglich entfalten können. Da wir selbst in unserer eigenen Kindheit mehr oder weniger beschädigt wurden, verlangt dies von uns, mit unseren Kindern zu wachsen, statt uns zu verhärten und sie nach unseren eigenen Vorstellungen zu erziehen. Dies ist alles andere als leicht, denn es verlangt von uns, etwas bedingungslos zu geben, was wir selbst vielleicht nie bekommen haben. Wie Jon Kabat-Zinn gern erwähnt, kann es helfen, sie als kleine Buddhas zu sehen, die gekommen sind, uns Achtsamkeit, Liebe und Mitgefühl zu lehren. Sie fordern unsere Aufmerksamkeit, ständige Präsenz, geben uns laufend neue Rätsel auf, und indem wir diese Herausforderung annehmen und uns ihnen voll zuwenden, verwandeln auch wir uns. Ihre Gegenwart berührt uns unmittelbar, und wenn wir offen genug sind, uns innerlich anrühren zu lassen, können sich unsere „Augen des Herzens“ öffnen und entwickeln – wir können lernen, bedingungslos zu lieben.

Mit Kindern zu wachsen heißt, sich ständig auf unbekanntes Gebiet zu begeben – immer wieder geraten wir in Situationen, wo wir nicht weiterwissen, den Boden unter den Füßen verlieren und vielleicht auch mit unserer Ohnmacht konfrontiert werden. In solchen Situationen zeigt sich, ob wir mit diesen Gefühlen sein können, ohne auszurasten, oder ob wir sie lieber festhalten oder nach einer anderen Erziehungsmethode greifen, die uns helfen soll, unsere Kinder wieder unter Kontrolle zu bringen. Es ist eine grundsätzliche Frage, wie wir mit der Macht umgehen, die wir Kindern gegenüber zweifellos haben – ob wir sie, wie in der Festhalttherapie, gezielt einsetzen, um Kinder mit unserer Übermacht zurechtzubiegen, oder ob wir uns auf den Prozess einlassen, einen Weg jenseits der Macht zu finden.

Menschen wie Katharina Martin, Myla und Jon Kabat-Zinn, Marshall B. Rosenberg, Anna Tardos, Emmi Pikler und Magda Gerber können wertvolle Impulse und Unterstützung geben auf einem solchen Weg. Es geht darum, eine Beziehungsqualität zu entwickeln, die die Integrität, Souveränität und Würde aller Beteiligten respektiert – um die Schaffung einer wahrhaft menschlichen Atmosphäre.

Natürlich brauchen Kinder Halt. Aber dieser entwickelt sich nicht durch Festhalten, sondern dadurch, daß sie sich von uns willkommen geheißen fühlen, daß sie sich gesehen und in ihrem Wesen angenommen und respektiert fühlen und daß wir einfühlsam auf sie eingehen.

Um die Folgen des Festhaltens aus innerer Sicht noch mehr zu verdeutlichen, haben wir auch Katharina Martin gebeten, etwas zu diesem Thema zu schreiben. Ihr Beitrag macht noch einmal deutlich, daß sich ein wirklicher innerer Halt nie durch Zwang oder Gewalt entwickeln kann. Wenn Sie persönlich von diesem Thema betroffen sind und Fragen oder Reaktionen auf unsere Stellungnahme haben, wenden Sie sich bitte an uns. Wenn möglich, werden wir alle Zuschriften beantworten.

Ich hoffe sehr, daß unsere Beiträge zum Vermeiden und Lindern von unnötigem Leiden beitragen können und Mut machen, die Integrität unserer Kinder zu achten und sie einfühlsam und gewaltlos auf ihrem Weg ins Leben zu begleiten.

Über das Gehaltensein (und das Festhalten)

Einige Bemerkungen aus Sicht der Essentiellen Gestalt-Arbeit

Die Güte des menschlichen Wesens kann nur in Freiheit erblühen.

Jiddu Krishnamurti

Aus Gewalt kann niemals Liebe erwachsen. (Wenn ich ein Feld mit Disteln besäe, erwarte ich auch nicht, Maiglöckchen zu ernten.) Alles Gewaltsame in der Erziehung ist grundsätzlich abzulehnen, da es in sich selbst destruktiver Natur ist, Wachstumsprozesse aber Unterstützung benötigen (konstruktive Tendenz).

Wodurch erfahren unsere Kinder Halt: Im Äußeren durch Strukturen in der Familie, Ordnungen, Werte, Gewohnheiten, Rituale, im Inneren durch bedingungsloses Angenommensein, Gewißheit, Beständigkeit und achtsame Anwesenheit; dadurch, daß wir für sie da sind und in schwierigen Situationen auch dableiben und sie nicht ablehnen oder ausgrenzen oder uns von ihnen abwenden, wenn sie problematisches oder unliebsames Verhalten zeigen. Halt entsteht durch die innere Haltung des Erwachsenen (die in innerer Ausrichtung und Gelassenheit das Kind in seinen eigenen Freiraum losläßt), nicht durch äußerliches Festhalten.

Gewaltsames Festhalten ist wie eine körperliche und psychische Zwangsjacke (eine Maßnahme, wie sie auch in totalitären Strukturen anzutreffen ist).

Gewaltsames Halten erzeugt Panik, Ohnmacht und Resignation im Kind, und aus überlebenstaktischen Gründen entwickeln Kinder in der für sie äußerst stresshaften Situation das erwartete Verhalten: Sie beugen sich der elterlichen Übermacht – das Innere hat seinen Raum verloren – es ist gleichsam gelöscht durch fehlende Resonanz und gewaltsame Einschränkung seiner äußerlichen Manifestationen. Das kindliche Wesen wird gebrochen, um in ein wie auch immer geartetes Familiensystem hineinzupassen – welch ein Preis! Dies ist die Gegenbewegung dazu, die Kinder als Lehrer anzuerkennen und die ihnen innewohnende Weisheit zu achten. „Nichts kann uns so viel Wahrheit lehren wie die Kindlichkeit. Für den hochmutsvollen Verstand ist das eine bittere Lösung, und doch muß er lernen, das Reich des Kindes zu schützen statt zu bedrängen. Es ist eine Umkehr notwendig" (H. Kükelhaus). Dies betrifft das innere so gut wie das äußere Kind. Es ist nicht wirklich möglich, das menschliche Leben und die Entwicklung der Kinder „in den Griff" zu kriegen, auch wenn wir das manchmal gerne hätten.

Katharina Martin

Die „Neuen Kinder“*

Wie es scheint, gibt es immer mehr Kinder, die sich auffällig anders verhalten als wir das gewohnt sind. Dies zeigt sich zum Beispiel in Elternhäusern, aber auch in Kindergärten und Schulen, wo verstärkt darüber geklagt wird, daß die Zahl der Kinder, die aus dem Rahmen fallen, beständig zunimmt. Einerseits führt das dazu, daß sie als verhaltens- oder lerngestört angesehen und mit der Diagnose ADS, ADHS oder ähnlichem durch die Verschreibung von Ritalin an die Norm angepasst werden sollen. Die Hintergründe und Folgen dieser Pathologisierung verhaltensorigineller Kinder hat Henning Köhler in seinem Buch „War Michel aus Lönneberga aufmerksamkeitsgestört?“ eindrücklich beschrieben.

Auf der anderen Seite gibt es eine „esoterische“ Sicht dieses Phänomens. In dem Buch „Die Indigo-Kinder“ sprechen Lee Carroll und Jan Tober davon, daß es sich hier um eine neue Art von Kindern handelt, die gekommen sind, um die Menschheit zu retten. Der Name „Indigo-Kinder“ geht auf die amerikanische Farbtherapeutin Nancy Ann Tappe zurück, die ein Konzept von Lebensfarben entwickelte. Jeder Mensch hat demnach eine eigene Lebensfarbe, wobei auch Kombinationen von zwei oder mehr dieser Farben möglich sind. In den letzten Jahren stellte sich nach dieser Theorie heraus, daß immer mehr Kinder mit der Lebensfarbe Indigo zur Welt kommen und daß sich diese grundsätzlich von anderen „normalen“ Kindern unterscheiden. Inzwischen gibt es eine breite Auswahl von Büchern zu diesem Thema und zu den Indigo-Kindern kamen noch die Kristallkinder, die Sternkinder, die Kinder des Lichts und andere Bezeichnungen hinzu. Die beschriebenen Merkmale dieser Kinder sind vielfältig – unter anderem werden ihnen übersinnliche Fähigkeiten, eine unbeugsame Unbeirrbarkeit, ihren eigenen Überzeugungen zu folgen und sich äußeren Zwängen zu widersetzen, zugeschrieben.

* Aus der Zeitschrift *Mit Kindern wachsen*, Ausgabe April 2004

In der Tat scheint die Individualisierung in den letzten Jahren zugenommen zu haben und auch die Probleme mit Kindern, denen mit den althergebrachten Erziehungs- und Bildungsversuchen nicht mehr beizukommen ist, scheinen immer zahlreicher zu werden. So bestätigt Prof. Remo Largo, daß die individuellen Schwankungen in der Entwicklung von Kindern in allen Bereichen (z.B. in der Bewegungsentwicklung, dem „Sauberwerden", der Fähigkeit, zu lesen und zu schreiben) stark zugenommen hat. Er argumentiert weiter, daß diese individuelle Schwankungsbreite so groß geworden sei, daß es endgültig unsinnig geworden ist, von einer „Norm" zu sprechen, wenn es um Kinder und ihre Entwicklung geht. Insofern sieht er die Individualität eines jeden Kindes als die größte pädagogische Herausforderung unserer Zeit.

Damit sind wir an dem ersten Grund dafür angekommen, warum ich mit dem Indigo-Phänomen meine Probleme habe. Es handelt sich letztlich um eine neue Kategorisierung – wenn man so will, eine neue Schublade, in die bestimmte Kinder gesteckt werden. Damit einher geht leider auch eine Art neue Kasteneinteilung – „Ist mein Kind nun nur ein normales Kind oder ein Indigo-Kind (das dann hoffentlich dazu beitragen wird, die Welt zu retten)?" Es handelt sich also nicht nur um eine neue Schachtel, in die diese Kinder gesteckt werden – damit einher gehen auch noch ausgesprochene oder unausgesprochene Bewertungen und Erwartungen.

Das Bedürfnis unseres Verstandes, andere Menschen in Kategorien einzuteilen, mag nachvollziehbar sein – es scheint uns eine Art Sicherheit, Orientierung oder Kontrolle zu geben und das ist eben meist angenehmer, als alle Vorstellungen und Bilder loszulassen und sich immer wieder neu auf einen Menschen oder eine Situation einzulassen. Der Preis für diese Sicherheit ist, daß diese Kategorien unsere Wahrnehmung einfärben und wir so mit dem einzelnen Menschen oder Kind nicht mehr wirklich in Kontakt sind. Wo ein Begriff erscheint, hört die fühlende Wahrnehmung auf! Wenn wir über ein Kind nachdenken, sind wir nicht mehr mit ihm in Kontakt.

Reshad Feild, der bekannte Sufilehrer, drückte diese Tatsache besonders anschaulich aus: „Thinking is stinking", erinnerte er seine Schüler immer wieder, wenn sie ins Kategorisieren gerieten, statt sich auf die direkte Erfahrung des gegenwärtigen Moments einzulassen. Nur wenn wir lernen, wirklich wahrzunehmen und offen mit einem Kind oder einer Situation in Kontakt zu treten, kann sich uns zeigen, was dieses Kind oder diese Situation von uns braucht – und wie sich in den Gestaltgruppen mit Katharina Martin immer wieder zeigt, ist das nicht selten etwas gänzlich anderes als das, was wir uns so gedacht haben. Wenn wir lernen, in Kontakt zu sein und einem Kind offen zu begegnen, kann die Situation zu uns sprechen – die Lösung, oder der nächste Schritt, zeigt sich uns nur, wenn wir uns unvoreingenommen einlassen können.

Maria Montessori sagte, daß mit jedem Kind Christus neu auf die Welt komme, und Goethe soll gesagt haben, daß aus allen Kindern, wenn sie so aufwachsen könnten, wie sie gedacht sind, Genies werden würden. Insofern ist mir die Bezeichnung „Sternkinder", wie sie Georg Kühlewind und Henning Köhler verwenden, auch um einiges sympathischer als die anderen Bezeichnungen. Dieser Begriff geht letztlich auf Platon zurück, der gesagt hat, daß jedes Kind mit einem Stern auf die Welt kommt. In der christlichen Tradition wurde dieser Stern als Schutzengel, in anderen Traditionen zum Beispiel als höheres Selbst umschrieben. Jedem Lebewesen ist der Drang, sich zu vervollkommnen, zu wachsen und sich zu entfalten, mitgegeben. Insofern hat auch jeder Mensch eine Bestimmung oder einen Auftrag, und wir fühlen uns in dem Maße erfüllt, wie es uns möglich ist, diesem Stern zu folgen und uns so zu entfalten, wie wir gedacht sind. Insofern sind wir alle Sternkinder – die Frage ist nun eher, wie es möglich ist, Kinder so ins Leben zu begleiten, daß sie ihrem Stern folgen – daß sie ihr Potential so weit wie möglich entfalten können. Das wichtigste Instrument, dies zu gewährleisten, ist die Entwicklung von Einfühlungsvermögen – erkennendem Fühlen, unserer Intuition oder wie immer wir dies nennen wollen. Jedes Kind – jeder Mensch – ist einzigartig und hat eine einzigartige Bestimmung, eine einzigartige Qualität mit auf die Erde gebracht, und unsere Aufgabe ist es, ihm oder ihr zu ermöglichen, diese Einzigartigkeit zu verwirklichen.

Der Psychologe Charles Tart beschreibt sehr überzeugend, wie die übliche Erziehung die ursprüngliche Natur eines Kindes unterdrückt und „enkulturiert". Als gut erzogen gilt ein Kind, wenn es sich so weit der herrschenden Kultur angepasst hat, daß diese nicht in Frage gestellt ist. Das Problem ist nur, daß es den Kontakt zu seinem „Stern", zu seiner Essenz oder wahren Natur, verliert, was dazu führt, daß der so erzogene Mensch sein Potential auch nicht annähernd entfalten kann. Insofern sind wir vielleicht alle „Neue Kinder", die aber mehr oder weniger an unserer lebensfeindlichen Kultur Schaden genommen haben.

Vor allem Joseph Chilton Pearce beschreibt auf eindrückliche Weise, wie diese Enkulturation auch die Entwicklung des Gehirns beeinträchtigt und es in weiten Bereichen verkümmern oder erst gar nicht zur Entfaltung kommen lässt. Was in diesem Zusammenhang ebenfalls deutlich wird, ist die negative Auswirkung von Erwartungen auf die Entwicklung von Kindern. Damit sich der innere Plan eines Kindes möglichst umfassend erfüllen kann, ist es notwendig, daß es sich bedingungslos angenommen und geliebt fühlt – so wie es ist. Dies gibt dem Kind einen Nährboden menschlicher Wärme und einen weiten Entwicklungsraum, in dem es sich nach seinem eigenen inneren Gesetz entfalten kann. Bewusste oder unbewusste Erwartungen lassen diesen Entwicklungsraum erheblich schrumpfen, da die Liebe und Zuwendung nun an Bedingungen geknüpft ist. Erwartungen erzeugen Stress und führen dazu, daß das alte Gehirn mit seinen Abwehr- und Fluchtmechanismen aktiviert wird. Dies wiederum blockiert die vorderen Stirnlappen – das Zentrum für echte Intelligenz, Mitgefühl, Empathie, Kreativität und soziale Kompetenz. Anders ausgedrückt: Wenn wir ein Kind nicht so wahrnehmen und annehmen, wie es im gegenwärtigen Moment ist, sondern es durch die Brille unserer Erwartungen sehen, schränken wir seine Entwicklungsmöglichkeiten ein und schaden der Beziehung zu diesem Kind – selbst wenn es sich tatsächlich um ein Kind mit einem außergewöhnlichen Potential handeln sollte.

Ein Beispiel, das sich hier geradezu aufdrängt, ist die Lebensgeschichte des indischen Weisheitslehrers Jiddu Krishnamurti. Im Jahr 1909 entdeckte der Theosoph C.W. Leadbeater den vierzehnjährigen Brahmanenjungen an einem Strand in Südindien. Auch er konnte wohl das Energiefeld von Menschen sehen, und da die theosophische Gesellschaft auf den „Weltlehrer" wartete, glaubte er den Auserwählten in dem jungen Krishnamurti gefunden zu haben. Er wurde in die Theosophische Gesellschaft initiiert und auf seine künftige Mission vorbereitet. Ein Orden (Order of the Star) mit weltweit Tausenden von Mitgliedern wurde gegründet, dessen Vorsitz er später übernehmen sollte. Behütet, verehrt, umschwärmt, wurde der scheue junge Mann zum gefügigen Sprachrohr der okkulten Meister und seiner theosophischen Propheten.

Als Dreißigjähriger erlebte Krishnamurti eine Transformation, und nicht lange danach, bei seiner Rede zur offiziellen Übernahme des Vorsitzes des „Order of the Star", sagte er sich öffentlich von der okkulten Hierarchie und seiner Rolle als Weltlehrer los. Er löste den Orden offiziell auf und vertrat von nun an zeit seines Lebens die Position, daß er niemanden lehren und zur Befreiung verhelfen könne – dies müsse ein jeder selbst tun. Was in diesem Zusammenhang interessant ist, ist die von einigen durchaus ernst zu nehmenden spirituellen Lehrern vertretene Ansicht, daß die hohen Erwartungen an ihn als kommenden Weltlehrer ihn so belastet haben, daß er nicht mehr bereit war, den Suchenden eine Hand zu reichen und sie auf dem Weg in die innere Freiheit entsprechend zu begleiten. Einer dieser Lehrer gebrauchte das Bild, daß Krishnamurti ein voll entwickelter Mensch sei, der zu uns wie von einer Insel spreche, die wir sehnlichst zu erreichen suchen. Aber er biete uns kein Fahrzeug, an das Ziel unserer Sehnsucht zu gelangen. Ob dies tatsächlich so ist, sei hier dahingestellt – aber unbestreitbar hat ihn diese Erwartung extrem belastet und ihm das Leben alles andere als leicht gemacht.

Wir tun Kindern also keinen Gefallen, wenn wir in ihnen die Retter unserer Zivilisation sehen und sie mit unseren Erwartungen belasten. Welche Aufgabe sie auch mitgebracht haben mögen – ihrer Entwicklung dienen wir vor allem, indem wir uns ihnen zuwenden, uns auf sie einlassen und sie für das lieben, was sie sind.

Literatur

English, Fenwick W. & **Hill**, John C. : *Vision einer Schule der Zukunft*, Arbor Verlag, Freiamt 1999

Gerber, Magda: *Dein Baby zeigt Dir den Weg*, Arbor Verlag, Freiamt 2000

Gribble, David: *Schule im Aufbruch*, Arbor Verlag, Freiamt 2000

Hüther, Gerald, *Neues vom Zappelphilipp*, Walter Verlag, Düsseldorf 2002

Jacoby, Heinrich, *Jenseits von begabt und unbegabt*, Christians, Hamburg 1983

Juul, Jesper: *Das kompetente Kind*, Rowohlt, Reinbek bei Hamburg 1997

Kabat-Zinn, Jon: *Im Alltag Ruhe finden*, Herder, Freiburg 1998

—, *Stressbewältigung durch die Praxis der Achtsamkeit* (Buch & CD), Arbor Verlag, Freiamt 1999

Kabat-Zinn, Myla & Jon: *Mit Kindern wachsen – Die Praxis der Achtsamkeit in der Familie*, Arbor Verlag, Freiamt 1998

Kálló, Éva & **Balog**, Györgyi: *Von den Anfängen des freien Spiels*, 1996 (zu beziehen bei der Pikler-Gesellschaft, Grunewaldstraße 82, 10823 Berlin)

Keller, Olivier: *Denn mein Leben ist Lernen*, Arbor Verlag, Freiamt 1999

Köhler, Henning, *War Michel aus Lönneberga aufmerksamkeitsgestört?*, Verlag Freies Geistesleben, Stuttgart 2002

Kornfield, Jack & **Feldman**, Christina: *Geschichten des Herzens*, Gesamtausgabe, Arbor Verlag, Freiamt 1998

Krishnamurti, Jiddu: *Autorität und Erziehung*, Humata-Verlag, Bern 1972

—, *Erziehung zur Kunst des Lebens*, Verlag Lambert Schneider, Heidelberg 1988

Largo, Remo: *Kinderjahre*, Piper, München 1999

Montessori, Maria: *Kinder sind anders*, dtv, München 1988

Pearce, Joseph Chilton: *Der nächste Schritt der Menschheit*, Arbor Verlag, Freiamt 1994, ^{2}1997

—, *Biologie der Transzendenz*, Arbor Verlag, Freiamt 2004

Pearce, Joseph Chilton & Mendizza, Michael: *Neue Kindern, Neue Eltern*, Arbor Verlag, Freiamt 2004

Pikler, Emmi: *Laßt mir Zeit*, Pflaum, München 1997

—, *Miteinander vertraut werden*, Gesamtausgabe, Arbor Verlag, Freiamt 1997

Rosenberg, Marshall B. & **Seils,** Gabriele: *Konflikt gewaltfrei lösen,* Herder, Freiburg 2004
Siegel, Daniel J. & **Hartzell,** Mary: *Gemeinsam leben, gemeinsam wachsen,* Arbor Verlag, Freiamt 2004
Tart, Charles: *Hellwach und bewußt leben,* Arbor Verlag, Freiamt 1995
Wild, Rebeca: *Erziehung zum Sein,* Arbor Verlag, Freiamt 1998
—, *Kinder im Pesta,* Arbor Verlag, Freiamt 1993

Die Zeitschrift *Mit Kindern wachsen* erscheint vierteljährlich (plus gelegendlicher Themensonderhefte). Das Kennenlernheft wird Ihnen vom Verein *Mit Kindern wachsen e.V.* zum Preis von 5,– Euro (7,80 CHF) gerne zugeschickt.

Weitere Literatur aus dem Arbor Verlag

Lienhard Valentin
Achtsame Eltern – glückliche Kinder

Kinder einfühlsam ins Leben zu begleiten, ist eine große Herausforderung. In diesem Zusammenhang ist die Praxis der Achtsamkeit eine unschätzbare Hilfe, die Verbindung zu unseren Kindern zu stärken, ihre Bedürfnisse zu erkennen und eine harmonische Beziehung zu ihnen aufzubauen.
Auf dieser CD mit Begleitbüchlein finden Sie Übungen, die helfen, mehr zu uns selbst zu finden, unser Einfühlungsvermögen zu entwickeln und unsere Beziehungskompetenz zu stärken.

ISBN 978-3-936855-28-9

Myla & Jon Kabat-Zinn
Mit Kindern wachsen
Die Praxis der Achtsamkeit in der Familie

Das Leben mit Kindern als spirituelle Praxis – ein unverzichtbares Buch für alle, die Elternsein und die innere Kunst der Achtsamkeit in Einklang bringen wollen. Das Buch kann Eltern schon während der Schwangerschaft eine wertvolle Hilfe sein, begleitet sie durch die Höhen und Tiefen der ersten Jahre, gibt wertvolle Hinweise, wie Kinder, die in die Schule gehen, unterstützt werden können, und zeigt, daß es selbst dann nicht zu spät sein muß, neue Wege zu gehen, wenn die Kinder erwachsen sind.

ISBN 978-3-924195-40-3

Daniel Siegel & Mary Hartzell
Gemeinsam leben, gemeinsam wachsen
Wie wir uns selbst besser verstehen und unsere Kinder einfühlsam ins Leben begleiten können.

Wie funktionieren Erinnerungen, Gefühle und Kommunikation im Geflecht unserer alltäglichen Beziehungen? Und wie können sie zu einer liebevollen und sicheren Beziehung zu unseren Kindern beitragen?
Unter Bezug auf neueste Forschungsergebnisse aus Hirn- und Beziehungsforschung erläutern Daniel Siegel und Mary Hartzell, wie sich zwischenmenschliche Beziehungen direkt auf die Entwicklung des menschlichen Gehirns auswirken. Feinfühlig skizziert das Autorenduo hierbei den Kern der Beziehung zwischen Eltern und Kind, indem sie den Blick auf die familiäre Interaktion Schicht um Schicht von den oftmals unangemessenen und eingeschliffenen Erziehungspraktiken befreien.

ISBN 978-3-936855-06-7

Michael Mendizza & Joseph Ch. Pearce
Neue Kinder, neue Eltern

Die von Joseph Ch. Pearce vorgelegten bahnbrechenden Erkenntnisse über den aktuellen Forschungsstand zur kindlichen Entwicklung, zum Potential des menschlichen Gehirns und die neuronalen Grundlagen menschlichen Lernens werden in diesem Buch speziell für Eltern, Erzieher und Lehrer in mitreißender und leicht verständlicher Form zusammengestellt. 20 Jahre nach *Die magische Welt des Kindes* das neue Standardwerk zur Kunst spielerischer Elternschaft.

ISBN 978-3-936855-20-3

Magda Gerber
Dein Baby zeigt Dir den Weg

Die Bedürfnisse von Babys und Eltern erfüllen – und dabei nicht ausgelaugt, sondern glücklich sein. Wer möchte das nicht? Magda Gerber beschreibt in ihrem neuen Buch Dein Baby zeigt Dir den Weg anschaulich den Schlüssel, der Eltern dabei helfen kann, ihre Kinder angemessen zu begleiten und in der Beziehung mit ihnen sich selbst besser kennenzulernen: Es ist der respektvolle Umgang mit dem Baby von Anfang an. In vielen Beispielen, von den alltäglichen Pflegesituationen bis zum freien Spiel, zeigt sie, wie Eltern liebevoll für ihre Kinder sorgen und ihnen gleichzeitig Raum für ihre eigenständige Entwicklung geben können.
Magda Gerber schildert, wie Eltern die Zeichen ihrer Kinder verstehen lernen und in langsamer, respektvoller Zuwendung Kooperation und Austausch erleben können.

„Der Gehalt der mündlichen und schriftlichen Beratung mehrerer Jahrzehnte."

Anna Tardos

ISBN978-3-936855-66-1

Emmi Pikler u.a.
Miteinander vertraut werden

In *Miteinander vertraut werden* von der bekannten Kinderärztin Dr. Emmi Pikler und ihren Mitarbeiterinnen, geht es um den respektvollen Umgang mit Säuglingen und Kleinkindern – vor allem während der Pflege. In Artikeln und mit zahlreichen Fotos und Zeichnungen macht es deutlich, wie wir schon zum Neugeborenen und Säugling eine enge und vertraute Beziehung aufbauen und das Kind in seinem Entwicklungsprozeß unterstützen können.

ISBN 978-3-924195-33-5

Der Verein Mit Kindern wachsen e.V.

Der Verein *Mit Kindern wachsen e.V.* besteht mittlerweile seit mehr als zwölf Jahren. Unsere Aktivitäten richten sich an Menschen, die mit Kindern neue Wege gehen wollen – Wege, die ein Kind von Anfang an als fühlendes Subjekt respektieren, seine Integrität bewahren und es ihm erlauben wollen, sich nach seinem eigenen inneren Gesetz zu entfalten.

Dabei haben sich in den letzten Jahren folgende Schwerpunkte herausgebildet:

Die Zeitschrift Mit Kindern wachsen
Unsere Zeitschrift erscheint vierteljährlich. Zusätzlich bringen wir in unregelmäßigen Abständen themenbezogene Sonderhefte heraus, wie z.B. unser Kennenlernheft oder unser Special zum Thema Geburt, Säuglinge und Kleinkinder. Gegen Zusendung von Euro 5,- (sFr 10,-) schicken wir Ihnen gerne ein Probeheft.

Seminare und Fortbildungen
Über diese Aktivitäten hinaus organisieren wir Fortbildungen, Seminare und Vorträge mit verschiedenen Referenten, die unserer Arbeit nahe stehen, wie z.B. mit Anna Tardos, Myla & Jon Kabat-Zinn, Prof. Remo Largo, Jesper Juul, Katharina Martin, Lienhard Valentin und anderen.

Weitere Informationen über uns, unsere Zeitschrift und unsere Arbeit finden Sie im Internet unter **www.mit-kindern-wachsen.de** oder schriftlich unter
Mit Kindern wachsen e.V., Karlstr. 3a, 79104 Freiburg,
Fax +49.(0)761.4799540, info@mit-kindern-wachsen.de

Gerne informieren wir Sie über unsere weiteren Veröffentlichungen. Schreiben Sie uns oder besuchen Sie uns im Internet unter:

www.arbor-verlag.de

Hier finden Sie umfangreiche Leseproben, aktuelle Informationen zu unseren Büchern und Veranstaltungen, Links und unseren Buchshop.

Arbor Verlag • D-79348 Freiamt
Tel: 0761. 401 409 30 • info@arbor-verlag.de

arbor